J'AI MORDU DANS LA VIE
ET LA VIE M'A MORDU

PAOLO NOËL

Avec la collaboration de Diane Noël Bolduc

J'AI MORDU DANS LA VIE ET LA VIE M'A MORDU

ÉDITIONS DE MORTAGNE

Catalogage avant publication de Bibliothèque et Archives nationales du Québec et Bibliothèque et Archives Canada

Noël, Paolo, 1929-

Paolo Noël

Autobiographie.
Sommaire : t. 3. J'ai mordu dans la vie et la vie m'a mordu.

ISBN 978-2-89662-200-9

1. Noël, Paolo, 1929- . 2. Chanteurs – Québec (Province) – Biographies.
I. Titre.   II. Titre : J'ai mordu dans la vie et la vie m'a mordu.

ML420.N63A3 2012   782.42164092   C2012-941496-4

Édition
Les Éditions de Mortagne
Case postale 116
Boucherville (Québec)
J4B 5E3

Tél. : 450 641-2387
Téléc. : 450 655-6092
Courriel : info@editionsdemortagne.com

Conception et mise en page
Interscript

Dépôt légal
Bibliothèque et Archives Canada
Bibliothèque et Archives nationales du Québec
Bibliothèque Nationale de France
4ᵉ trimestre 2012

ISBN 978-2-89662-200-9

1 2 3 4 5 – 12 – 16 15 14 13 12

Imprimé au Canada

Nous reconnaissons l'aide financière du gouvernement du Canada par l'entremise du Fonds du livre du Canada (FLC) et celle du gouvernement du Québec par l'entremise de la Société de développement des entreprises culturelles (SODEC) pour nos activités d'édition. Gouvernement du Québec – Programme de crédit d'impôt pour l'édition de livres – Gestion SODEC.

Membre de l'Association nationale des éditeurs de livres (ANEL)

Note de l'éditeur

Le livre que vous avez en main a été écrit intégralement par Paolo Noël. Notre contribution a consisté à corriger quelques fautes de syntaxe et d'orthographe. Nous avons voulu respecter non seulement la pensée de l'auteur, mais aussi son langage qui, s'il n'est pas toujours littéraire, a le mérite d'être coloré, vrai, sincère et, surtout, profondément humain.

Table des matières

Préface

Pour la plupart d'entre nous, la vie quotidienne est constituée d'actes routiniers, avec ses joies et ses peines, ses hauts et ses bas, mais sans grande surprise. Il y a cependant des gens pour qui la vie est une longue série d'aventures ; Paolo Noël est de ceux-là et il entraine avec lui son épouse Diane et, à l'occasion, sa famille ou ses amis.

On ne présente plus au Québec un couple comme celui que forment Paolo et Diane ; ils font partie du patrimoine artistique depuis bientôt un demi-siècle ! C'est plus de temps passé ensemble que les amoureux les plus célèbres réunis : Cléopâtre et Marc-Antoine, Héloïse et Abélard, Roméo et Juliette, pour ne nommer qu'eux.

Qu'est-ce qui explique une telle longévité ? Paolo et Diane vont tour à tour vous le dévoiler dans ce récit qui ne se veut surtout pas littéraire, mais humain et sincère et plein de rebondissements.

Sous ses allures de bandit corse, Paolo cache un être sensible, un mari aimant, un père attentif, un grand-père gâteau et un ami fidèle. Toutefois, gare à ceux qui lui ont fait du tort, sa mémoire est fabuleuse.

Max Permingeat

La passion des toits

Été 1996. Un été bien mal commencé, d'abord par des vents très puissants accompagnés de pluies diluviennes qui ont fait de mémorables ravages dans la région du Saguenay. Cette tempête n'avait pas encore passé toute sa rage. Comme nous sommes sur le même parallèle, elle a continué sa course à travers les montagnes, traversé le fleuve dans toute sa largeur pour venir nous faire une petite visite de courtoisie. Même si elle avait perdu un peu de son intensité, elle avait encore assez de force pour déraciner je ne sais combien d'arbres et endommager les toits de plusieurs maisons, dont la nôtre. Comme dit le proverbe : « Après la pluie, le beau temps ! »

Ce matin, comme pour se faire pardonner sa méchanceté, un soleil resplendissant s'est levé tôt. La fenêtre de notre chambre donne exactement à l'est, là où Galarneau sort de son lit. Je pense vraiment qu'il est venu me narguer pour l'avoir engueulé tout le temps qu'a duré la tempête. Il s'est vengé en m'envoyant ses rayons ultraviolets à travers les paupières. C'est le cas de le dire, j'ai vu rouge. Il devait être 4 h 30, j'ai ramassé mes vêtements, pour aller m'habiller dans la cuisine et ne pas réveiller Diane. Je prépare mon café et je fais bouillir de l'eau. Comme j'ai les deux yeux dans le même trou, j'accroche le gros chaudron en cuivre qui, en tombant sur le sol de la cuisine, résonne comme la cloche de l'église du village à l'annonce de la grand-messe.

Bon ! J'ai encore fait une gaffe. Des fois, je changerais mon nom pour Paolo la Gaffe.

En moins de deux, mon café, toujours filtré à l'européenne, est prêt et je choisis ma tasse. Ce matin, comme il fait beau je prends une tasse italienne, fleurie avec toutes les couleurs ensoleillées du pays. Je la remplis et je vais m'asseoir dans la vieille chaise berçante sur la galerie. Tout en me berçant, je prends une gorgée de ce délicieux nectar ; je ferme les yeux pour mieux le savourer et faire durer cette douceur de vivre. Pour un instant, je laisse sa chaleur me pénétrer, pendant que la petite brise du matin caresse mon visage, et j'ouvre les yeux.

Devant moi, les champs s'étendent à perte de vue et un fermier sur son tracteur est déjà au travail. Il est tellement loin qu'on dirait un jouet d'enfant qu'on pourrait prendre dans le creux de la main.

Oups ! Je sens une présence derrière moi, je me retourne, Diane me regarde avec ses grands yeux encore endormis, les cheveux en bataille et une tasse de café à la main :

– Eh bien, Monsieur presto, votre café est délicieux, mais vous avez quand même trouvé le moyen de me réveiller.

Puis ma belle au bois dormant vient s'asseoir dans sa chaise berçante près de la mienne. Je m'empresse de m'excuser. Elle me prend la main et me dit :

– Ah ! C'est tellement beau, j'te remercie, comme tu me dis souvent, il faut en profiter quand il fait beau. En parlant de beau temps, moi je vais travailler dans mon jardin. Pourquoi t'en profite pas pour essayer de réparer le toit.

– C'est exactement ce que j'avais envie de faire en me réveillant ce matin.

Comme dit si bien ma femme, « Paolo rapido presto ». Un deuxième café, un bol de céréales et je suis rendu sur le toit avec mon marteau, mes clous et mon goudron. C'est fou ce que je me sens bien. Je ne sais pas pourquoi, mais j'ai toujours aimé être sur les toits, de là-haut, tout est différent.

Un souvenir remonte souvent à ma mémoire, à l'époque de mon adolescence, alors que je vivais dans le quartier Hochelaga à Montréal. J'avais vécu sept ans de prison dans les orphelinats dont je garde un amer souvenir, pas encore effacé. Une enfance volée, c'est un grand trou noir dans une vie. J'avais un immense besoin de liberté.

J'avais un ami de mon âge d'ascendance irlandaise, Jacques Staten, qui élevait des pigeons sur le toit du logement de sa mère situé au troisième étage. C'était notre terrain de jeux, notre territoire, là où personne ne venait nous déranger. On prenait un malin plaisir à attirer les oiseaux de nos ennemis des rues voisines.

Quelqu'un avait dû porter plainte, car un beau jour d'été, en plein soleil, on a vu briller quelque chose à l'horizon. On s'est vite aperçu que deux policiers en uniforme venaient nous faire une petite surprise. Jacques a eu le temps de disparaître par le carreau qui donnait sur la galerie de l'appartement de sa mère. Pour moi, c'était trop tard, ils allaient me mettre la main au collet. Alors je me suis mis à courir en sens inverse comme un cheval dans une course à obstacle. Cette fois-ci, c'était pour vrai, on me courait après.[1] En entendant les policiers me crier : « C'te fois-ci, on va te pogner », j'ai sauté dans le vide du petit couloir qui séparait les logements de la rue Cuvillier et de la rue Notre-Dame. Je le faisais souvent, mais cette fois, par manque de concentration, je l'ai manqué. Je suis tombé tête première, en me protégeant de mes bras, résultat : bras cassés en plusieurs endroits. J'aurais dû en tirer une leçon de prudence, eh bien non.

J'ai vieilli mais ne suis pas plus sage, me voilà encore sur un toit en train de travailler au gros soleil. La sueur me coule dans les yeux et je ne peux pas m'essuyer, j'ai les mains pleines de goudron. Je suis là depuis quelques heures, c'est le temps de prendre une pause et de monter sur la pointe du toit, pour m'asseoir le dos appuyé à la cheminée.

---

1. Dans le premier livre, *De l'orphelinat au succès*, les policiers s'amusaient à le faire à la blague pour le voir courir sur les toits.

D'où je suis, j'aperçois la baie de Kamouraska qui a mis son manteau d'eau avec la marée montante qui vient caresser les îles devant le village. Et tout là bas, vers le nord-est, je vois des îles qui, par illusion d'optique, ressemblent étrangement à ces îles de pierre et de granite que l'on retrouve en Méditerranée. Ce matin, il va de soi que le fleuve est baigné d'un bleu magnifique que lui envoie son ami le ciel. Si je tourne la tête vers l'est, j'aperçois une succession de jolies petites montagnes où s'entremêlent des rochers et s'agrippent des milliers de petits sapins verts ainsi que des arbres feuillus de toutes les couleurs. Je m'arrête un peu pour prendre une grande respiration et admirer tout autour de moi ces terres cultivées qui sont, elles aussi, couvertes de fleurs mauves et du magnifique jaune des fleurs de canola. Ces champs, qu'on appelle les planches, s'allongent de la route 132 (ou route des Navigateurs) au rang de la Haute-Ville, agrémenté des fleurs blanches des pommes de terre de mon ami, le gros Louis Desjardins. De temps en temps, un fermier brise le silence en traversant la route qui serpente jusqu'au village de Kamouraska, ou encore c'est la cloche de notre village de Saint-Denis qui sonne l'angélus. Merci Mon Dieu de m'avoir permis de jeter l'ancre dans un aussi beau coin de pays après avoir navigué pendant quelques années dans les mers du Sud.

Juste à ce moment-là, une voiture s'arrête devant la maison, un homme en descend et me demande[2] :

– Eh Monsieur ! Paolo Noël y es-tu chez eux ?

Au même moment, j'entends ma femme qui s'époumone :

– Paolo !

Le bonhomme s'écrie :

---

2. Depuis le tournage de la série *Omertà*, la popularité de Paolo attire beaucoup de visiteurs à sa maison de Saint-Denis.

– Hé ! Paolo, c'est toi qui travailles sur ton toit ? J'pensais pas que les artistes travaillaient pour vrai.

– Paolo ! Viens au téléphone, c'est le journaliste Roger Sylvain.

Là je me dis qu'il se passe quelque chose, j'ai les mains pleines de goudron et pendant que je descends l'échelle, je me demande : c'est qui ou c'est quoi ? Je connais Diane, ce n'est pas dans ses habitudes de crier.

Je suis si énervé que je manque presque un barreau de l'échelle, alors je m'engueule moi-même : « Eh Noël, maudit paquet de nerfs, calme-toi. C'est pas le moment de te casser la gueule ! »

Diane doit me tenir le combiné, j'ai les mains trop sales.

– Salut Roger, qu'est-ce qui se passe ?

– Paolo, ça va mal, ton *chum* Grimaldi, y en a pas pour longtemps.

– *Well*, ça me fait de la peine. Un jour il m'avait dit : « Je vais mourir à 100 ans, promesse de Corse. » J'aurais aimé ça qu'il pogne les 100 ans.

– Mais comme tu vois, le grand *boss* en a décidé autrement. Il a eu une défaillance cardiaque, et Fernande a bien peur que cette fois-ci il ne passe pas au travers. Alors si tu veux lui parler, dépêche-toi avant qu'il soit trop tard.

– Est ce qu'il est encore conscient ?

– Conscient tu dis, il est très conscient, c'est son corps qui est fatigué.

– OK Roger, je m'en viens.

Dire « j'arrive » quand on demeure en banlieue de Montréal, c'est facile, mais quand on vit à 450 kilomètres de l'hôpital, malgré tout ton désir d'arriver, le voyage est pas mal plus long. Alors c'est le nettoyage rapide, en deux temps trois mouvements, on est prêts à partir. En arrivant à l'auto, Diane me dit :

– Il n'est pas question que tu conduises Paolo, j'te connais toi, quand ça presse, c'est pas une voiture que tu voudrais avoir, c'est plutôt un *jet*. Puis va donc te changer de pantalon, t'es tout sale, tu vas salir la voiture. J'aime mieux conduire, car toi en plus d'être dans la lune, tu vas passer ton temps à jurer après tout le monde.

– OK Didi, fais comme tu veux, c'est mieux comme ça de toute façon.

4 h 30 de route, à réfléchir sur la vie et sur ce qu'elle vaut d'être vécue. Tout le long du parcours, j'essaie tant bien que mal de me détendre, mais ce n'est pas facile. J'espère seulement arriver à temps. La dernière fois, j'avais appris que Willie Lamothe n'était pas bien, nous étions en route pour aller le voir quand j'ai entendu à la radio qu'il venait de mourir.

Y'a de ces moments dans la vie où il ne te reste qu'à prier.

Pendant que la voiture roule sur l'autoroute, je ferme les yeux et je pense à tout ce qui m'attache à Jean Grimaldi, cet homme qui a vraiment été le père spirituel de bien des artistes.

Je dépassais à peine la vingtaine la première fois que je l'ai vu. Je passais une audition devant lui et il m'a donné la chance de faire mes débuts dans son théâtre, entouré de tous ces grands comédiens qui m'ont appris, rôle après rôle, à jouer des personnages sans avoir peur du ridicule, du moment que le public s'amuse. Il m'a appris la chose la plus importante sur le métier d'artiste : le respect du public. Il m'a sorti de la rue pour me faire découvrir, moi qui ne connaissais que les murs d'orphelinat et les ruelles d'Hochelaga, des coins de pays inconnus pendant sept ans.

Pour les snobs qui me demandaient : « Comment se fait-il que vous puissiez jouer sans jamais avoir fait l'école de théâtre ? » Je répondais que l'école que j'ai connue était, à mon avis, la plus belle école de théâtre qu'il puisse exister. La preuve : j'ai fait 63 ans de carrière avec ce bagage. Pendant toutes ces années, Grimaldi a toujours été présent dans mes victoires, mes succès et dans mes défaites. Il m'a toujours encouragé à ne pas perdre espoir, dans sa sagesse, il me disait qu'il fallait vivre ses peines avec la même intensité que ses joies.

Pendant que la voiture mange les quelque 450 kilomètres qui nous séparent de Montréal, je me pose des questions sur l'être supposément humain que je suis. J'ai des doutes, pourquoi faut-il toujours attendre à la dernière minute pour réaliser ses erreurs. Mon ami se meurt et je n'aurai peut-être même pas le temps de lui dire mon affection et tous les remerciements que je lui dois. Pourquoi l'ai-je si souvent négligé ? Bien souvent j'aurais pu faire un petit détour pour lui rendre visite, mais c'est un peu tard pour y penser et avoir des regrets.

Mais c'est long ce voyage-là !

Il est 22 h quand enfin nous arrivons devant cette antiquité qu'est l'Hôtel-Dieu avec je ne sais combien de pavillons inconnus.

Il nous faut d'abord trouver dans lequel est hospitalisé Grimaldi. Mais le temps passe toujours et je suis de plus en plus impatient. Heureusement que Diane a cette grande qualité que je n'ai jamais eue, la patience. On a fini par trouver, il est de plus en plus tard, et nous ne connaissons pas les règlements concernant les visites tardives. Je dis à ma femme :

– Qui en ait pas un pour essayer de m'empêcher de passer parce que ça va aller mal en sacrement.

Et Diane toujours aussi calme :

– Paolo, calme-toi, pis laisse-moi m'arranger avec ça.

Un bon gros gardien avec un badge nous demande où nous allons. Là, ça va mal, comme je suis déjà crinqué, je me dis, « yé gros mais y me fait pas peur ». Et je raidis les muscles, prêt à l'attaque. Et voilà que ce monstre, que j'allais mettre en morceaux dans mon imagination, devient un gros nounours gentil qui, en plus de nous reconnaître, nous demande :

– J'imagine que vous venez voir M. Grimaldi ?

Il nous conduit à l'ascenseur et nous indique comment trouver sa chambre sans problème. Pendant que l'ascenseur monte, je me parle : « Maudit que t'es niaiseux Noël, quand est-ce que tu vas apprendre que t'es plus sur la rue Cuvillier, t'as pu besoin de te battre pour te faire comprendre, parce que les gens t'aiment et te respectent. »

Quand la porte s'ouvre, il me vient cette odeur d'hôpital qui me donne toujours une sensation bizarre et inconfortable, cette espèce d'abandon, un vide à l'intérieur que je déteste.

Devant nous, le corridor s'allonge avec ses lumières tamisées qui lui donnent l'allure d'un tunnel où le silence et la solitude semblent s'être installés. Pauvre Grimaldi, il ne doit pas être heureux là-dedans, lui que j'ai toujours vu vivre dans une sorte de désordre romantique où s'entremêlaient les textes des sketchs de vaudeville empilés autour de programmes de théâtre et des photos d'artistes, pendant que l'appartement embaumait de ce fameux café corsé dont il était spécialiste. Entrer chez lui, c'était comme pénétrer dans un musée.

– Coudon Diane, c'était quoi le numéro de chambre encore ?

– Ah oui, toi pis les numéros, c'est pas ton affaire hein !

Et qui je vois venant vers nous ? Jean-Claude Germain, flanqué de son éternelle pipe, je lui demande, comme s'il n'y avait que Grimaldi dans l'hôpital.

– Es-tu allé voir Jean ?

J'ai réussi à lui faire enlever la pipe de la bouche.

– Non, c'est ma mère que je suis venu voir, mais Grimaldi est juste là à côté.

– Merci, salut, bonne chance Jean-Claude.

Diane et moi sommes surpris en poussant la porte entrouverte : M. Grimaldi n'est pas dans une chambre privée. C'est tout un hommage, après tout ce qu'il a fait pour le monde du spectacle ! L'Union aurait pu se forcer le cul pour lui payer une suite. Calvaire ! J'sais pas à quoi ils ont pensé.

Je le vois couché sur le dos, mais je ne sais pas s'il dort, parce que ses yeux sont cachés par des lunettes fumées, je me penche vers lui doucement.

– Bonsoir Jean.

– Qui est là ?

– C'est moi, Paolo.

Et il s'exclame faiblement :

– Ah Paolo, le chanteur invisible (parce qu'on se voyait moins souvent), je suis content que tu sois venu me voir, parce que je n'en ai pas pour longtemps, tu sais.

Il respire profondément et reprend :

– Paolo, je vais mourir cette nuit.

J'ai senti mon cœur se serrer, je lui dis quand même :

– Toi tu vas mourir, toi Jean Grimaldi, un Corse ! Il me semble que c'est une race qui n'est pas bâtie sur des *frames* de chats.

– Je te le dis Paolo, je le sais, je le sens.

– Bien tu me désappointes, toi que j'ai toujours considéré comme mon modèle, celui qui m'a dit un jour : « Je vais mourir à 100 ans ! » Là tu me dis que tu lâches prise, pis que tu vas mourir, comme ça tu m'as conté des menteries ?

Et comme si tout à coup, il venait d'avoir une piqûre d'énergie, il a soulevé la tête et m'a lancé avec une voix pleine de vie, même un peu moqueuse :

– Cacalisse après tout ce temps que j'ai attendu pour te voir, mais ma parole tu m'engueules !

En l'entendant me parler sur ce ton, c'est plus fort que moi, malgré mes émotions, j'ai envie de pouffer de rire. Il me dit sur un ton plus animé :

– Remonte donc mon lit et mes oreillers, veux-tu ?

Et Diane, qui était de l'autre côté du lit, s'apprête à l'aider, et Jean voit ma Didi.

– Ah Diane, tu étais là toi aussi ! Que je suis heureux de vous voir les enfants parce que je vous aime tous les deux.

Diane se penche pour l'embrasser affectueusement sur la joue :

– Comme vous sentez bon, M. Grimaldi !

Pendant qu'elle lui parlait, j'ai sorti ma guitare. Alors debout près du lit, j'ai le cœur gros et la gorge serrée sous le poids de l'émotion et je me demande comment je vais y arriver, c'est pas facile de chanter pour un ami qui va mourir. J'arrive à chanter, *Corse Île d'Amour*, qu'il écoute attentivement sans bouger. Diane me regarde les yeux dans l'eau, j'essaie d'éviter son regard pour ne pas être emporté par les émotions. J'enchaîne avec une complainte de son île natale qu'il m'a apprise en dialecte corse, alors que j'étais au tout début de ma carrière. Il m'avait alors expliqué le sens des paroles.

Quand j'ai eu fini, il semblait s'être endormi, je me suis penché à son oreille, en espérant qu'il m'entendait encore, je lui ai dit merci de tout mon cœur, merci d'avoir fait de ce garçon révolté que j'étais, l'homme que je suis maintenant. Adieu Jean.

Les larmes aux yeux et le cœur serré, nous sommes partis tous les deux. Le lendemain matin, je téléphone à l'hôpital pour avoir de ses nouvelles, Fernande, sa femme, me répond :

– Pour l'amour du ciel, Paolo, qu'est-ce que tu lui as fait ? On ne le reconnaît pas ce matin.

Pendant un instant, je crains d'avoir été trop loin en essayant de le détourner de son obsession de la mort. Et Fernande reprend :

– Attends un instant, Paolo, je vais te passer Jean.

J'entends une voix qui entonne un *O Sole Mio* à faire rougir un ténor d'opérette. Ça se termine par :

– Eh Paolo ! Tu pensais que j'allais mourir. Ha ! Ha !

J'étais enchanté, je ne savais pas que c'était la dernière fois que j'entendrais sa voix. Est-ce mon intervention ou Dieu qui lui a donné la force de vivre une semaine de plus ? En écrivant ces lignes, je pense à cette complainte corse qui disait un peu ceci :

« Dans ma maison, cette maison où vivait l'amour, où chantait le rossignol, la lune s'est cachée et ma guitare s'est tue parce que tu es parti. Que tu sois voyageur ou bandit d'honneur, tu étais mon ami et je pense à toi, adieu. »

Maintenant que Grimaldi est parti, il ne reste pas beaucoup de monde de la gang du Théâtre Canadien. Je les vois tous s'en aller et chaque fois c'est comme si on me volait des morceaux de doux souvenirs de mes débuts.

J'ai pris tellement de temps à écrire ce petit bout de vie, parce que je suis trop occupé, qu'en l'espace d'un an et demi, je viens de perdre des amis et des gens qui ont fait partie de ma vie artistique. À l'été 2006, Fernand Gignac et Claude Blanchard, en janvier 2008, Robert L'Herbier et Daniel Hétu.

Maudit que le temps passe trop vite, au début de ma carrière, je le trouvais bien long ce temps, j'avais l'impression de vivre dans un film qui tournait au ralenti, surtout en ce qui concernait l'argent. C'était pas facile de payer le loyer et de manger un peu de temps en temps. Pas besoin de régime amaigrissant, j'étais carrément maigre, mais ce n'était pas de l'anorexie parce que j'avais faim en ostie. Je me suis souvent demandé si Darwin n'avait pas raison de dire que l'homme descendait du singe, parce que j'ai survécu longtemps en mangeant des bananes. Et j'en mange encore ! Pour faire ce métier-là, il faut vraiment avoir un brin de folie, ou carrément être masochiste. En voici un exemple !

Enfin en tournée avec Diane

En 1968, je suis élu M. Télévision par vote populaire. D'après le public, je suis l'artiste masculin le plus aimé. Quant à Mme Télévision, ils ont élu Ginette Reno. Bien sûr c'est bien le *fun* tout ça, parce qu'avec les honneurs viennent supposément l'argent et le confort, et tout ce dont tu as rêvé pendant tes années de vache maigre. Et l'envers de la médaille : des obligations et des désagréments avec lesquels il faut vivre, au détriment de ta vie privée. La pire des pestes, c'était les coureurs de nouvelle à sensation, pas les quelques vrais journalistes de carrière que je connaissais. Ils étaient partout, au restaurant, autour de la voiture, autour de la maison et même sur mon bateau. À tel point que je vérifiais s'il n'y avait pas de caméra derrière la toilette. Comment faire pour se libérer sans me faire traiter de prétentieux ? « Bien oui, maintenant que c'est une vedette, il n'a plus besoin de nous autres ! » Pas facile à vivre quand on aime la liberté.

Cet été-là, je reçois un appel de Jean Grimaldi, je reconnais bien sa voix et son accent particulier sans qu'il ait besoin de se nommer.

– Bonjour Paolo, ça va bien ? J'ai su par les journaux que l'équipe de *Toast et café*[3] avait eu droit à des vacances.

---

3. Première émission francophone en Amérique du Nord à TVA, encore appelée Télé-Métropole à l'époque.

– Bien oui, Jean, après deux ans et demi, je pense que c'est bien mérité, pis toi qu'est-ce que tu fais de bon, à part jouer aux cartes et recevoir tes amis ?

– Justement, j'ai quelque chose à te proposer.

– Ah oui ! Comme quoi ?

Grimaldi avait toujours cette chaleur humaine dans la voix qui vous met à l'aise, mais pas comme un père, je dirais plutôt comme un grand-père, puisqu'il ne projetait jamais de l'autorité mais quelque chose qui ressemblait à de la tendresse. C'était toujours difficile de lui dire non.

– Eh Paolo, qu'est-ce que tu dirais d'une tournée comme dans le bon vieux temps ?

– Oui, c'est quoi ton idée ?

Dans ma tête défilent les images et je revoie le côté de ce métier qui m'a ensorcelé, mal payé mais combien heureux. Je voie l'occasion de partager avec Diane ce côté bohème du métier qui m'apportait tellement de bonheur et dont je lui avais si souvent parlé.

– Une troupe, des comiques, une chanteuse, un numéro de variétés, avec tout ce beau monde, on pourrait se monter une bonne comédie et la vedette, ce serait toi.

– Tu me pognes par surprise, mais ça m'intéresse, c'est toi qui seras le *boss* ?

– Non ! Toi et moi, on sépare les dépenses, pis les profits. Ça va marcher, à tes débuts t'étais bon, je ne vois pas pourquoi ça ne marcherait pas puisque maintenant t'es une vedette.

– Tu veux une réponse quand ?

– Vendredi passé, cacalisse Paolo on n'a pas de temps à perdre !

– OK, j'en parle à Diane, pis j'te rappelle.

Je raccroche. Comment attaquer le sujet pour convaincre Diane ? Il y a deux endroits dans un couple pour faire les *meetings* : dans le lit avant de s'endormir ou à la table, le matin devant un café. La première n'a pas été la bonne.

Diane me répond :

— Paolo, on est en vacances, ça va nous faire du bien de pouvoir enfin être ensemble tous les jours au lieu que je reste seule à parler avec les meubles, et que tu puisses voir comment notre fils Constantino est *gripette*.

Et je contre-attaque avec des arguments comme :

— Tu vas voir, ça va être le *fun*, on va voir le Nouveau-Brunswick : du monde gentil, la mer et on va manger du bon poisson frais, du homard, on va faire aussi le tour de la Gaspésie. J'vais t'emmener voir ma parenté à Tourelle, on va coucher dans des hôtels romantiques, les mêmes chambres, les mêmes lits où je m'endormais en rêvant qu'un jour je deviendrais une vedette. Envoye donc, pendant ce temps-là on va avoir la paix, les journalistes pourront pas nous pogner.

— Pis Constantino, on peut l'emmener avec nous ?

— Le petit, lui, ne s'amusera pas tellement, on pourrait demander à ma sœur Lucile de le garder. Y'a pas mal plus de *fun* avec ses cousins Christian, Daniel et sa cousine, Carole, que d'être assis toute la journée dans une voiture.

Et c'est comme ça que je me suis entendu avec Grimaldi pour la dernière tournée que j'ai faite avec lui. Comme d'habitude, pas de contrat, seulement une parole parce que nous en avions une.

Quelques semaines plus tard, il est temps de préparer les bagages. Tout s'est bien arrangé pour le petit, puisque mon beau-frère Pierre et ma sœur Lucile vont venir vivre dans notre petite maison située sur le bord du Richelieu à SaintHilaire. Tout le monde y sera heureux et nous aussi.

Mon frère Claude me téléphone, je l'ai toujours considéré comme la moitié de moi-même. Mais là ma moitié est en train de se séparer parce qu'il m'engueule comme du poisson pourri et il crie si fort qu'on aurait pu sans difficulté l'entendre dans le champ d'à côté. Je ne peux pas placer un mot et il me faut quelques secondes pour comprendre. Un journaliste, en mal de sensation, a écrit dans un journal artistique que ma femme et moi étions fatigués de nous faire déranger par tout le monde, y compris ma famille. (Et Dieu sait si c'est faux, la famille pour moi c'est sacré, PAS TOUCHE.) Et comme j'allais essayer de lui expliquer, il raccroche. Je reste assis là devant la petite table de téléphone à me demander comment on a pu inventer une chose pareille. J'ai déjà reçu le Trophée Orange pour l'artiste le plus gentil avec les journalistes, là ils vont me remettre le Prix Citron. Diane me sort de mes pensées.

– Paolo, qu'est-ce qui est arrivé pour l'amour du ciel ? T'as pas l'air de bonne humeur.

En serrant les dents, je réponds d'un coup sec :

– NON !

– Mais voyons, c'était quoi le téléphone ?

– Ah les maudits journalistes, le téléphone c'était Claude. Te rappelles-tu l'autre semaine, le journaliste qui était ici quand Claude a ancré son voilier derrière la maison. Au même moment, j'me suis emporté parce qu'il y avait deux voitures pleines de monde qui s'étaient arrêtées pour venir visiter notre maison, comme si on leur appartenait. Dans leur tête, s'ils nous voient à la télé, ils nous connaissent. Imagine-toi, qu'il a écrit en première page que j'étais écœuré de me faire déranger par ma famille. À quoi ces gens pensent donc ? Ils essayent de détruire ce à quoi je tiens le plus, ma famille. En tout cas, j'espère que ma mère n'a pas lu ça. Plus j'y pense et plus j'suis enragé.

Comme un malheur n'arrive jamais seul, on frappe à la porte.

– Paolo, occupe-toi de Constantino. Le petit est inquiet, il pense qu'on se dispute. Je vais aller répondre.

Diane revient :

– Paolo, ça va te faire plaisir, c'est un journaliste qui vient pour une entrevue à propos de la tournée.

J'ai Constantino dans les bras et je me rends à la porte. Pas besoin de dire que je n'ai pas l'air très accueillant après ce qui vient de se passer.

Diane essaie d'expliquer à ce nouveau venu que ce n'est pas vraiment le bon moment pour une entrevue, mais il insiste de plus en plus jusqu'à en être provocant.

Je suis tanné, la colère monte en moi, c'est trop. J'ai fermé ma gueule un peu trop souvent. Toutes les insultes auxquelles je n'ai jamais répondu me reviennent en mémoire. Et ce journaliste est bien placé, juste là.

Diane est dans l'encadrement de la porte. Le journaliste s'aperçoit bien qu'il n'est pas le bienvenu. Ça ne l'empêche pas de nous regarder, Diane et moi, d'un air indigné avec sa serviette dans les mains. J'ai l'impression que je vais exploser. Je lui dis avec fermeté :

– Écoute-moi bin, si tu sacres pas ton camp, la tête va te partir, as-tu compris ?

Il ne bouge toujours pas, il me regarde avec son air d'intellectuel frustré. Les plombs ont sauté. J'ai l'impression que la vapeur va me sortir par les oreilles, mais il me reste assez de sang-froid pour réaliser que si je le frappe, je cours après des problèmes. Et je tiens mon fils contre moi de mon bras droit, mais mon bras gauche est libre, lui.

Le journaliste met son pied dans la porte pour insister. Je ferme le poing, j'allonge le bras comme pour le frapper et pour lui faire peur, et je frappe de toutes mes forces dans l'encadrement de la porte avec le côté de mon poing fermé comme un vrai débutant. Et crac ! L'encadrement de cette maison de 200 ans ne craque pas, ma main si. Le journaliste, un jeune homme aux yeux apeurés et le teint tourné au vert, style le fantôme de l'opéra, disparaît aussi vite que si ma main brisée était devenue une baguette magique. Gilles Villeneuve n'aurait pu faire un meilleur départ. Je me rends compte, à regarder ma main qui enfle à vue d'œil, que dans ma colère je me suis bien brisé un os de la main.

– Maudit imbécile ! Moi, pis mon sacré caractère, j'avais besoin de ça.

Diane, toujours raisonnable (c'est-tu fatigant une femme raisonnable quand toi tu l'es pas), me dit bien calmement :

– C'était pas nécessaire de faire tout ça Paolo, tu vois, tu t'es fait mal, pendant que le responsable de ta colère, lui, reste bien assis dans son bureau en train d'écrire une autre connerie. Mais moi je vais lui faire mal, je téléphone tout de suite chez Pierre Péladeau, je suis persuadée qu'ils vont pouvoir lui régler son problème. On n'a pas le droit de faire du mal aussi gratuitement à une famille.

Le téléphone de Diane a eu de l'effet, on n'a plus jamais entendu parler de ce journaliste.

Nous voilà donc partis pour Matane, où commence la tournée et où nous devons rejoindre le reste de la troupe. À cause de mon handicap, Diane conduit la voiture. J'ai beau avoir la main dans la glace, ça fait toujours mal. Même si je ne me plains pas, Diane s'aperçoit bien qu'il faut faire quelque chose :

– Paolo ça sert à rien, essaie pas de jouer au dur, j't'emmène à l'hôpital Saint-Sacrement à Québec, où t'as des amis médecins navigateurs.

À l'hôpital, mes amis m'ont taquiné. Je m'étais cassé l'os du petit doigt de la main gauche.

– C'est le plâtre pour trois semaines.

– Wow, les gars y en n'est pas question, je m'en vais en tournée. Je ne monterai pas sur la scène avec un plâtre pour faire pitié, inventez-moi autre chose.

Mes amis, le médecin et le pharmacien, je les ai connus au Québec Yacht Club. L'un est le médecin chef de l'hôpital et l'autre, le pharmacien chef. Je sais très bien qu'ils aiment jouer des tours, à les regarder tous les deux, je m'inquiète du sort qui m'attend.

L'un me dit :

– T'as toujours aimé ça jouer les pirates, hein mon Paolo ? On va t'arranger ça pareil comme dans l'ancien temps. Tu vas aimer ça, tu vas passer ton premier degré de la confrérie des pirates.

Ça va être ma fête. André, le pharmacien, m'entoure le torse en me tenant le bras droit, au cas où la douleur me donnerait le goût d'allonger le bras le poing fermé. Au même moment, l'infirmière me tient l'autre bras bien droit. La position de leur tête m'empêche de voir s'ils sont en train de me scier la main ou de la réparer. Et CRAC, les genoux m'ont plié, mais j'étais bien trop fier pour tomber dans les pommes ou me plaindre. Je vois entrer une infirmière, une bouteille dans les mains.

– Dis-moi pas qu'ils ont manqué leur coup ?

– On va prendre un petit Brandy à même la bouteille à la santé de ton petit doigt. Je suis content. C'est la première fois que je le fais sur un être humain ! La première fois, j'étais sur mon bateau et mon chien s'était cassé une patte, en tout cas y marche encore très bien.

Quand tout ce beau monde a finalement lâché prise, j'ai pu voir si j'avais encore mon doigt. Soulagé, je le vois tout simplement retenu par une tige de métal qui l'empêchera de bouger. Ce n'est pas le bonheur total. Comment je vais faire pour jouer de la guitare ? Mais c'est mieux que d'avoir une main dans le plâtre.

Le médecin, qu'on surnommait Tifin, était amusant et sans prétention. Il me regarde en riant :

– Paolo, un petit conseil avant de partir, à ce que je sache c'est pas à faire de la boxe que tu fais ton argent, pas vrai ? Alors garde tes grosses pattes pour piloter ton bateau et jouer de la guitare. Quand tu pilotes ton bateau, t'es heureux, pis quand tu nous chantes tes petites chansons, c'est nous qui sommes heureux. J'ai fini ma journée, on va se prendre un bon petit *drink* au succès de ta tournée.

Et on est partis, le cœur plein de bonnes choses, d'avoir retrouvé des gens qu'on aimait. C'est Diane qui conduisait (tiens, je viens de comprendre après toutes ces années, que c'est comme ça que Diane s'est mise à prendre le volant chaque fois qu'on sort, à tel point que mes petits-enfants pensaient que je ne savais pas conduire), ce qui m'a donné la chance de me détendre et d'admirer, chemin faisant, ce fleuve que j'aime tant et sur lequel j'ai vécu des moments inoubliables avec mes bateaux et, aussi, de joyeux compagnons de voile.

J'ai fini par m'assoupir et récupérer. Quand je me suis réveillé, j'avais oublié ce petit os cassé qui dérangeait ma joie de vivre, tant et si bien que le soir, j'ai pu jouer de la guitare et chanter comme si rien ne s'était passé. Quel plaisir de faire mon spectacle devant ce public qui m'avait vu et applaudi avant mes débuts à la télévision. J'y ai retrouvé la même chaleur que dégagent, en général, les gens de la Gaspésie, et ça été comme ça tous les soirs. Je ne veux pas insister sur le côté travail de la tournée, mais plutôt sur son côté humour, parce que ce genre de tournée ne se fait jamais sans de petites aventures.

Jean Grimaldi a toujours été parfait pour mettre la pagaille entre les amoureux de la troupe. Quant à nous, il a bien essayé en nous envoyant un soir la petite chanteuse Manon Kirouac, devenue Anne Renée, frapper à la porte de notre chambre enveloppée dans un drap pour venir se plaindre devant ma femme qu'elle avait froid. J'ai vite compris parce que j'avais déjà goûté à la médecine de Grimaldi dans le passé.

Au moment où j'écris ces lignes, je ne sais pas à quelle besogne ou sur quel nuage Saint-Pierre a affecté Grimaldi, parce que si, par malheur, il arrive à lire ce que je vais écrire, il serait bien capable de demander un congé à son nouveau *boss* pour venir hanter ma maison.

Un autre soir, quelque part dans un petit motel de la Gaspésie, il organise une séance de spiritisme avec toute la troupe. Il affectionnait ce genre de plaisir qui ne m'a jamais attiré. Donc Diane et moi allons simplement nous coucher. Comme les Gaspésiens n'étaient pas gâtés en émission de télévision, il ne nous restait qu'à dormir.

Diane s'en allait doucement dans le pays des rêves, alors que, dans le noir, je préparais un mauvais coup. Comme d'habitude, le fou rire me prend puisque j'ai déjà imaginé toute la scène.

– Paolo Noël, quel mauvais plan es-tu en train de mijoter ?

– Rien voyons !

– Ah mon tannant, je te l'ai déjà dit : si tu sors du motel, je barre la porte, pis tu couches dehors.

Pourtant Diane me connaît, c'est exactement la chose qu'il ne faut pas me dire. Je ris encore plus et c'est ce qu'il me fallait pour sortir.

– Diane, donne-moi la clé.

– Non, elle est sous mon oreiller et c'est là qu'elle va rester.

– T'as pas l'air de me prendre au sérieux, tu vas voir.

Je ne suis pas inquiet, je sais bien qu'elle va me laisser rentrer. Je m'en vais donc à pas de loup derrière les motels. Il fait noir, je m'approche doucement de la fenêtre d'où je peux distinguer par l'espace du rideau mal fermé, la table ronde autour de laquelle tout le monde est assis les yeux fermés, les mains sur la table, liées l'une à l'autre en se touchant le bout des doigts pour former de l'énergie qui attire, paraît-il, les esprits. Seule la lueur des chandelles éclaire la salle. J'essaie de voir comment je pourrais me glisser sous le motel. Je commence à distinguer que le bâtiment est supporté par des petits poteaux, l'espace permet qu'un homme puisse se glisser en dessous.

Je me mets donc à ramper comme un commando en mission et j'ai un plaisir fou à penser à ce que je vais faire. Y'a rien de trop beau pour Paolo quand c'est le temps de faire un mauvais coup. J'arrive à ce que je juge être sous la table si je me fie au frottement des pieds nerveux sur le plancher. Je ne peux plus me retenir, je ris comme un fou et je n'ai encore rien fait. Voilà que j'entends la voix théâtrale de Grimaldi, parce que pour lui, ce sont des moments sérieux.

– Esprit si tu es là, donne signe de ta présence.

Alors, je donne un coup de poing sur le plancher.

J'entends des murmures d'inquiétude, mais comme je recommence toutes les trois ou quatre secondes, les voix d'inquiétude deviennent des cris de panique. Et Grimaldi qui crie :

– Y'a eu un meurtre dans ce motel cacalisse !

Il faut que je sorte de là, ça presse, mais pour reculer ça va beaucoup moins bien. Je me cogne la tête sur les madriers. Une fois sorti, j'aperçois juste derrière le motel des rondins de bois bien cordés. Une nouvelle idée me vient. Le toit est formé d'une pente juste parfaite pour mon prochain coup. Je prends un petit rondin, je l'envoie sur le toit. Le rondin roule en donnant l'impression qu'un fantôme à la jambe de bois marche sur le toit. J'ai trop de *fun*, je recommence jusqu'à que tout ce beau monde sorte en panique du motel.

Je n'ai pas le temps de me sauver, je me couche derrière la petite corde de bois au moment où j'entends quelqu'un venir vérifier s'il n'y avait pas, par hasard, un intrus ou un esprit malfaisant qui leur aurait joué un tour.

La voix crie :

– Il n'y a absolument personne.

Grimaldi y va de sa scène dramatique.

– Je ne dormirai pas dans cet endroit maudit où se cachent des démons, allez me chercher le patron. Je vais dormir ailleurs.

Moi je suis en train de mourir, j'ai des crampes dans le ventre tellement je retiens mon fou rire, mais je ne peux toujours pas sortir de ma cachette, j'attends que tout le monde soit parti. J'entends la voix du patron qu'on a réveillé et qui n'a pas l'air de bonne humeur quand Grimaldi lui crie :

– Donnez-moi un autre motel, je ne veux pas dormir avec des démons.

– Bien voyons, M. Grimaldi, retombez sur terre, y'a jamais eu de fantôme ici.

– Ha ! Ha ! C'est ce que vous pensez ! Mais vous seriez mieux de faire exorciser votre motel.

– Bon OK, je vais vous donner un autre motel, pis après sacrez-moi patience et laissez-moi dormir.

Les nuits en Gaspésie sont fraîches, surtout quand t'es couché par terre en pleine nuit. Il était temps que je sorte de ma cachette.

J'y pense, Jean, maintenant, que t'es de l'autre côté de la clôture, tu dois savoir la vérité. Alors dans ma vieille maison de Saint-Denis-de-la-Bouteillerie que les gens du pays disent hantée, si par une nuit de pleine lune, je sens mon lit bouger je saurai que c'est toi. Mais je n'aurai pas peur parce que tu ne pourras jamais être un mauvais fantôme.

Et en faisant attention que personne ne puisse m'entendre :

– Toc, toc, toc, ouvre Diane, c'est moi.

– Non, reste dehors !

– Eh ! Chu gelé, ouvre la porte.

– Non j'té dis, tu ne me croyais pas, mais c'est ça.

– Yeh là ! Laisse-moi entrer puis je me suis fais mal avec la pointe d'un clou rouillé qui dépassait du plancher. Tu sais que tu n'as pas le droit de faire ça à ton mari.

– Demain tu me montreras la loi du code pénal qui me défend de te punir pour m'avoir empêchée de dormir.

Mais elle finit par m'ouvrir, il était temps parce que je commençais vraiment à être gelé jusqu'aux os. Le lendemain matin, au petit déjeuner, Diane a l'air bien joyeuse, mais je ne me pose pas de question, étant donné ma mauvaise conduite de la veille. Au bout d'un petit moment, elle finit par me dire avec un sourire à rendre jaloux les trois camionneurs de la table voisine, qui la regardaient. (À cette époque, ma femme avait aussi ses admirateurs grâce à la publicité du shampooing El Toro qui passait je ne sais combien de fois par jour à la télévision. Cette publicité a marqué bien des gens. C'était la première fois qu'on se servait des images au ralenti. Nous étions à la fin de la télé en noir et blanc, et ma Didi l'a reprise en couleurs un ou deux ans plus tard. Ce commercial s'adressait plutôt aux femmes, mais les hommes admiraient cette jolie fille qui tournoyait doucement ses cheveux dans le vent, et je m'en souviens très bien parce que moi aussi, j'étais un de ses admirateurs avant de la connaître. Un homme a le droit de rêver, c'est le destin qui fait le reste.)

– Paolo, hier soir, pendant que tu faisais tes mauvais coups, je n'ai pas fermé l'œil je t'attendais. Et mon plaisir a commencé quand tu as frappé à la porte, je riais comme une folle parce que je t'imaginais comme dans *Les Pierrafeux* lorsque Fred frappe, à coup de poings dans la porte en criant : Délima ! Délima ! Plus tu cognais, plus tu criais, et plus je riais.

J'ai été bien puni car je me suis planté un clou rouillé dans la jointure, ça veut dire : hôpital, injection contre le tétanos et pansement, sans oublier antibiotique et pas de petit apéro à quatre heures pendant 10 jours. La main gauche guérie, c'était au tour de l'autre. Je pense tout à coup que c'était peut-être vrai cette malédiction des Grimaldi. Dans le fond, je lui en devais une couple à Grimaldi depuis mes débuts.

Je pense à la salade que j'ai servie à Diane pour qu'elle accepte cette tournée. Je parle de ma jolie petite auberge sur le bord du fleuve en Gaspésie, eh bien on y est allés. Elle n'avait pas changé de place, toujours aussi jolie dans le soleil couchant.

– Pis Diane, j'avais-tu raison ? C'est charmant hein !

– Hum ! J'ai des doutes sur l'intérieur, ça m'a l'air un peu défraîchi.

– Attends de voir ma belle petite chambre miniature sous l'escalier avec une petite fenêtre donnant sur le fleuve.

Ah ! Tout était là, rien n'avait bougé depuis le temps, la peinture, le couvre-plancher. On aurait dit un vieux rafiot puisque les lits étaient devenus comme des hamacs. Il y a eu des holà et des cris d'indignation. Le seul qui n'a rien dit, c'est Grimaldi qui s'en est lavé les mains en disant que ce n'était pas son choix. Après avoir raisonné tout le monde, nous avons pénétré dans ce palace où je devais dormir avec ma princesse.

J'ai à peine ouvert la porte que mes pieds sont restés collés sur le plancher.

– Mais c'est bien petit ! J'ai grandi quoi ? Ça sent le renfermé !

– En tout cas t'as peut-être grandi, mais pas en sagesse. Et ta fameuse belle petite fenêtre avec une vue sur le fleuve n'ouvre pas. À part ça, viens t'asseoir sur le lit ! Ah ! Ah !

Sous le regard goguenard de Diane, je prends une grande respiration et m'assieds sur le lit. Me voilà bien enfoncé jusqu'au plancher.

– Non, non, ça n'a pas de bons sens, on ne peut pas dormir ici !

– Tu m'as assez emmerdée avec ton hôtel de rêve, mon *chum*, c'est ici qu'on va dormir.

– Pas question de dormir dans c'te cabane-là !

On s'est trouvé un autre petit motel un peu plus confortable pour dormir, mais j'avais un petit remords d'avoir emmené toute la troupe dans un trou pareil. Le lendemain matin, on s'est levés très tôt pour revenir dans notre chambre pour faire semblant d'y avoir dormi. Mais d'après les regards que je croisais, quelqu'un était sans doute venu frapper à notre porte sans réponse. En tournée, on n'a pas le temps de niaiser avec ce genre de chose, il faut que ça marche et on a du chemin à faire aujourd'hui.

Il fallait se rendre de la Baie-des-Chaleurs et à Sainte-Anne-des-Monts, on devait prendre la route 299 qui traverse cette partie montagneuse de la Gaspésie. À l'époque, c'était une route à deux voies seulement, sans accotement, avec terre-plein à 45 % couvert de roches et plus souvent fréquentée par des camions lourds qui transportaient de la terre, du bois et des roches. Ils s'en croyaient les rois et les propriétaires.

Notre voiture, une Jaguar XJ6 quatre portes, une familiale à l'allure sport, fraîchement arrivée d'Angleterre avec tout le confort et la technologie du temps qui étaient en avance et supérieurs aux grosses américaines à la suspension molle, prêtes à lever dans les airs au moindre changement de route, alors que la Jag restait collée à la route. Cette Jag avait une suspension indépendante et des freins à disque aux quatre roues et pouvait monter à 142 mph (225 km/h). Alors quand on roulait à 80-90 mph (120 ou 140 km/h), on se sentait comme de bons enfants et en toute sécurité. On roulait depuis un bon moment sans rencontrer une seule voiture, on montait, on descendait sans arrêt. Diane était concentrée, on n'entendait que le ronflement du pianiste qui dormait à l'arrière et j'admirais le décor. Je faisais confiance à ma femme pour le reste, elle a des nerfs d'acier (elle en avait besoin pour endurer un emmerdeur comme moi). En arrivant au sommet d'une côte, je vois venir quelque chose de l'autre côté. Je laisse Diane raconter.

Je vois deux camions lourds côte à côte qui, probablement, se font la course. Je n'ai pas trop le choix, c'est le terre-plein ou c'est la mort. Ils nous bloquaient totalement la route, c'était une question de seconde. Il n'y a pas d'accotement, j'enfile à toute vitesse le terre-plein en roche, je fonce sans ralentir et j'essaie de garder le contrôle exactement comme quand je montais à cheval. Finalement après quelques coups de volant, j'arrive à remettre la voiture sur la route. On s'arrête pour reprendre nos sens. Les jambes ramollies, Paolo et moi sortons de la voiture couverte de poussière.

Je vais prendre Diane dans mes bras pour l'embrasser.

– Merci t'as été formidable, t'es une championne.

Diane me regarde bien calmement :

– C'est pas moi qui l'ai fait c'est un ange, on va dire un beau merci au petit Jésus d'être encore en vie.

Pendant ce temps, mon pianiste est sorti de la voiture l'air encore tout égaré, comme un boxeur qui a été mis K.-O., il nous lance d'une voix tremblante :

– Vous allez devoir m'attendre, je vais aller dans le bois me changer de sous-vêtement et de pantalon, j'ai vraiment eu peur.

Et nous, tout en riant, on avale une petite gorgée de brandy pour se remettre de nos émotions.

Aujourd'hui, 40 ans plus tard, on se rend compte que si on avait perdu le contrôle de la voiture à la vitesse où l'on roulait, nous aurions fait assez de tonneaux pour démolir la voiture et s'écraser sur les arbres, et mourir seuls car aucun des camions ne s'est arrêté pour nous porter secours et, par la suite, nous n'avons pas rencontré d'autre véhicule.

J'avais hâte que cette tournée se termine. Je me suis aussi rendu compte que le public avait beaucoup changé et que je n'aurais jamais dû retourner dans ces hôtels dont j'avais gardé des bons souvenirs, parce que j'ai brisé le charme. Probablement que moi aussi j'avais changé, j'avais découvert le confort.

Grimaldi et moi avons séparé les profits, 200 dollars, 100 pour lui, 100 pour moi. Pour une fois que j'étais le *boss*, je n'ai pas trouvé ça très payant. Mais Diane a fait un beau voyage et surtout elle a mangé du poisson à son goût.

Depuis quelques jours, Diane et moi n'avons qu'un seul sujet de conversation : Constantino (on l'appelle Tino aujourd'hui). Notre fils nous manque beaucoup. Ce petit tourbillon d'énergie a tellement changé notre vie que, lorsqu'il n'est pas là, il nous manque beaucoup. Aujourd'hui, à 43 ans, il n'a toujours pas changé, bien un petit peu, il mesure six pieds deux pouces et pèse 250 livres. Quand il rentre dans un endroit, on le sait.

Enfin Lévis, le dernier jour de la tournée et dernier spectacle, dimanche.

Un dimanche du mois d'août avec un soleil qui n'a pas l'air de vouloir enlever son costume d'été et ça nous fait du bien. On se sent amoureux et heureux par ce bel après-midi. Nous décidons tous les deux et en même temps (ça nous arrive fréquemment sans nous en parler de prendre en même temps les mêmes décisions) d'aller se balader du côté du fleuve.

En passant devant le vieux chantier maritime de la Davie Shipbuilding de Lévis, j'aperçois plusieurs vieux chalutiers montés en cale sèche. J'arrête la Jag et je tourne carré dans l'entrée du chantier pour me stationner tout bonnement sur la voie ferrée que je n'ai pas remarquée puisque mes yeux sont rivés, éblouis, par un gros chalutier peint tout en noir. Sur le devant de sa coque, on distingue un nom un peu effacé par le temps, *Marcel Joceline*, Îles-de-la-Madeleine. Mon cœur bat comme celui qui vient de découvrir la femme de sa vie, la déesse de ses rêves. C'est le plus beau bateau que j'ai jamais vu !

Pourtant la femme de ma vie, celle qui est en chair et en os assise à mes côtés, me sort de mon rêve :

– Paolo avance ou recule, fais quelque chose parce qu'il y a un train qui s'en vient.

– Où ça ?

– Regarde à gauche, ne me dis pas que tu ne l'entends pas, il siffle pour que tu t'enlèves de là.

– Il me voit qu'il se tasse.

– Paolo Noël, t'es pas drôle du tout.

Quand Diane prononce mon nom au complet, ça va mal. Il y a tempête à l'horizon !

Je dégage la voie, car le moteur est encore en marche. Heureusement que le train était au ralenti pour son entrée à la gare de Lévis.

Pendant que les wagons de marchandises passent juste derrière nous.

– Diane, je ne voulais pas te faire peur, je voulais tout simplement te faire une imitation de Jean Grimaldi au volant de sa voiture au milieu de la route dans les montagnes de la Gaspésie.

– Ah ! C'est pour ça que tout le monde insistait pour voyager dans sa propre voiture.

– C'est pas compliqué, y'a juste eu la petite nouvelle, Anne Renée, et sa mère qui ont monté avec lui parce qu'elles n'étaient pas au courant.

Tout en parlant, mes yeux restent rivés sur le bateau, mais Diane, qui n'en est pas à sa première surprise, se doute bien de quelque chose, simplement à ma façon de regarder.

– Paolo, t'es pas sérieux ! Pas celui-là j'espère !

– Viens, on va aller le voir de plus près.

– Paolo Noël, je te connais assez pour savoir que ce bateau-là, dans ta petite tête, c'est fait, comme quand on a acheté la maison, la Jaguar XKE ! Pis là, t'as déjà commencé à réparer ce bateau-là.

– Tiens, regarde, y'a une échelle pour monter.

– C'est pas parce qu'il y a une échelle, que ça nous donne la permission de monter.

– Bien voyons Diane, y'a pas un chat sur le chantier. Envoye, viens, c'est juste pour le regarder.

Diane réfléchit.

– Quand t'as quelque chose dans la tête, tu l'as pas dans les pieds, hein ! Ta mère me l'a dit en me racontant l'histoire des bottes de *cow-boy* que tu voulais avoir en cadeau. Elle s'était gelée les cuisses la veille de Noël pour t'en trouver une paire. Mais moi tu ne me poigneras pas.

Youpi ! Nous voilà sur le pont du bateau.

– As-tu vu comme c'est beau, la grandeur du pont, une vraie timonerie, viens voir les commandes, un vrai bateau. Diane, je pense que je suis en amour ! Assis-toi ici, fais comme si on était sur l'eau, pis moi j'vais aller chercher quelque chose dans la voiture pis je reviens.

Une minute plus tard, j'ai une bouteille de rhum et deux verres.

– Paolo, tu n'es pas supposé boire quand t'as un spectacle à faire.

– Oublie le spectacle pis le chanteur, là tu t'adresses au capitaine Paolo, pis un bon capitaine prend du rhum avec son premier maître, Diane, buvons à la santé de mon nouveau bateau.

– Paolo, j'veux pas te faire de peine, mais rêve pas en couleurs, on sait même pas s'il est à vendre.

– Ça n'a pas tellement d'importance, l'important c'est que je suis tellement heureux à rêver devant cette belle grosse roue de chêne là devant moi. C'est drôle parce que c'est exactement la sorte de bateau que je voulais avoir pour partir un jour vers mes îles ensoleillées, couvertes de palmiers, entourées d'une mer bleu pastel. Si un jour, il nous appartient, je te jure qu'on va y aller, tiens prends donc un p'tit verre de rhum.

– C'est assez, t'as assez bu, c'est le temps d'aller manger puis de relaxer avant le spectacle.

– Maudit que t'es plate !

– C'est pas toujours facile d'être raisonnable pour deux. Viens, on en reparlera plus tard.

Quel drôle de métier ! Dernier spectacle, la salle est pleine d'un public enthousiaste, comme pour nous faire regretter que ce soit terminé. Grimaldi est heureux, pour lui, monde ou pas, il faut faire le spectacle comme si la salle était pleine tous les soirs. Il m'a appris cette leçon à mes débuts, et j'ai continué de l'appliquer tout au long de ma carrière.

Ce soir-là, Jean insistait pour que tout le monde se suive sur le chemin du retour. J'ai dû lui dire que j'avais un rendez-vous important le lendemain matin.

Alors Grimaldi demande avec un air suspicieux :

– Un rendez-vous important ?

– Oui, je m'en vais rencontrer ma nouvelle maîtresse !

Il me regarde tout étonné et inquiet parce qu'il voit Diane se diriger vers nous.

Alors avec son accent corse, il dit :

– Cacalisse Paolo, ne fais pas de bêtise !

Et j'éclate de rire, pendant qu'il me regarde avec son air inquiet (il vous regardait en agrandissant les yeux et les narines comme un taureau qui rentre dans l'arène), je lui dis tout bonnement :

– Jean, je viens de trouver le bateau de mes rêves.

Et Grimaldi, soulagé :

– Ha ! J'aime mieux ça, parce que moi je vous aime tous les deux.

La rencontre avec le *Pêcheur d'Étoiles*

Comme on a décidé d'en avoir le cœur net avec cette histoire de bateau, on a dormi au motel pour ne pas manquer notre rendez-vous avec le bonheur.

Diane a dormi, pas moi. J'ai passé je ne sais combien d'heures assis dans le fauteuil devant la télévision allumée. Selon les images qui défilaient dans mon esprit, j'étais heureux ou inquiet, parce que j'ai beau vouloir ne pas écouter ce que me dit ma femme, je sais très bien qu'elle a souvent ou presque toujours raison.

Lundi matin, 6 h 30, comme ma mère me disait « les yeux presto », je suis prêt à me lever. Je laisse la parole à Diane.

Quand quelque chose tient à cœur à Paolo, son énergie se multiplie et gare à qui voudrait dormir quand lui ne s'endort pas. Il connaît tous les trucs pour t'empêcher de dormir, marche sur les talons, s'assied sur le bord du lit et se relève subitement; plus d'une fois. Et tous les bruits qu'il peut faire aussi, par exemple dans la salle de bains, il tire la chasse d'eau, ensuite c'est la douche, le lavabo, il fait des vocalises en s'éclaircissant la voix, il chante une petite chanson et ouvre les rideaux de la douche avec la délicatesse d'un taureau pris dans la cape d'un toréador, en s'exclamant devant la beauté du matin. Il a réussi, je me lève.

— Diane, il faut arriver de bonne heure au chantier.

— Paolo, ton fameux bateau, il est bien installé à terre et j'ai remarqué qu'il n'avait pas de roues en dessous, il ne s'en ira pas.

— Mais y'aurait peut-être un fou comme moi qui pourrait me le voler.

— Dans ce cas, tu as le temps de prendre quelques cafés avant d'y aller.

Diane a dit un mot de trop. Bien avant que les portes du chantier soient ouvertes et que les ouvriers soient au travail, nous étions dans le stationnement assis dans la voiture à boire nos affreux cafés achetés au restaurant du coin. Mon cœur bat à cent milles à l'heure.

Le sifflet du chantier se fait entendre. Ah ! Quel beau son ! Boup ! Boup !

Enfin, 8 h. Entrer dans le bureau de ce chantier est déjà une aventure puisque la bâtisse est aussi vieille que la ville de Lévis. Il faut se pencher en passant le seuil de la porte du bureau qui est au sous-sol de ce monument bâti à même le flanc du rocher de la falaise. Ma femme et moi sommes charmés par cette vieille maison et nous le sommes encore plus en regardant les quelques personnes qui y travaillent. À cette époque, on est encore loin des ordinateurs. Le temps n'a pas l'air d'exister pour eux, et ça prend un bon petit moment pour que la dame, que je suppose être la secrétaire, me dise bien calmement :

44

– Bonjour M. Noël, ça fait plaisir d'avoir votre visite aujourd'hui, alors qu'est-ce que je peux faire pour vous ?

– Je viens pour le *Marcel Joceline*, vous savez celui qui est noir, celui qui est juste en entrant dans le chantier (bien oui, comme si elle ne le savait pas).

– Oui bien sûr, à quel propos ?

– Je veux l'acheter.

– Je vais aller chercher le gérant parce que je crois qu'il y a un problème et je ne voudrais pas vous décevoir. Attendez, je reviens.

Pendant son absence, j'en profite pour dire à Diane :

– Tu vois, j'avais raison. Y'a pas juste moi de fou sur la terre. Je ne suis pas de bonne humeur. Tu l'as entendu : « j'voudrais pas vous décevoir », bin c'est fait !

– Paolo prends ça calmement, si ce n'est pas lui, ce sera un autre, il y en a plusieurs dans la cour.

– C'est pas les autres que je veux, c'est celui-là.

Et voilà la dame accompagnée d'un homme pas très grand, mais au visage sympathique, qui nous dit en souriant :

– C'est tout un honneur de vous recevoir dans notre chantier, si vous voulez passer dans mon bureau, je vais tout vous expliquer.

Son bureau avait l'air d'un vrai musée maritime, plein de maquettes de jolis bateaux qu'ils ont construits sans parler des nombreuses photographies. Ça m'aidait à oublier mon angoisse et ma déception anticipée. Il enchaîne aussi calmement que la secrétaire :

– Il y a déjà une promesse d'achat sur ce bateau par une compagnie de transport maritime de la basse Côte-Nord. Mais il y a un ange qui vous a guidés aujourd'hui, alors faites une petite prière pour que mes acheteurs soient en retard, étant donné que l'échéance de leur promesse d'achat se termine aujourd'hui à 13 h.

Alors Diane, qui prend toujours soin du portefeuille, demande :

– Oui mais les affaires c'est moi, combien ça coûte ce beau petit bateau de 60 pieds ?

– C'est 4 000 $.

– C'est votre meilleur prix ?

– Écoutez Madame, je vais vous raconter l'histoire de ce bateau-là. Je ne comprends pas que le gouvernement ait mis au rancart un bateau de cette qualité. Votre mari a l'œil, aucune comparaison avec les autres chalutiers dans la cour, c'est le bateau prototype que nous avons bâti avec du chêne vieux de 100 ans et nous y avons mis tout ce qu'il y avait de mieux, y compris des moulures de finition dans la cabine des matelots et la timonerie. Il a coûté au ministère des pêcheries, il y a 13 ans, en 1955, la somme de 250 000 $. Alors quand on dit 4 000 $, ce n'est même pas le prix des vis et des gros clous. Bonne chance, je serais heureux que ce soit vous qui deveniez propriétaire.

Après avoir obtenu la permission, on est remontés sur le bateau. Je laisse Diane raconter :

L'angoisse de Paolo est devenue la mienne. Mon homme a l'air d'un étudiant qui attend le résultat de ses examens de fin d'année. Je le connais, s'il fallait que le bateau soit vendu. Oh ! Petits problèmes à l'horizon qui m'attendent. On n'a pas déjeuné, on n'a pas faim et le temps ne passe pas vite.

Enfin, le sifflet a sonné l'heure du lunch pour les ouvriers, il ne reste plus qu'une heure à attendre.

Et Diane qui est toujours à l'heure me dit :

– Paolo, il sera 13 h dans cinq minutes, viens grouille-toi.

– Attends, il faut que j'aille pisser à quelque part.

– C'est pas vrai ! Tu me fais ça chaque fois que ça presse.

Et j'entends Paolo crier :

–Y'a pas de toilette !

– Fais comme les loups, va faire ta marque sous le bateau.

Dans le bureau, il est 1 h 05. Le gérant nous attend avec un sourire qui en dit long :

– Le bateau est à vous moyennant un dépôt.

Aussitôt dit aussitôt fait, les papiers avaient déjà été préparés, comme si toute l'équipe du bureau avait été nos complices. Je suis tellement excité, c'est comme si ma femme venait d'accoucher et que le gérant soit le gynécologue, je le pogne et l'embrasse. Maudit qu'on est bien quand on est heureux.

Vous pouvez vous imaginer que je n'ai pas tardé à retourner sur Mon Bateau. Là on a pris un bon petit verre de rhum.

Assis dans la timonerie, nous cherchons un nouveau nom pour notre nouveau bateau. Le premier auquel je pense c'est *La Marie Diane* parce que je crois qu'il va faire plaisir à ma femme. Erreur !

– Je sais que tu penses que ça va me faire plaisir, mais j'aimerais mieux un nom plus romantique. T'es certainement pas à court d'idée. T'as trouvé des noms pour les bateaux de tes amis et celui de ton frère, *Fleurs d'Océan*, je ne sais pas où tu l'as trouvé celui-là, mais c'est vraiment beau.

Après s'être légèrement enivrés de bonheur, de rêve et de rhum en regardant le soleil de fin d'été réchauffer la ville de Québec, nous sommes bien détendus et déjà en voyage quelque part dans les mers du Sud. Je pense à l'histoire de ce bateau de bois qui a pêché pendant des années et a travaillé si fort qu'on a décidé de le mettre au rencart, de l'abandonner comme un vulgaire morceau de bois flottant. Je trouve ça injuste. Dans les pays scandinaves, les chalutiers comme celui-ci appartiennent à des familles qui les ont construits et payés de leurs poches, alors ils les conservent précieusement et se les passent de père en fils pendant plusieurs générations.

Au Québec, le gouvernement est riche (enfin ce qu'il nous a fait croire), il gaspille.

Le destin t'a mis sur mon chemin, mon beau pêcheur, alors je te jure que tu vas continuer à vivre et un jour, je t'emmènerai sur des mers si bleues et si limpides que même les étoiles s'y baignent la nuit.

– Diane j'ai trouvé ! On devrait l'appeler *Pêcheur d'Étoiles*. Qu'est-ce que t'en penses ?

– Je pense qu'il y a quelqu'un qui monte sur le bateau.

– Aille, y sont pas gênés de monter sur notre bateau sans permission eux autres !

Et Diane répond avec un air moqueur :

– Paolo Noël, t'es pas mal placé pour parler.

Nous sortons sur le pont, lorsqu'apparaissent trois hommes presque identiques, des vrais commis voyageurs, imperméables, chapeaux, et l'un avec une serviette à la main.

Et je leur lance avec un beau sourire :

– Bonjour Messieurs, ça va bien ?

Et un des hommes dit :

– Tiens regarde, c'est Paolo Noël !

Celui qui s'adresse à moi a l'air d'être assez joyeux, mais les deux autres ne sont pas très souriants. Ils ont dû venir au monde une journée qui ne faisait pas beau. Un des deux me jette d'un ton sec :

– Qu'est-ce que vous faites sur notre bateau ?

Je lui réponds fièrement en lui montrant toutes mes dents :

– Vous vous trompez Messieurs, vous êtes sur mon bateau.

– Non ! C'est notre bateau !

– Avant de crier, regarde l'heure comme il faut mon *chum*.

– Chu pas ton *chum*, pis y est trois heures et quart, pis tu débarques du bateau.

– J'ai une petite surprise pour toi Monsieur sourire, ta promesse d'achat finissait à 13 h, et j'ai acheté le bateau.

Pendant que les deux airs bêtes ont encore plus l'air bête, l'autre se met à rire aux éclats.

Le joyeux leur dit :

– Elle est bonne celle-là ! La dernière bouteille de vin, je t'avais bien dit de ne pas la commander, tu vois on vient de se faire fourrer ! Touché Paolo, ça c'est les affaires. Bonne chance te v'la capitaine d'un beau bateau. Bon, eh bien nous autres, il nous reste plus qu'à s'en aller.

Le 23 septembre, jour de l'anniversaire de Diane et aussi l'anniversaire du début de notre vie commune (étrangement tous les beaux changements dans notre vie arrivent toujours autour de l'anniversaire de ma sirène), nous nous sommes retrouvés à Lévis chez le notaire du chantier. En bonne et due forme, les papiers furent signés, accompagnés d'un chèque bien entendu et, enfin, mon bateau de rêve est devenu définitivement notre propriété. Comme c'est un jour important pour nous, il y a une ambiance de fête sur le *Pêcheur d'Étoiles*. Le capitaine est heureux d'avoir à son bord un équipage de classe : Diane, le commandant, notre fils Constantino, le petit mousse, qui aura bientôt deux ans, habillé pour la circonstance en petit matelot et, en plus, le grand amiral de ma vie, la joyeuse Gaspésienne, ma mère Lucienne, très fière de savoir que son fils possède un vrai bateau de pêche qui sent la morue. Toute cette joie est arrosée d'une bouteille de champagne, mais contrairement au rituel, nous ne la briserons pas sur la coque du bateau, nous la boirons comme de joyeux flibustiers. Maudit que la vie est belle quand elle est belle.

Pendant les 23 prochaines années, ce bateau sera tour à tour une cachette, un lieu de récupération, pour devenir un jour notre évasion vers la liberté et le début d'une grande aventure insoupçonnée. Ce sera le seul bien qui nous restera pendant les années plus difficiles de ma carrière, mais les plus belles années de notre vie.

Madame Maytag

Aujourd'hui et avec les années, j'ai acquis la certitude que notre destin est écrit quelque part et que c'est à nous de jouer son jeu ou de le déjouer.

Retrouver notre petite maison ancestrale nous rendait toujours heureux. Les rives du Richelieu étaient beaucoup moins achalandées à cette époque, qu'elles ne le sont maintenant. C'était la vraie campagne et quelle joie, après avoir vécu dans les valises, de se retrouver dans la chaleur de son foyer et de s'endormir dans son lit.

Mais le temps est revenu de me conditionner pour mon travail à la télé, et c'est la ritournelle des feuilles de musique et des chansons que je dois apprendre par cœur, soit six chansons par semaine.

Je n'ai pas beaucoup de temps à consacrer à ma famille. C'est le métier d'artiste. Y'a pas de milieu, tu travailles comme un forçat, ou t'as pas de travail et tu crèves. Mais tant que brûle au fond du cœur d'un artiste, cette petite flamme qu'on appelle le feu sacré, aucun sacrifice ni effort ne peut l'arrêter, et il se laisse emporter par ce qu'il fait. C'est ce que j'étais depuis le début de ma carrière, je ne regardais jamais l'heure, je vivais dans un monde transparent dans lequel le public me voyait vivre et j'étais heureux. Ce que je désirais avant tout était de plaire et être aimé. Mais ma femme trouvait que je n'étais pas souvent à la maison à tel point qu'un jour en entrant, elle me dit :

– Pour te sauver des mouvements inutiles, plante-toi donc un clou à côté de la porte, comme ça tu pourras t'accrocher quelques instants pour dormir et en te réveillant, tu ne seras ni froissé ni dépeigné, prêt à repartir.

Cette remarque me surprenait parce que Diane ne posait jamais de questions, elle me disait plutôt qu'elle était heureuse de vivre dans sa maison loin de la ville, loin des gens où elle pouvait s'occuper de notre fils. Je crois donc qu'elle commençait à donner des signes d'impatience face à mon manque de présence et je lui répétais sans arrêt :

– Pour le moment, laisse-moi aller, ça fait 15 ans que j'attends pour avoir un peu de succès, pis un jour quand je serai tanné, on partira avec notre bateau vers le soleil et la liberté. À partir de ce jour-là, on va vivre ensemble 24 heures sur 24.

J'étais sincère et dans ma tête, ce jour n'était pas trop loin. J'ignorais tout ce qui m'attendait et ce que j'aurais à traverser avant d'y arriver, mais je savais que j'y arriverais.

Pour le moment, je devais suivre mon chemin et continuer à faire ce métier qui me passionnait Dans le livre de l'Union des Artistes, j'étais dans la catégorie chanteur, animateur, acteur, auteur, compositeur, mais surtout pas vendeur. Hélas je me trompais.

C'est le début de l'automne, une saison qui a ses charmes, comme se retrouver en couple devant le foyer et entendre pétiller le bois qui brûle dans la cheminée. Diane et moi avions prévu pour le vendredi suivant un petit dîner en amoureux, et dans la quiétude d'une maison de campagne, qui sait à quoi mène un bon vin. Dans notre petite maison, notre petit nid d'amour, où les plafonds étaient si bas, que pour passer d'une pièce à l'autre, je devais me pencher la tête et la cuisine où nous mangions le plus souvent était à quelques marches de notre jolie chambre à coucher. Tout était là, prêt pour alimenter la petite flamme de deux amoureux. Enfin mon travail terminé, j'allais leur faire le coup de la disparition, lorsque je vois arriver Pélo (Jean Péloquin), mon réalisateur, qui me dit tout joyeux :

– Aujourd'hui, on a un souper très important avec la firme Maytag avec qui on espère avoir une entente commerciale.

Il faut dire que Pélo, quand il s'agissait de manger, ça le faisait toujours sourire.

– En quoi ça me regarde, moi ?

– Bon, je pense que t'as pas compris ce que je veux dire, viens avec moi dans la salle de contrôle, on va aller téléphoner à la direction. Je pense qu'ils vont pouvoir t'expliquer en long et en large ce que j'essaie de te faire comprendre. Paolo, des fois, t'es vraiment pas vite.

Pélo parle de mon refus à quelqu'un de la haute direction et il me passe l'appareil, j'entends une voix qui me dit :

– Qu'est-ce qui ne va pas mon Paolo ?

– Il ne se passe rien, j'ai juste envie d'être chez-nous.

La voix passe soudain de gentil à direct :

– Écoute Paolo, si tu veux être chez-vous on peut t'arranger ça, si tu refuses de collaborer avec nous autres. De toute façon, tout ce qu'on te demande, c'est d'accompagner nos vendeurs à un souper, y'a bien des artistes qui seraient contents d'être à ta place.

– Oui, mais Diane et moi, on se préparait pour une petite soirée, on a même envoyé Constantino se faire garder chez Madame Larose, sa gardienne. Je ne sais pas comment lui dire, mais je sais qu'elle va être déçue encore une fois.

– On la connaît Diane, c'est une femme intelligente, elle est capable de comprendre que t'as pas le choix. Nous autres en haut, on n'est pas des artistes ou des poètes, on est en affaires. Ça, c'est une chose que tu devrais apprendre, laissez ton cœur à la maison quand tu pars le matin. C'est-tu clair ?

– Oui, j'ai tout compris.

Je raccroche en observant Pélo qui m'observe dans son coin. J'ai comme l'idée qu'il doit être au courant :

– Paolo, on t'envoie pas en prison, on t'invite dans un cinq étoiles, tu vas te bourrer avec de la bonne nourriture, pis du bon vin. Qu'est-ce que tu veux de plus ? Profites-en pendant que ça passe, dans ce métier-là des fois ça dure pas longtemps.

Je n'ai pas le choix, mais je vais téléphoner à Diane. Pour être sûr que d'autres oreilles n'écoutent pas, je vais dans la cabine téléphonique dans le hall d'entrée. Pélo me demande où je vais.

– Téléphoner à Diane.

Et d'un ton agressif, il ajoute :

– Parce qu'il faut que tu te rapportes à part ça. J'ai mon voyage.

– Pis après, ça te dérange ?

Et du même ton, Pélo continue :

– La femme qui va m'obliger à me rapporter n'est pas au monde. Si t'es un homme, mets-toi une paire de culotte.

Les oreilles commencent à me chauffer, dans ce temps-là, je ne ressemble plus à un chanteur de charme.

– Pélo, mets-en pas trop, parce que ça va aller mal, pousse-moi pas *sacrament* !

– Arrête ton mauvais caractère, pis dépêche-toi d'appeler pour pas manquer ton rendez-vous. T'es mieux d'y aller, pis ça presse. C't'un p'tit conseil que je te donne, qui vient pas de moi.

Je rentre dans la cabine téléphonique, je ferme la porte pour avoir la paix et respirer un peu :

– Allo Diane.

– Oui Paolo, qu'est-ce que tu fais ? Je t'attends pour le souper.

– Je vais t'expliquer clairement ce qui vient de m'arriver. Là, j'ai pas le choix d'aller manger avec un commanditaire ou ils me sacrent dehors. Qu'est-ce que je fais ?

– T'es sérieux !

Toutes sortes d'images passent dans ma tête, même à l'orphelinat je rageais quand on me parlait comme ça.

– Oui, c'est très sérieux.

– Eh bien, si tu ne peux pas faire autrement, c'est pas grave, je commence à avoir l'habitude. On n'a pas les moyens que tu ne travailles pas, avec une voiture et une maison à payer, finalement rien de payé, alors je pense que tu es mieux d'y aller. Eh bien, bon appétit, ne bois pas trop, tu sais que j'aime mieux que tu arrives en retard que pas du tout.

Ce n'est pas de gaieté de cœur que j'arrive dans ce restaurant aux lumières tamisées et aux différents arômes de nourriture. Maudit que l'être humain est lâche, les tripes me chantent des cantiques, mon estomac est devenu un jubé de cathédrale avec chorale. J'oublie ma diète, ma déception, j'ai faim. Le maître d'hôtel me conduit à travers tous ces gens occupés à déguster et à parler jusqu'à une grande table où sont déjà installés, à l'apéritif, les spécialistes de la publicité télévisée. Juste au bout, je reconnais une dame qui m'avait été présentée auparavant à CFTM et je me dis qu'elle doit sûrement avoir un pouvoir d'achat important pour déranger autant de monde. Elle me fait signe de venir m'asseoir à côté d'elle. Cette dame dans la quarantaine est assez jolie avec des cheveux blonds châtains, un regard bleu typique des Américains. Au moment où je m'assoie, elle me sourie et me parle en anglais. Malheureusement je ne comprends pas, mais je fais semblant, je souris moi aussi, le seul mot que j'ai compris c'est Perry Como. J'aurais bien voulu savoir ce qu'il se dit autour de tout ça. Pour le moment, tout le monde parle et gesticule, et j'ai envie de pisser. Ça c'est quand je suis nerveux, je demande à un des vendeurs :

– Où sont les toilettes ?

– Ça tombe bien, moi aussi j'ai envie d'y aller.

J'accapare la toilette, la vraie, celle avec une porte. J'ai gardé un vieux complexe d'orphelinat, si quelqu'un me regarde ou me parle, ça ne marche pas. Avez-vous déjà rencontré un vendeur qui ne parle pas ? Celui qui est de l'autre côté du petit mur a de la jasette. Faute de pouvoir faire pipi, sa jasette m'a éclairé. Il m'explique que cette dame est la propriétaire de cette importante compagnie fabricante d'appareils électroménagers les plus recherchés à l'époque, ceux que les réparateurs détestent parce qu'ils ne brisent jamais. Il me dit qu'elle est assez riche pour acheter Télé-Métropole sans pour autant être cassée, et il enchaîne :

– T'as pas eu l'air de comprendre quand elle t'a parlé à la table.

– Bien non, je ne parle pas anglais.

– Elle t'appelle son petit Perry Como du Canada, c'est quand même un beau compliment.

– Qu'est-ce que je fais dans le décor, moi ?

– Elle a exigé que tu sois là. Pendant ce temps-là, ça facilité notre contact.

– J'espère que vous ne voulez pas que je couche avec en plus !

– Tu fais comme tu veux. Ça ne nous regarde pas, tout ce qu'on veut, c'est qu'elle signe l'entente.

Enfin il est parti, j'ai pu soulager ma vessie. Heureusement que tout s'est bien terminé. J'ai reçu pendant un certain temps des fromages fins, en quantité industrielle, de la firme Maytag. Il y en avait assez pour gâter nos deux familles. J'ai revu cette dame quelques fois à CFTM, juste assez pour savoir qu'elle m'admirait beaucoup. Et le Canal 10 donnait des appareils électroménagers de cette grande marque dans presque tous ses jeux télévisés.

Tout le monde était content, les actionnaires s'étaient trouvé un beau gros commanditaire. Les vendeurs collectaient leurs commissions en se frottant la bedaine et moi, à part le fromage, je n'avais été que le petit méné accroché à l'hameçon qui avait pris le gros poisson (comme dit mon *chum* Pierre, c'est la vie).

Chaque fois que je prenais l'autoroute 20 vers Saint-Hilaire, je ne mettais pas bien longtemps pour arriver à ma sortie. Je n'étais pas très sage en ce temps-là et la Jaguar m'y aidait, mais aussitôt que je m'engageais sur le Chemin des Patriotes qui longe la rivière Richelieu, une espèce de romantisme s'emparait de moi et je ralentissais. Est-ce parce que cette rivière m'emmènera un jour vers cette liberté dont je rêve toujours, ou bien c'est l'odeur des champs avec son parfum d'automne ? Tout à coup apparaît la petite maison d'époque en pièce sur pièce recouverte de larges planches de bois debout avec ses fenêtres à carreaux dont j'aperçois la douce lumière dans la nuit qui tombe très tôt en cette fin d'octobre, début novembre. Alors je sais que quelqu'un m'attend.

Quand j'éteins le moteur de la voiture c'est le silence total, je m'approche de la porte et elle s'ouvre. Devant moi, c'est Didi qui m'attend, elle me sourit, me regarde avec ses grands yeux, mais ils sont tristes. Elle ne dit rien, je la prends dans mes bras, sa tête appuyée sur mon épaule. Je respire le doux parfum de sa peau et c'est en passant le cadre d'entrée qui mène au salon-salle à manger que je remarque dans la pénombre cette table toute préparée comme pour un banquet avec les chandeliers, l'argenterie qui vient de sa famille et la vaisselle des fêtes installées pour un repas en tête à tête romantique. Je la connais, elle n'a sûrement pas mangé de la journée et le repas est probablement dans le frigo, alors si elle voulait me faire savoir sa déception, elle a parfaitement réussi.

Y'a des moments où je voudrais qu'elle m'engueule bien comme il faut, comme ça je pourrais crier un peu, moi aussi. Bien non, elle me regarde puis elle ne me dit rien, je me sens complètement démuni, sans aucun recours et ne trouve aucun mot pour me défendre. C'est son côté indien qu'elle tient de sa grand-mère maternelle, qui n'a jamais voulu m'adresser la parole (j'ai l'impression que les Iroquois n'aimaient pas beaucoup les chanteurs). Elle finit par lancer, sur un ton aussi calme :

– J'espère que c'était bon au moins.

Elle enchaîne avec le même calme :

– Paolo, on a un problème, j'ai reçu un appel du chantier de Lévis. Il faut que notre bateau sorte du chantier pour faire place à un autre bateau commercial qui doit être mis en cale sèche pour des réparations urgentes.

Pour le moment, je m'inquiète plutôt de ma femme. Je me sens coupable et je regrette profondément de ne pas les avoir envoyés promener. Avais-je les moyens de perdre ma *job* ? Ce n'est que rendu dans la petite chambre au deuxième où nous dormons que tout s'est réglé. C'est drôle comme un petit lit douillet peut faire des miracles !

M. Péladeau et M. Télé

Il y a quelque chose qui s'est passé dans ma carrière dont je n'ai parlé à personne. Seuls mon épouse et M. Péladeau, qui en était l'instigateur, sont au courant. Au moment où l'Expo 67 faisait déborder la population de Montréal, les lecteurs des journaux artistiques dont M. Péladeau était le propriétaire participaient à un vote populaire pour élire l'artiste le plus populaire. Jen Roger et moi étions en tête du concours et acceptions en bons joueurs de participer à des reportages de toutes sortes qui faisaient augmenter la vente des journaux.

Entre Jen et moi, il n'y avait aucune vraie rivalité, on se connaissait depuis fort longtemps et on enregistrait nos disques chez RCA Victor. Cette publicité servait à la promotion des ventes et tout le monde était heureux. Vers la fin du concours, je reçois un appel de M. Péladeau qui me demande d'aller le voir à son bureau. Entre Péladeau et moi, aucun problème, on a le même langage assaisonné de quelques ustensiles ecclésiastiques.

– Prendrais-tu un p'tit remontant ?

J'accepte volontiers. À cette époque, il n'avait pas arrêté de boire et moi non plus. Remarquez, jamais à mon travail, mais comme ma journée était faite, je pouvais me permettre de prendre un petit cognac.

– Ce que je vais te demander reste strictement entre nous.

– C'est OK.

Alors il m'explique que le concours M. Télé est presque terminé et que j'ai une très grande avance sur mon concurrent, Jen Roger.

– OK, c'est quoi le problème ?

– Le problème est que si Jen Roger n'a pas le trophée cette année, il ne l'aura probablement jamais.

– Ah bon, j'commence à comprendre.

Il enchaîne.

– Paolo, tu as le droit de refuser, ça reste ton choix.

D'un trait, j'avale mon cognac, je respire un peu et réfléchis quelques secondes.

– Pour quelle raison je devrais céder ma place alors que c'est moi le gagnant ?

– La carrière de Jen n'est pas à son meilleur, alors que toi tu en as pour quelques années encore avant de prendre la pente descendante.

– M. Péladeau, laissez-moi réfléchir un peu, je vais retourner à la maison en regardant les choses sur tous leurs angles et je vous rappelle demain.

Je retourne vers Saint-Hilaire en revoyant des souvenirs de mes débuts au Théâtre Canadien. J'étais un inconnu et la grande vedette du temps qui faisait crier les jeunes filles en délire quand il chantait *Sous les ponts de Paris*, *Toi ma Richesse* et bien d'autres chansons, c'était Jen Roger. Je l'admirais en me demandant si un jour, j'arriverais à être une vedette comme lui. Quand il arrivait dans sa loge où s'entassaient tant bien que mal des artistes comme Claude Blanchard, Paul Desmarteaux, Olivier Guimond et Manda Parent, il me parlait comme si j'avais été son ami, il m'a même offert un de ses vestons, lui qui était habillé comme une carte de mode. Bien moi, ça me grandissait qu'il me parle du métier qu'il avait connu dans les boîtes de nuit les plus populaires comme le Mocambo et la Casa Loma, des endroits où je rêvais d'être engagé un jour, et c'est de cette personne qu'il était question aujourd'hui.

Rendu à la maison, j'en discute avec ma femme, même si j'ai promis de n'en parler à personne. C'est sûrement pas Diane qui va en parler, elle, c'est le grand silence :

– As-tu vraiment besoin d'un trophée pour être heureux, tu sais très bien que les gens t'aiment tel que tu es, avec ou sans trophée. Laisse aller, ton ami va être heureux tant qu'un imbécile de journaliste espion n'ouvrira pas sa grande gueule.

J'ai donné ma réponse et tout s'est déroulé tel que prévu. Le lendemain du couronnement, j'arrive pour faire l'émission *Le music-hall des jeunes talents Catelli* au Canal 10 (TVA) comme tous les dimanches soir, réalisé par Claude Taillefer qui m'annonce avant l'émission qu'il avait reçu pour moi une grosse télé RCA Victor, étant donné que, selon leurs espions, que je serais M. Télé 1967. Mais quand ils ont appris que je n'avais pas gagné, ils sont revenus la prendre. (Peut-être l'ont-ils donnée à Jen puisque nous travaillions pour la même entreprise, mais je n'ai jamais cherché à le savoir.) L'année suivante, j'ai reçu ce fameux trophée, malheureusement, je connaissais les dessous de ce beau métier d'amuseur public.

André Cobetto et la Casa Loma

Quand le grand public nous voit et nous revoit presque tous les jours au petit écran (il faut dire qu'à l'époque c'est tout ce qu'il y avait, des petits écrans), on est classé *Rich and Famous*. Alors tout naturellement, on devrait partager cet argent si facilement gagné, et on reçoit des demandes et des offres de toutes sortes. Comme des dons pour aider des familles dans le besoin, les orphelinats, les enfants malades, les vieux et même des services pour des jeunes filles et quelquefois, les petites sœurs et la mère religieuse. Il y a aussi toutes les soirées de charité auxquelles il faut participer, parce qu'au fond chanter c'est tellement facile, et n'osez pas dire que c'est du travail. Jusqu'à un certain point, je leur donne raison parce que c'est une maudite belle *job*.

Le problème, c'est de pouvoir reconnaître les profiteurs et les honnêtes gens. Je suis obligé d'avouer que je me suis fait organiser à quelques reprises.

Comme tous les matins, je me présente pour l'émission *Toast et café*, en entrant dans le hall qui était à l'époque sur la rue Alexandre-de-Sève. Il était beaucoup plus sympathique et accueillant que celui d'aujourd'hui, c'était comme si on entrait chez-soi. Presque tout de suite en entrant, à droite, la réceptionniste, Mme Catelli, nous accueillait toujours avec un beau sourire. Elle connaissait par cœur les noms et la vie de tout le monde qui y travaillait. La nouvelle entrée de la rue Maisonneuve ressemble beaucoup plus à une forteresse, ou à une prison, la chaleur humaine n'y est plus. Il faut s'adresser à un gardien qui est derrière une vitre et vous devez attendre qu'une hôtesse vous emmène vers l'émission à laquelle vous devez participer.

Le matin dont je parle, je suis arrivé au beau milieu du public qui attendait d'entrer dans le studio pour assister à l'émission. C'était charmant de voir ces gens s'exclamer de joie et applaudir lorsqu'ils apercevaient un de leurs artistes préférés.

J'aperçois un Monsieur assis sur une chaise à côté de la salle de maquillage. Je crois le reconnaître, mais j'ai de la difficulté à le replacer. Soudain ça s'allume dans ma mémoire, c'est bien M. André Cobetto, gérant et directeur artistique du cabaret le plus prestigieux des belles années de gloire des nuits de Montréal. Tous ceux de mon temps se rappellent très bien le Café Casa Loma. Je suis très heureux de le revoir, mais comme mon temps est compté et que je ne peux pas m'attarder pour lui parler comme je voudrais, je lui donne rendez-vous après mon travail.

Et pour que le temps lui paraisse moins long, un placier l'installe bien confortablement à une des tables dans l'assistance. De toute façon, le public était bien gâté avec du maudit bon café et des brioches.

Dominique Michel, qui coanimait l'émission, n'a pas manqué l'occasion de lui rendre hommage ; ce Monsieur et la Casa Loma avaient été la rampe de lancement de presque tous les artistes de spectacle parce que c'était la Place des Arts du temps.

Quand on avait eu la chance de performer à la Casa Loma, les portes que l'on croyait fermées à double tour à travers la province, s'ouvraient comme par enchantement. Autant au théâtre avec Grimaldi, j'ai appris le métier de scène et d'acteur, autant dans cette boîte j'ai appris le métier d'animateur et d'amuseur public : apprendre à parler devant un public et en sortir gagnant, quoi qu'il arrive. C'est aussi grâce à lui si j'ai pu croiser, observer et connaître ces gens « dits du milieu » qui, plus tard, bien des années après, me serviront de modèle dans ma carrière tardive d'acteur.

En rencontrant M. Cobetto, je l'ai senti hésitant, il semblait vouloir me dire quelque chose mais n'y arrivait pas. Pour le mettre à l'aise, je lui ai rappelé le jour où il avait fait confiance au jeune chanteur timide et maladroit que j'étais, et que si je pouvais faire quelque chose pour lui, je le ferais avec un immense plaisir. Alors il m'expliqua que la Casa Loma avait de gros problèmes et qu'à moins d'un changement, il allait perdre son emploi.

C'était bouleversant de constater qu'après avoir donné une grosse partie de sa vie à la réussite de cette entreprise, il se retrouvait au bout du chemin avec très peu. C'est sans hésitation que j'ai accepté de chanter à la Casa Loma la première semaine de février, il me paierait ce qu'il voulait. Le soir convenu, j'étais sur cette scène où jadis je tremblais de peur les soirs de première. Croyez-le ou non, après toutes ces années de métier j'avais le même trac devant les invités qui remplissaient la salle et parmi lesquels je reconnaissais les figures qui m'étaient familières, ce qui me ramenait loin derrière, alors que je recevais avant le spectacle une petite enveloppe qui contenait de l'argent et une demande pour une vieille chanson italienne que je connaissais depuis longtemps *Cor in Grato*.

Alors j'allume, je prends ma guitare, je dis au chef d'orchestre qui était toujours le même, un pianiste qui m'a toujours musicalement protégé, de me laisser aller seul, et je pars en voyage le temps d'une chanson. La chanson finie, je reviens sur terre réveillé par les applaudissements et les bravos que ces Italiens romantiques savent chaleureusement donner lorsqu'ils entendent une romance de leurs pays. Je venais de recevoir le cachet le plus valorisant qu'un artiste peut recevoir.

Mais pour sortir mon ami du pétrin, il me reste encore le reste de la semaine. Je me croise les doigts, mais il fallait tenir compte du climat en début de février au Québec.

Chaque jour, la température baisse, si bien que le samedi, la meilleure soirée pour remplir la boîte et renflouer la caisse, la ville de Montréal ressemble à une ville fantôme, rien dans les rues et encore moins dans les clubs. Je suis désespéré, j'ai fait mon possible et je me suis fait planter comme rarement dans ma carrière. Y'a pas de miracle possible, dans le stationnement, il n'y a que les voitures du personnel et celle de ma femme que j'avais empruntée pour être sûr de ne pas avoir de problème. Eh bien ça continue, il fait tellement froid que la petite coccinelle, qui ne m'a jamais déçu, est tellement gelée que je sors pour regarder si le moteur est encore là. Il y est mais il ne répond pas à ma demande de démarrage, et je retourne à l'intérieur du club parce que je suis congelé. Désespéré, je téléphone à Diane, au bout du fil j'entends sa voix tout endormie, il est 1 h du matin. Je sais très bien que je viens de la sortir du lit avec le son déplaisant de la sonnerie du téléphone qui est au premier étage. Je lui dis qu'il n'y a même pas un taxi, gentiment elle répond :

– Je vais aller te chercher, j'ai pris la précaution de brancher la Jag hier soir. J'habille le petit et j'arrive.

Pendant que j'attends, je me rends compte que tous les deux, nous venons de prendre la décision la plus irréfléchie. La Jaguar XKE décapotable était basse sur pattes à quelques pouces du sol et son moteur à haute révolution détestait le froid. Ma femme et mon fils d'un an et demi, seuls sur l'autoroute 20, cette maudite route complètement déserte sans aucun commerce, il n'y a que des champs à perte de vue et pas de patrouille de police non plus. À quoi ai-je pensé à cette heure de la nuit, à moins 40. Je prie le ciel que l'essence ou que le carburateur ne gèle pas au milieu des champs. En cas de problème, aucune communication possible. J'ai vraiment peur, parce que s'il arrive quelque chose, je vais perdre ma femme et mon fils. Je regrette de m'être embarqué dans cette aventure qui, en fin du compte, n'a rien rapporté à personne.

De retour dans notre petit nid d'amour, j'ai remercié l'ange qui me protège depuis que je suis né, mais j'avais du chagrin de n'avoir pas pu sauver mon ami. Peu de temps après, la Casa Loma a dû changer de vocation et, par le fait même, venait de mourir un monument historique de la belle histoire des cabarets de Montréal. Adieu Casa Loma.

Respirer le parfum d'un bouquet nommé Florida

Depuis qu'on avait failli perdre notre fils Constantino à cause d'un empoisonnement, il est devenu un peu trop calme et sa santé nous inquiète. Alors nous avons décidé de prendre des vacances en Floride où séjournait sa grand-mère maternelle, histoire de lui donner un peu de vitamines soleil. C'était la première fois que nous allions en Floride où la mère de Diane résidait plusieurs mois par année. J'avais 39 ans. Pour un gars qui rêvait de partir un jour en bateau, il était temps que j'aille voir à quoi ça ressemblait. On est partis en avion ma femme, Tino et Ginette, ma fille cadette de mon premier mariage. En arrivant à l'aéroport de Miami, belle-maman nous attendait avec sa Chevrolet décapotable jaune au toit blanc. Comme c'était excitant de respirer l'air chaud et de voir des palmiers après avoir passé l'hiver à se geler. Nous avions l'impression d'être tout à coup dans un monde de rêve, surtout que Mimi, ma belle-mère, avait pris le temps de faire quelques petits détours pour nous faire voir les marinas immenses où semblaient dormir des bateaux de toutes sortes et de grandes dimensions que je n'avais vus que dans les magazines de yachting américains. J'étais excité comme un adolescent. En arrivant à son condo, à proximité de la mer, ça n'a pas été très long, le maillot de bain et puis, youpi la baignade. Je trouvais étrange de voir tant de monde assis dans le sable nous regarder nous ébattre dans les vagues alors qu'eux ne se trempaient même pas le petit orteil. Maintenant je sais ce qu'ils pensaient, premièrement nous étions blancs comme des pintes de lait, alors qu'ils étaient bien bronzés et que l'eau que nous trouvions bien agréable était très froide pour eux mais, nous, on était au paradis.

Diane s'occupait du petit en jouant avec lui dans le sable à faire des châteaux, lorsque je me suis rendu compte que

Ginette avait disparu. Je la cherche avec inquiétude et enfin, je l'aperçois au large qui me fait des signes de panique. Sans réfléchir, je plonge dans la mer pour aller la rejoindre et je vois qu'elle apparaît et disparaît dans les vagues. Je réalise qu'il se passe quelque chose d'anormal. Heureusement que malgré mon âge[4], je peux encore nager avec beaucoup d'énergie et j'arrive enfin à la rejoindre.

– Prends-toi après mon cou.

J'ai beau nager avec force, j'ai l'impression de ne pas avancer et j'essaie de ne pas paniquer, mais c'est plus facile de l'écrire que de le vivre. Le courant et les vagues nous tirent vers le large au lieu de nous ramener vers la rive. Quand la marée et le vent conjuguent leurs efforts, l'océan est très dangereux, tous les ans, il se noie des gens qui ne portent pas attention aux avertissements des gardiens de plage. À la plage de Hallandale, il n'y avait pas de gardiens pour nous prévenir du danger. Dans ces moments difficiles, notre corps semble être capable d'un regain d'énergie, en avalant un peu d'eau, je crie à ma fille :

– Tiens-toi bien après moi, on va plonger et aller sous l'eau, laisse-toi aller et prends une grande respiration, fais attention, avale pas d'eau.

J'ai réussi à atteindre la grève en restant sous l'eau et en agrippant mes mains dans le fond sur le sable, tout en nous dirigeant en biais vers la plage et en sortant régulièrement pour respirer. Il a fallu quelques minutes, ça m'a semblé plutôt des heures, il était temps, j'étais complètement vidé, j'ai même prié parce que je pensais que mon heure avait sonné.

---

4. J'ai 39 ans à cette époque et pour la plupart des sportifs, c'est l'âge de la retraite !

Le Salon nautique

Les bonnes actions que l'on accomplit par amitié ou par charité dans ce métier ne sont pas toutes négatives, heureusement. Tous les artistes le moindrement populaires y passent. Disons que ça fait partie de la *job*, avec la différence que, dans mon cas, j'ai la chance de pouvoir l'écrire.

Mme Catelli, qui recevait la plupart des appels concernant l'émission, me donne un jour un message urgent venant d'un certain Bob Charest. J'appelle ce Monsieur qui m'invite à dîner pour me parler d'un projet qui devrait m'intéresser, mais qui serait trop long à expliquer au téléphone. J'accepte, de toute façon, je n'ai absolument rien à perdre à écouter quelqu'un qui a quelque chose à me proposer et ça fait partie de l'aventure du *show business*.

Après l'émission, j'attends dans le hall d'entrée de Télé-Métropole. À l'heure exacte, je vois entrer un Monsieur à l'allure un peu ecclésiastique, comme un curé ou quelque chose dans le genre. Il s'avance vers moi avec un sourire plutôt sympa, je sais que c'est lui. D'après mon nez de berger allemand, on serait probablement fait pour s'entendre. Il me tend la main en me disant :

– Bonjour Paolo, je suis Bob Charest, promoteur du Salon nautique de Montréal.

– Ah ! Oui, le *Boat Show* ça me plaît bien.

– Oui je m'en doute, je sais que tu es connu comme le chanteur, amant de la mer. Pour nous, ça va plutôt mal, d'ailleurs je t'invite à dîner et je ne sais même pas si je vais être capable de te payer un hot dog au restaurant du coin, tellement ma carte est mal en point.

Devant tant de franchise, je pense que c'est une blague, mais il dit que c'est la vérité. Je lui réponds en souriant :

– OK, si c'est pour me parler de bateau que tu m'invites à dîner, c'est moi qui paye le lunch.

Pendant que nous sommes attablés et qu'il me raconte son histoire, j'ai peine à croire ce que j'entends. Le Salon nautique est au bord de la faillite, d'après lui, le grand public semble ne pas s'intéresser au sport nautique et encore moins aux bateaux. Tout en me regardant, il enchaîne :

– Tu es ma dernière bouée de sauvetage.

– Dans quel sens et comment moi, je peux te sortir du pétrin ? C'est sûr que j'aime les bateaux, mais pour l'argent c'est autre chose, j'peux te payer le lunch, mais je ne peux pas te payer un Salon nautique.

– Non, non, ce n'est pas de l'argent que je veux, laisse-moi t'expliquer mon idée. Tous les matins de la semaine, t'as un contact direct avec le public que j'aimerais bien avoir comme clientèle et avec *Le music-hall des jeunes talents Catelli*, le dimanche soir, tu rejoins en plein ce que je vise, les papas, les mamans, les enfants, la famille quoi. C'est eux que je veux voir au Salon nautique, les enfants sont les navigateurs de demain.

Puis un grand silence, ensuite une grande respiration comme s'il allait plonger dans les profondeurs de l'océan pour me dire :

– Combien ça va me coûter, pour faire la promotion du Salon ainsi que deux spectacles par jour ?

Je n'en crois pas mes oreilles qu'il me demande à moi de sauver une entreprise qui fait partie d'un idéal que j'ai toujours voulu faire connaître à travers mes chansons. Je ne lui ai pas dit que j'avais presque envie de le faire gratuitement.

– Quand il s'agit d'argent, je préfère que tu en discutes avec ma femme.

– Tiens, tiens, tiens, en parlant de ta femme, penses-tu qu'elle accepterait d'être Miss Salon nautique ? Et puis, aussi, ça serait bien le *fun* si elle pouvait organiser un beau défilé de mode, pour les vêtements il n'y a pas de problème, ma femme Lila est acheteuse pour la maison Eaton. On ne présenterait que des vêtements de croisière et d'inspiration marine, le tout suivi de ton spectacle d'environ une demi-heure pour que les gens prennent le temps de visiter l'exposition.

– Bon, dis-moi pas que j'ai enfin l'occasion de chanter mes compositions, qui parlent de mon amour pour la mer et de cette passion que j'ai depuis toujours pour les bateaux et la douce évasion qu'ils nous amènent à travers les soucis de la vie.

Tout s'est bien réglé à l'amiable et, pour nous donner une idée de ce qu'il attendait de nous, il nous a emmenés au *Boat Show* de Toronto qui était assez impressionnant merci, avec ses gros bateaux, des voiliers de bonne taille, tous installés à l'intérieur avec les mâts et les voiles tendues.

Alors que Diane et moi prenions des photos pour la promotion du prochain Salon, Bob me dit sur un ton très positif :

– Tu vas voir, un jour, Montréal aura un Salon nautique dont nous serons fiers.

On a été traités aux petits oignons, Diane n'avait aucun problème pour communiquer avec tout le monde puisqu'elle parle anglais couramment. Là-dessus j'ai un gros handicap, mes connaissances avec la langue de Shakespeare étaient très limitées : *Yes, No* et puis, *Don't bother me.* Les discussions sont donc très courtes.

C'est le voyage le plus sobre que j'ai jamais fait. On finissait nos rencontres avec les commanditaires à 23 h 30 et le temps d'arriver au bar pour commander une bière, il était *too late my friend.* Ici, on ferme les bars à minuit, on roule les trottoirs et c'est pipi dodo.

On a réussi sur toute la ligne, Bob était aux anges : jamais le Salon nautique n'avait attiré autant de monde et surtout des familles.

À chaque spectacle, c'était émouvant d'entendre chanter en chœur tout ce public pendant que j'interprétais *Le Petit*

Voilier, qui avait été composé pour moi par un prêtre, l'abbé Paul Marcel Gautier.

À la fin de l'événement, Bob nous a invités à refaire le Salon nautique une autre année avec la confiance des exposants et des commanditaires.

En parlant de commanditaire, quand j'ai signé le contrat avec Bob, j'ai aussi décroché un contrat avec la compagnie de peinture nautique Valspar qui voulait faire la promotion de ses produits, en échange de deux séances par jour d'autographes qui devaient avoir lieu à leur kiosque après chaque spectacle. Pour cette promotion, on avait pris une photo de moi sur mon bateau, le *Délina June*, qui mesurait 36 pieds ; entre-temps, j'avais acquis le *Pêcheur d'Étoiles*, qui mesurait 60 pieds.

Le printemps venu, la compagnie Valspar nous a envoyé son expert pour calculer la quantité de peinture qu'il faudrait pour peindre le bateau. Je peux encore revoir l'expression de cet homme qui regardait ce gros monstre noir qui était devant lui, à un certain moment, j'ai pensé qu'il allait s'enfuir :

– Monsieur Paolo, j'me trompes-tu, ou bedon je rêve ! Il me semble qu'il est pas mal plus gros que celui que j'ai vu sur la photo.

– Sur l'entente, personne n'a mentionné la longueur du bateau.

– De toute façon, je suis venu ici pour calculer ce que ça prend pour ton bateau, c'est bien ton bateau ? Bon OK, c'est ça.

La compagnie Valspar n'est jamais revenue sur sa décision. Quand on a vu arriver le camion plein de cinq gallons de peinture, avez-vous imaginé toute l'économie que je venais de faire ? Encore une fois, merci Valspar.

De cette histoire, il reste que le Salon nautique est devenu de plus en plus populaire et qu'au moment où j'écris ces lignes, le sport de la navigation de plaisance n'est plus comme autrefois réservé aux petits mon-oncle aux poches pleines d'argent. Aujourd'hui, tout le monde a le droit à son grand rêve, ou son petit, et c'est tant mieux, ça fait plus de monde heureux.

Le Forum

À la même époque, on avait fermé le vieux Forum pour une grande rénovation. Je ne sais plus combien de temps elle a duré. J'étais occupé avec ma propre carrière, d'autant plus que je n'ai jamais été vraiment un amateur de hockey, mais la boxe ça oui et encore, plus naturellement, les bateaux à voile ont toujours été ma grande passion. Si je vous parle du Forum, c'est que lorsqu'on l'a rouvert, ce fut en grande pompe : tapis rouge et tout le tralala. Pour l'occasion, on avait invité plusieurs grands athlètes de toutes les disciplines et des artistes nationaux et internationaux. Comme Ginette Reno et moi avions été élus Madame et Monsieur Télévision de l'année au vote populaire, on nous a invités à participer à ce grand événement. Je ne sais pas comment Ginette a réagi à cette invitation, mais moi qui n'avait connu du Forum que les spectacles de rodéo à l'époque où je rêvais d'être un *cow-boy* comme Roy Rodgers ou Buffalo Bill, j'étais tout fier et excité à l'idée qu'on m'ait invité à cette grande fête.

Essayez d'imaginer une petite maison sur le bord de l'eau où il ne se passe rien d'autre que, Jacques, le voisin fermier, qui va traire ses vaches deux fois par jour, alors qu'arrive une grosse limousine noire accompagnée de deux motards de la police de Montréal. Mon pauvre voisin d'en face ne savait plus quoi penser, pour lui, cette limousine ressemblait à un corbillard, et s'il y a corbillard, c'est qu'il y a un mort. Alors lui qui trayait ses vaches et charriait ses chaudières à la main, il les a échappées en voyant ce qui se passait devant notre maison. En courant, il a traversé la route sans même regarder s'il y avait quelques véhicules qui passaient. Le pauvre il en faisait presque pitié, les yeux ronds tels des billes, comme si les Anglais revenaient encore une autre fois envahir le Chemin des Patriotes qui séparait nos deux maisons. Quel soulagement quand il nous a vus sortir en habit de gala et robe de soirée alors qu'il croyait à un décès. Les policiers riaient aux éclats pendant qu'on lui expliquait ce qui se passait. Il est reparti, tranquillisé, pour reprendre son travail et ses chaudières à lait, pendant que nous montions dans la limousine. Quelle sensation d'avoir une autre fois la police en avant plutôt que derrière, comme ça m'arrivait de temps en temps. Disons que je me sentais beaucoup plus en sécurité dans la limousine où je n'avais qu'à tenir la main de Diane pendant que nous roulions vers Montréal. Comme je n'arrêtais pas de parler, Diane me dit d'un ton moqueur :

– Paolo, arrête de t'énerver, on s'en va pas à l'hôpital, on s'en va dans le grand monde se faire gâter.

Devant le Forum, il y avait foule et plusieurs grosses voitures d'où sortaient des gens que je ne connaissais pas. Des portiers gantés de blanc s'occupaient d'ouvrir les portières chacun leur tour. Après un bon moment d'attente, j'avais l'impression qu'ils nous avaient oubliés. Avec moi, il faut que ça bouge et je n'ai besoin de personne pour m'ouvrir une porte. Je sors et fais le tour de la limousine pour aller ouvrir la porte à ma femme. J'ai beau essayer, elle n'ouvre pas, je commence à m'énerver, Diane me regarde avec ses grands yeux mais ne dit rien. Je suis tanné, il faut que la maudite porte s'ouvre, je serre la poignée fermement et me donne un élan pour tirer. Crac ! J'ai une belle poignée chromée dans les mains. Le chauffeur se décide enfin à sortir de la limousine avec un air indigné. Je le regarde en riant : « J'ai un cadeau pour vous ! » Je lui remets la poignée. J'aperçois enfin un portier qui ouvre la porte à Diane, celle par laquelle je suis sorti, et ma femme apparaît, belle comme une princesse, avec son élégance naturelle. Le public s'est mis à applaudir pendant que nous marchions sur le tapis rouge qui menait à l'entrée du Forum. Ginette Reno et moi avons fini par nous retrouver sur la glace, acclamés par une foule qui me donnait des frissons. Dans mon for intérieur, je me disais : « Ça y est Paolo, t'es sorti des ruelles d'Hochelaga et tu viens de gravir un autre échelon dans l'échelle sociale. »

Au moment où le match commençait, nous avons rejoint d'autres invités dans le salon VIP pour en profiter. Nous étions en pleine grève de la Commission des liqueurs (aujourd'hui SAQ). Diane en a profité pour boire du bon champagne et moi, du cognac en compagnie de Paul Anka, Canadien mondialement connu, et de son épouse qui était enceinte. On se rappelle de lui avec les chansons *Put Your Head on My Shoulder* et *Oh Diana*. Pour ma femme, cette rencontre la ramenait dans ses souvenirs de pensionnat, alors qu'elle chantait à voix haute durant les récréations en compagnie de ses amies mexicaines.

À ma grande surprise, Paul Anka s'exprimait très bien en français. On a bavardé de tout et de rien. Je lui ai raconté que j'avais chanté plusieurs années auparavant à l'hôtel Anka de Gatineau qui appartenait à son oncle. Il nous a appris que cet oncle lui avait donné l'argent pour présenter ses chansons à New York.

Arrive une dame qui semblait avoir consommé un peu trop de champagne, elle avance bien lentement vers moi et je me demande ce qui m'attend. Elle s'est assise sur mes genoux, a pris mon verre, l'a bu d'un trait et me l'a redonné. Diane regardait ce qui se passait. La dame caressait mes cheveux en me regardant. Je ne savais pas à qui j'avais affaire et, encore moins, ce que je devais faire avant que la tigresse qui est à mes côtés sorte ses griffes. Deux mastodontes s'approchèrent doucement de la dame et, sans la brusquer, sont repartis avec elle. Il était temps, je commençais à voir la vapeur sortir des oreilles de ma femme pendant que Paul et son épouse riaient. Paul me dit :

– Tu vois, c'est toi qu'elle est allée voir et pas moi, c'est toi la vedette de Montréal.

J'étais content de faire la connaissance de ce couple et j'ai rencontré des gens qui m'ont impressionné ou ému, comme Maurice Richard ou le premier ministre du Québec, Jean-Jacques Bertrand.

Nouveau bateau

Pendant que notre nouveau bateau, avec son équipage à bord, avance doucement vers sa destination, attaché derrière son remorqueur, Diane et moi essayons de dormir dans notre autre bateau accosté à la marina Jean-Beaudoin de Pointe-aux-Trembles. Je regrette et j'ai longtemps regretté de n'avoir pu faire ce premier voyage avec le bateau de mes rêves, alors je me contentais de me faire bercer avec mon amour dans notre vieux bateau le *Délina June.*

Cette petite goélette avait été construite à Terre-Neuve pour transporter les gens d'un village à l'autre le long de la côte dont les chemins étaient presque impraticables. Facile et agréable à naviguer, elle avait été le témoin de nos premiers moments d'amour. Elle possédait deux cabines individuelles et une timonerie à l'entrée de la première. La cabine avant servait de cuisine avec un poêle à bois et charbon, un mini-frigo, un mini-lavabo et une grande couchette dans le pointu. Pour rejoindre la cabine arrière il fallait, si nous étions dans la timonerie ou au poste de pilotage, faire deux pas par le pont extérieur. J'en avais fait un salon avec de bons coussins et en retirant le côté le plus long, on obtenait un lit double. Dans un coin, il y avait un joli mini-poêle à bois et face à la couchette double, j'avais bâti pour notre fils une couchette de bébé sans oublier un comptoir sur lequel était déposé mon éternel petit poêle au kérosène qui me suit d'un bateau à l'autre. Le tout était éclairé par des lampes à l'huile en cuivre vissées sur les murs à l'abri de la terreur du bateau, Tino. C'est dans ce décor romantique que Diane est arrivée dans ma vie et y est restée.

Il y avait dans le coin de la cabine arrière, à côté de la descente, une minuscule cabine dans laquelle était installée une toute petite toilette de bateau. Alors que Tino était encore aux couches, il la remarque tout à coup et dit émerveillé : « une tit toilette zus pou Tino ». Ce sera son dernier adieu aux couches.

On est là tous les deux bien serrés l'un contre l'autre, enveloppés de je ne sais combien de couvertures de laine et on finit par s'endormir. Au matin quand j'ai ouvert les yeux, ma sirène dormait, je ne voulais pas la réveiller, pour une fois qu'elle pouvait se reposer, j'étais content. Parce qu'à la maison, chaque matin c'était le branle-bas de combat. À 5 h je me lève, choisis mes chansons, mes vêtements pour l'émission de télé (nous n'avions pas alors de commanditaires). Diane était prise entre deux hommes, un qui chantait et l'autre débordant d'énergie qui criait pour avoir son déjeuner. Je regarde le plafond de la cabine et je pense à lui, notre fils qui va avoir deux ans en octobre prochain et que ma sœur Lucile garde en ce moment. Merci Mon Dieu qu'elle ait la patience de pouvoir le faire, ça nous donne une chance de pouvoir nous retrouver seuls en amoureux.

Ce n'est pas toujours facile avec notre fils espiègle qui dort dans le petit lit juste à côté de nous. Un matin, j'ouvre un œil car je trouve que c'est trop silencieux. Ce n'est pas normal avec mon fils, je me retourne et je vois un petit bonhomme tout noir qui me regarde avec un grand sourire. Le petit *gripette* avait réussi, je ne sais comment, à faufiler ses bras à travers les barreaux pour fouiller dans la petite chaudière de charbon à côté du mini-poêle à bois. Il y en avait partout, sur les draps, sur les barreaux, dans le visage, dans ses cheveux blonds et dans la bouche. Il s'est mis à crier de joie devant la réussite de son aventure. Je n'étais pas de très bonne humeur, mais ma femme a trouvé ça bien drôle. À cette époque, mon sens de l'humour n'était pas encore très développé, heureusement je me suis beaucoup amélioré avec le temps.

Soudain, j'entends sonner des flûtes qui me sortent de mes souvenirs, je regarde l'horloge marine devant moi entre deux hublots. Il est tard et j'ai assez dormi, mais je ne veux surtout pas réveiller ma princesse, alors je me lève doucement, je regarde par le hublot comme d'habitude et je ne vois absolument rien. Une brume à couper au couteau, j'arrive à peine à distinguer les autres bateaux de la marina. Je m'inquiète pour nos voyageurs. Depuis le temps que je navigue sur le fleuve, je connais par cœur chaque île, ses courants plus forts à des endroits qu'à d'autres qui ne sont pas toujours faciles à détecter, encore moins dans la brume. J'espère que le remorqueur a un radar. Je sors de la cabine en catimini avec mes vêtements sur le bras pour aller m'habiller dans la cabine avant. Surprise ! À mon retour, Diane est déjà habillée et le café est presque prêt. Je remonte pour regarder la maudite brume de malheur. Une petite brise du Sud l'a fait bouger et je peux apercevoir les petites îles juste en face. Ah ! J'ai hâte d'apercevoir mon nouveau bateau, je demande à Diane de me passer le café que nous allons prendre dans la timonerie. J'installe le tout sur la tablette des instruments de navigation, juste derrière la roue du gouvernail. Ma princesse enjambe les quelques marches pour venir me rejoindre et nous voilà tous les deux, café à la main comme tous les matins de vacances où l'on prend les premières gorgées de ce délice naturel. Nous ne parlons pas, nos regards se croisent, naturellement je suis toujours le premier à dire quelque chose, parce que Diane n'est pas bavarde, il faut lui arracher les mots de la bouche. Faut qu'avec ma grande gueule, elle soit mon opposé, c'est probablement pour ça que ça marche entre nous, le vieux principe du positif-négatif.

Ce matin, tout est différent, je suis inquiet, heureux et malheureux à la fois. Je me demande si j'ai fait une bonne affaire et je suis certain que Diane qui est là devant moi pense la même chose, tellement son silence m'inquiète. Je lui demande ce qui ne va pas ?

– Paolo, je ne voudrais pas briser le plaisir de cette journée que tu attendais avec impatience, mais je dois absolument t'en parler. Tu sais toi le côté monétaire, c'est vraiment pas ton domaine, alors je me demandais comment on va arriver à payer deux bateaux. La sortie de l'eau, la réparation du gros moteur Caterpillar, la peinture et tout le reste. T'as beau travailler à la télé, on n'est quand même pas millionnaires, c'est ça qui me dérange, à moins que tu gagnes le gros lot. Ça c'est une autre histoire, mais il faudrait commencer par acheter des billets de loterie, avec toi ce n'est pas facile.

Je l'écoute m'expliquer toutes ces choses sans vraiment l'entendre, parce que je ne vois pas les choses de la même manière. J'ai toujours fait confiance à mon étoile, bien sûr ça n'a pas toujours été facile, mais j'y ai toujours fait confiance. Même quand j'étais pauvre, je savais qu'un jour je m'en sortirais, alors que de son côté, Diane a été élevée dans un monde de bourgeois, où tout doit être bien rangé et à sa place.

Pendant que nous discutons, je suis dérangé par des voix qui proviennent des environs. Je suppose que ce sont les occupants des bateaux voisins qui ont commencé à fêter l'arrivée d'un nouveau bateau. J'ouvre la porte de la timonerie pour voir ce qui ce passe : ma mère, Lucienne, en train de faire son spectacle, parce qu'elle avait toujours quelque chose de drôle à raconter pour faire rire les gens.

En me voyant, elle s'écrit :

– Paolo ! On a vu ton bateau passer devant la maison, c'était beau de le voir passer dans la brume, on aurait dit un bateau fantôme, on s'est dépêchés pour venir te le dire au cas où tu serais inquiet.

Elle était accompagné de Paul, son amour, son amant, celui qui a eu le courage de m'endurer dans mon adolescence, et de ma fille cadette Ginette qui avait dormi chez sa grand-mère. Elle arrive avec ses crayons et papiers pour faire un brouillon de l'arrivée du bateau qu'elle refera sur une belle toile.

Comme notre petite goélette est accostée au dernier ponton de la marina, nous avons une vue superbe de cette partie du fleuve. Maintenant que la brume est légèrement dispersée, on peut même voir la petite île en face de la pointe de

Repentigny. Dans cette brume de conte de fées, il me semble distinguer une tache.

– Diane, passe-moi mes lunettes d'approche s'il te plaît, elles sont accrochées au mur.

Je vois à peine dans le brouillard l'avant d'un petit remorqueur qui avance bien prudemment, mais je ne vois toujours pas le bateau. Le capitaine manœuvre bien son embarcation et fait exactement ce qu'il faut faire dans cet endroit du chenal. Passer près de la petite île, puis tourner doucement vers le centre du chenal.

Je tends les lunettes à celle qui commence à s'impatienter à coté de moi.

– Tu vas voir quelque chose de très beau, regarde une scène que nous avons aimée tous les deux dans le film *Le pêcheur d'Islande* quand le bateau du pêcheur breton avance et se cache dans la brume pour échapper à la garde-côtière.

– T'as tout à fait raison Paolo, que c'est beau, on dirait une peinture de grand maître, le *Marcel Joceline* (le *Pêcheur d'Étoiles*) avance presque en parallèle. Il est énorme à côté du remorqueur. C'est vrai ta mère a raison, on dirait un fantôme noir qui sort de la brume, tiens, prends les jumelles, il faut que j'immortalise en photo ce magnifique souvenir.

Et je me mets à crier comme un enfant qui voit apparaître le père Noël pour la première fois.

– Mon bateau s'en vient ! Mon bateau est arrivé !

Alors tout le monde descend des bateaux et court sur les pontons pour aller regarder le spectacle. Chacun y va de ses commentaires, je suis au comble de l'énervement et de l'excitation.

Pendant que le remorqueur approche lentement, on distingue bien les lignes imposantes de ce chalutier, surtout qu'il est noir avec une bande blanche au franc-bord.

Si seulement j'avais des ailes pour m'envoler et pouvoir embarquer sur le pont du bateau qui prend tout son temps pour arriver. Je regarde et je suis impatient, dans mon impuissance de participer à la manœuvre qui demande toute l'expérience du capitaine du remorqueur qui doit amener le bateau vers la passerelle bondée de monde. Il faut que je fasse confiance à ce capitaine. La manœuvre est difficile, le courant tire le bateau vers le large et le petit remorqueur se place en parallèle pour le pousser vers le quai. Je regarde mes trois matelots qui ont fait le voyage, courir dans tous les sens pour manœuvrer les amarres. Le voilà à portée, enfin pour lancer les câbles. Sur le pont avant, appuyés sur le bastingage, nous voyons les trois joyeux lurons, mon frère Claude et mes neveux Michel et Jean-Claude. J'entends la voix de mon frère crier fort sa joie d'un travail bien accompli. Le sourire fendu jusqu'aux oreilles, tous trois semblent très contents d'être arrivés à bon port sans incident, alors que les manœuvres d'accostage commencent.

– Tiens mon Paolo, à toi le bonheur, attrape ton amarre.

Et elle arrive avec une telle pression que je tombe presque sur le dos. Avec tous ces marins sur le quai, lequel sera l'heureux gagnant qui va attraper la prochaine amarre du nouvel arrivant. Et voilà que Monsieur Beaudoin, le propriétaire de la marina, s'amène pour diriger les manœuvres délicates de cette nouvelle embarcation qui se débat dans ce courant qui veut absolument l'éloigner du quai. D'une voix sévère de commandeur, il donne ses ordres :

– Les gars, c'est pas une chaloupe Verchères, avec son tirant d'eau et sa pesanteur, il va vous emmener au large. J'ai pas envie de voir votre plaisir finir par un accident, on va laisser le remorqueur faire sa manœuvre et toi Paolo, prends l'amarre de poupe, puis les autres, enlevez-vous de là.

Tout s'est bien passé, mon gros bébé est bien accosté en toute sécurité. Aussi soudainement que M. Beaudoin est arrivé, il a disparu ; le dimanche était sa seule journée de congé, mais il tenait mordicus à venir contrôler l'accostage.

Puis ce fut l'attaque des joyeux pirates. Diane avait tout prévu : une petite table, pour y placer des sandwiches et de la bière, du vin et naturellement, dans la marine corsaire, il faut surtout du rhum et il y en avait, croyez-moi. Je pense que mon équipage avait grand besoin d'un petit remontant pour se réchauffer après deux jours de navigation dans le froid sans chauffage. Moi, j'étais heureux que tout se passe bien mais je ne pouvais pas prendre d'alcool parce que je devais partir vers midi pour assister aux répétitions du *music-hall des jeunes talents Catelli*. Donc après avoir remercié l'équipage, le capitaine du remorqueur est reparti vers son port d'attache à Portneuf. Ce fut une belle journée avec tous mes amis de la marina qui se faisaient une fierté d'être sur le pont de cette embarcation qui était plus grosse que tous les bateaux qui avaient été amarrés dans ce petit port de plaisance. Mais devoir oblige, j'ai dû quitter mes joyeux compagnons. J'avais drôlement hâte que l'émission se termine pour revenir au bateau.

À la marina, Diane attendait mon retour. On s'est assis tous les deux dans la grosse timonerie du *Pêcheur d'Étoiles* où elle avait installé une lampe à l'huile. On a parlé de vendre le *Délina June*. Il était temps d'aller chercher notre fils à Repentigny chez ma sœur et de repartir vers Saint-Hilaire, heureusement qu'à cette époque, l'essence n'était pas aussi chère, car le lendemain, dès 5 h, lever et retour à Montréal pour faire l'émission *Toast et café*.

La même semaine, on a mis une annonce pour vendre notre *Délina June* ; beaucoup de visiteurs mais pas d'acheteurs en puissance, les artistes attirent plus de curieux que de clients sérieux.

J'avais un ami de longue date qui était amoureux de notre petit bateau, Ti-Marc travaillait alors à Postes Canada. Plus tard, il a étudié pour devenir capitaine sur les remorqueurs. Un jour, Ti-Marc et Janine, son épouse, sont venus nous parler de leur amour pour le *Délina June* et combien ils avaient rêvé que ce bateau leur appartienne un jour et la joie qu'ils auraient à se balader en famille sur le fleuve. Les yeux empreints d'émotion, il était au bord des larmes et me rappelait ce jeune garçon que j'avais été qui n'avait qu'un rêve, avoir son voilier, et avait fini par bâtir son rêve. Ti-Marc me dit qu'il est prêt à hypothéquer sa maison pour avoir le *Délina*.

Diane lui répond :

– Si tu aimes notre bateau à ce point, on va s'arranger avec ce que tu pourras nous donner et je vais être heureuse de savoir que tous nos beaux souvenirs vont dormir en paix, entourés de ta petite famille. Souhaitons aussi que la carrière de Paolo aille bien.

Ti-Marc s'est mis à pleurer de joie ; nous avions tous les larmes aux yeux ; Diane nous regardait, nous avions l'air d'enfants abandonnés.

– Eh bien je suis heureuse de savoir que mon mari n'est pas le seul fou à aimer les bateaux à ce point.

Mon copain est reparti tout heureux de sa nouvelle acquisition. L'aventure ne s'est pas arrêtée là pour Ti-Marc, car ses deux fils ont fait des études à l'Institut de marine à Rimouski et sont devenus officiers dans la marine canadienne. Nous sommes amis depuis près de 50 ans ; son épouse Janine, peintre, est native de Kamouraska. Quand ils viennent dans notre coin de pays pour visiter la famille ou lors d'expositions, ils ne manquent jamais l'occasion de venir nous voir en nous apportant des cadeaux comme une toile de Janine ou les fèves aux lards de Ti-Marc que Diane a appris à cuisiner.

Un chien de garde

Vers la fin des années 60, c'était comme si Expo 67 avait changé le monde, l'économie, la politique, les artistes, même le monde normal, sans oublier les croches, les fraudeurs et les voleurs. Même si on était sur nos gardes, on se faisait quand même avoir de temps en temps. À cette époque, il y a eu une vague de cambriolage. Quand les femmes étaient seules, le cambrioleur devenait violeur. Ça m'inquiétait de laisser Diane seule à la maison, car croyez-le ou non, un jour toutes ses chaussures même celles qu'elle mettait pour aller au jardin ont disparu. Allez raconter ça à l'agent d'assurance. Sur notre répondeur, un nouveau gadget, un homme avait rempli la bobine en incitant ma femme à me quitter. Diane commençait à trouver cela plus inquiétant lorsque, en allant au centre commercial, elle trouva la photo d'un pénis, qui n'avait rien d'une flûte traversière, placée dans son pare-brise. Alors on commençait à s'inquiéter. On a pensé faire installer un système d'alarme, mais comme la maison était isolée, le système ne servirait qu'à déranger les vaches dans les champs. Et en pensant à voix haute :

– Hé ! Diane, pourquoi pas un chien de garde ? Un berger allemand, notre chien préféré ?

– Il faut trouver un chien prêt à faire la *job*, on n'a pas le temps de l'élever, il faut qu'il soit déjà dompté pour l'attaque.

Alors on se met à la recherche d'éleveurs qui auraient l'animal désiré ; Diane, qui a souvent de bonnes idées, téléphone à la police pour avoir des renseignements. Un agent nous référa à un Allemand qui faisait l'élevage de ces magnifiques bêtes. Nous avions le choix de couleur et de caractère. Des toutous bien doux pour les enfants et d'autres comme on voulait, costaux avec de grosses dents, prêts à mordre au moindre commandement. Comme il fallait l'apprivoiser avant de l'emmener à la maison, Diane s'est payé le luxe d'apprendre tous les ordres à donner en cas de besoin. Diane, comme son père Jean-Louis et sa sœur Hélène, a des dons avec les animaux, en peu de temps, Ti-Loup était devenu le bon ami de Diane.

Cette amitié entre le chien et ma femme allait si bien qu'un soir je rentrais à la maison à 3 h du matin après une soirée de spectacle. À cette époque, je chantais dans les cabarets et le deuxième spectacle était à 1 h (en y pensant, maintenant que je me couche à 21 h, je me demande ce que les gens faisaient dans les cabarets à cette heure de la nuit ?). En arrivant à la maison, je stationne ma voiture comme d'habitude sur le côté de la maison, je mets la clé dans la porte sans porter trop d'attention au chien, mais au moment où j'ouvre la porte, je le vois, en fait surtout sa belle dentition, prêt à me manger tout rond avec un grognement qui m'enlève totalement le goût de rentrer dans la petite cuisine car il est toujours attentif, comme un commando avant l'attaque. Je me rappelle la démonstration de capacité d'attaque de ce chien que l'entraîneur nous avait fait voir avant de nous le vendre. Une personne, dont la figure était protégée et complètement enveloppée de la tête au pied avec une espèce de styromousse protecteur, avait en main une pelle en métal pour essayer de le provoquer en tentant de le frapper sur la tête. En moins de deux, le chien l'avait déjoué et il était prêt à le mettre en morceaux si l'entraîneur ne l'avait pas arrêté.

Je n'ai pas le choix de me reprendre et j'essaie de le calmer en lui disant de beaux mots :

– Mon beau Ti-Loup, t'es un beau gentil chienchien, pis c'est moi qui t'ai payé… j'peux te montrer la facture ! Pis c'est moi qui te nourris.

Il ne veut rien savoir, mais je commence à être fatigué et j'ai hâte d'être dans mon lit. Je ne sais plus quoi faire, car malgré tout ce vacarme, Diane n'a rien entendu. Ah ! Bonne idée, je vais me rendre de l'autre côté de la maison sous la fenêtre de notre chambre au deuxième et je vais crier pour réveiller Diane.

– DIANE ! DIANE ! DIANE !

Rien à faire, sans hésiter je cherche dans le gazon un petit caillou pour le lancer contre la vitre, je vise mal je n'atteins pas la fenêtre. Je me mets à crier de toutes mes forces pour qu'elle vienne à mon secours. Je commence à m'énerver, mon langage change et tous les saints y passent. Enfin la lumière s'allume, je reviens à la porte de la cuisine où m'attend Diane à moitié endormie :

– Pour l'amour du ciel, pourquoi tu cries si fort j'suis pas sourde, t'avais pas ta clé ?

Elle ne comprenait vraiment pas ce qui s'était passé entre le chien et moi parce qu'aussitôt arrivée dans la cuisine, le chien s'est couché comme un beau toutou poilu. Plutôt que d'en parler tout de suite, j'aimais mieux aller me coucher et lui raconter le lendemain matin tout en prenant notre café. Diane en était toute peinée car, pour elle, le chien était un compagnon super agréable, absolument pas agressif, mais il fallait bien que j'arrive à rentrer chez moi sans risquer de me faire dévorer vivant chaque fois que je rentrais tard. Je propose donc à Diane de ramener le chien à son entraîneur qui demeure à L'Île-Bizard, le patelin d'enfance de ma femme. Ses parents y vivaient encore. En arrivant chez l'entraîneur, on lui explique la situation et il nous propose de nous donner en échange un chiot berger allemand de notre choix que nous pourrons élever et adapter à notre façon de vivre. Nous étions bien d'accord, Diane a choisi une belle petite bête qui devait avoir environ cinq ou six mois. J'étais très heureux, même s'il nous avait vendu un chien entraîné, alors qu'il nous fallait entraîner le petit chiot, mais de Saint-Hilaire à L'Île-Bizard, c'était un peu trop loin pour faire le trajet toutes les semaines. On s'est contentés de son affection et j'ai acheté un bon vieux 12, deux coups avec lequel Diane était très habile grâce à l'entraînement donné par son père, le lieutenant Jean-Louis Bolduc. De mon côté, comme le dit un vieux proverbe, un homme averti en vaut deux, je m'arrangeais pour ne pas rentrer trop tard chez moi.

Une récompense bien méritée

De la cour de la marina, on voyait notre bateau sorti de l'eau. Il était impressionnant à voir et j'en étais fier, mais quand on regardait tout le travail qu'il y avait à faire, on en avait presque peur. Une fois à l'intérieur, le rêve prenait le dessus. Et l'aventure commença lorsque les mécaniciens décidèrent qu'il fallait démonter et remonter le moteur à neuf.

Je me souviens qu'au Salon nautique, j'avais rencontré un représentant de moteur Caterpillar de la compagnie Hewitt qui rebâtit et vend ces moteurs, il m'avait expliqué qu'il coûtait moins cher d'acheter un engin reconstruit par eux.

Mais je veux garder mon moteur, puis Beaudoin et ses mécaniciens vont me le réparer pis ça ne me coûtera pas si cher.

Et youpi ! Le *fun* commence. Je suis comme un enfant qui veut montrer à tout le monde que j'ai le plus gros jouet. Pour sortir le moteur, il faut soulever la timonerie qui est juste au-dessus de la chambre du moteur et les boulons ressemblent à ceux du pont Jacques-Cartier. Il fallait que ce soit solide pour un bateau qui faisait de la pêche en haute mer. Alors ce moteur qui pesait quelques tonnes ne pouvait pas être sorti autrement qu'avec une grue que je devais payer, tout comme les professionnels qui devaient dévisser les fameux boulons.

Tout ça pour moi est excitant, je suis devenu le propriétaire d'un vrai bateau. Je laisse Diane raconter :

Je regarde mon Paolo. Pour lui, le bonheur en ce moment c'est de ressembler à son bateau, des vêtements sales et la barbe pas faite. Il doit absolument trouver le moyen de travailler avec les ouvriers et se salir les mains le plus possible. Pour lui, c'est fatigant d'être toujours bien habillé et se faire maquiller six jours par semaine.

Pour le moment, ma carrière va bien et je prie pour garder ma voix. Je vais en avoir grandement besoin. Pendant que je finissais de discuter des préparatifs avec les mécanos, Diane avait préparé les lits et un souper mais, avant, elle me demande ;

– Paolo, pourrais-tu emmener le chien faire ses besoins au bord de l'eau ?

Comme le chien est sur le pont, il faut le mettre sur mes épaules pour le descendre par l'échelle. Heureusement qu'il est jeune et pas encore trop gros, et c'est quand même agréable de se promener tout en regardant les petits bateaux amarrés au quai, qui dansent sur l'eau chaque fois que passe un promeneur sur le fleuve. J'aperçois mon neveu, le fils de Claude, un garçon très brillant qui ne parle pas beaucoup, tout le contraire de son père et de moi. Quand il arrive à la hauteur de mon bateau, Michel regarde mon chien, vient le flatter et enfin me dit :

– Bonjour !

Puis il s'arrête un instant :

– Je serais heureux si j'avais un chien comme ce petit berger. Est-ce que ça coûte bien cher ?

– Bien, disons que celui-ci a été assez dispendieux.

Et je lui raconte notre aventure avec Ti-Loup. Ça le fait rire bien sûr, mais il me dit carrément :

– Si je sablais ton bateau, penses-tu que tu pourrais m'en trouver un ?

Je ne sais pas quoi répondre, il y avait de quoi être surpris, un garçon de 14 ans assez bien bâti pour son âge, mais non je ne crois pas qu'il puisse y arriver seul. Comme je semble hésiter, il me dit :

– Prête-moi ta grosse sableuse et je vais m'essayer, puis on verra bien si je peux ou si je ne peux pas. Si ça marche, tu m'achètes un chien pis on est quittes, je commence demain matin.

J'emmenais souvent mes deux neveux faire de la voile. Michel et Christian, le fils de Lucile, c'étaient mes deux matelots préférés. Ils se ressemblaient en quelque sorte, silencieux mais déterminés et jusqu'à aujourd'hui, ils ont prouvé cette force de caractère, talentueux chacun dans leur domaine et la qualité de se faire aimer des gens.

Michel, à ce très jeune âge, nous a prouvé sa ténacité à tenir son engagement. Comme il fallait que j'aille travailler, je n'étais pas toujours au bateau, mais lui il y était. Quand on est revenus, on a eu la surprise de notre vie. Et croyez-moi, ce n'était pas une petite embarcation du dimanche qu'il avait à sabler, c'était un chalutier de mer avec je ne sais combien de couches de peinture. Il en avait sablé la moitié à lui seul, c'est-à-dire les 60 pieds, d'un côté

Je lui téléphone pour lui demander s'il veut venir nous rejoindre au bateau. Il arrive rapidement, accompagné de son père, qui était tout aussi étonné. On s'est tous retrouvés dans la cabine avant du bateau et Diane, qui avait pris soin de rejoindre l'éleveur de chiens au téléphone, lui a annoncé avec regret que pour le moment, il ne pourrait satisfaire notre demande.

– Michel, nous avons essayé de te trouver un chien mais nous ne pouvons pas en avoir un avant un certain temps, mais si tu veux avoir le nôtre, ça nous ferait plaisir que tu l'aies.

Je n'ai jamais vu un garçon aussi heureux que Michel. Il riait et pleurait en même temps, son père et moi étions très émus aussi. Diane toujours plus réservée nous annonce avec un sourire de satisfaction :

– Bon ! On fête ça avec une bonne petite gorgée de rhum St. James.

On a oublié les travaux et on s'est raconté nos histoires de marin et tous les voyages qu'on ferait peut-être un jour.

Pour le moment, il faut s'occuper de la cabine qu'il faut nettoyer et repeindre afin de pouvoir y vivre aussi confortablement que possible.

Pendant les travaux, Diane et moi, on se demandait bien combien de temps il nous faudrait pour y arriver à nous deux, car on n'avait pas les moyens de payer des professionnels.

On avait des moments de découragement parce qu'en plus, il me fallait être en forme pour mon travail à la télé tous les matins et les soirs je chantais dans les cabarets à l'extérieur de Montréal.

Un bel après-midi, une visite inattendue arrive, un ami de la rue Cuvillier, Gaston Gervais de son surnom Ti-Cul Gervais. J'étais heureux de le revoir avec toute sa famille, même si on était occupés, ça faisait du bien de s'arrêter un peu pour souffler. Je les ai invités à monter sur le pont qui avait la grandeur d'une terrasse assez vaste qu'on y avait placé des chaises de jardin en bois et une grande table. Ti-Cul était débardeur dans le Port de Montréal, son vocabulaire n'était pas très développé, mais il avait une paire d'épaules qui allait bien avec son métier et savait se servir de ses bras et ses poings avec habileté. Il y a quelques Anglais qui doivent se souvenir de lui quand on allait leur rendre une petite visite amicale sur le boulevard Morgan.

Lui est tout l'opposé de moi et de ma grande gueule, il me regarde avec ses yeux gris acier et un sourire moqueur que je reconnais quand il veut dire quelque chose. Quand il nous a vus, tous les deux, avec nos mains sales :

– Vous allez pas faire c'te gros bateau-là tout seuls ?

Diane, assise à côté de son épouse, lui répond :

– Qu'est-que tu veux qu'on fasse ? On n'a pas les moyens de se payer des ouvriers.

– Bon assez, j'ai des hommes qui vont se péter les bretelles juste pour venir travailler sur ton bateau. T'as pas l'air de comprendre qui tu es, pis en plus y en a pas un qui boit de l'alcool. Tu fais des sandwiches, pis du thé, pis c'est moi qui suis le *foreman*. Pis si y veulent faire un tour de bateau quand il sera à l'eau, y sont mieux de s'grouiller le cul. Je vais m'en occuper, y vont emporter leurs outils, pis mes enfants vont t'aider à faire le ménage en dedans. On va commencer ça en fin d'semaine prochaine.

*Un spectacle de calme et de beauté, vu de notre galerie à Saint-Denis-de-la-Bouteillerie :
la baie de Kamouraska.*

Le monstre qui nous attend.

Enfin, voilà apparaître ce rêve qu'on attendait.

Capitaine Paolo et son premier toucher à l'amarre de son bateau.

Le groupe fête sur le pont du bateau.

Les deux frères et leurs bateaux respectifs.

En avant-plan, le Délina June.

Le jour où Paolo sauva Ginette de la noyade.

Le premier voyage en Floride
avec grand-maman Mimi.

Salon nautique de Montréal, 1968. Diane est Miss Salon nautique.

Toast et café *de 1965 à 1968. Paolo, Dominique Michel, Rod Tremblay et Frenchy Jarrau.* Crédit photo : CFTM TV Canal 10

Tino, Paolo, Diane et Ti-Loup.

Diane, Paolo et Lucienne devant la fameuse Jaguar.

Notre neveu Michel, qui a sablé tout notre bateau.

Paolo et Tino devant la maison de St-Hilaire.

En écrivant ces lignes, j'ai le cœur gros et les larmes aux yeux parce que mon *chum* est parti pour son dernier voyage sans me demander la permission. Il y a deux ans, il est venu me voir chanter dans une auberge des Laurentides, je ne savais pas que c'était la dernière fois que je le voyais. J'aurais aimé que tu saches que je n'ai rien oublié de tous ces beaux moments et de notre sorte d'amitié qui n'existe pas beaucoup de nos jours. Bon voyage mon grand petit ami avec la droiture de ton âme et de ton esprit, je sais où tu es maintenant.

Enfin ma chance pour un rôle au cinéma

Après avoir reçu le message de communiquer avec un Monsieur Martimbeau supposément producteur de film, je flaire la blague ou encore les insolences d'un téléphone d'Yvan Ducharme qui m'avait déjà eu à ce jeu de la radio. Je vais donc aux renseignements et demande au *boss* des *boss*, Dominique Michel, qui s'y connaissait pour avoir tourné dans quelques films. Elle ne le connaît pas, le message prend le chemin des poubelles, j'oublie le tout.

Un matin, un peu beaucoup fatigué, j'ouvre la porte du hall d'entrée, je passe le seuil et je m'arrête : serait-ce possible que boire trop de café affecte le cerveau et donne des hallucinations ? Je suis inquiet, j'ai dans mon champ de vision un personnage des vieux films du temps de Pagnol, les films en noir et blanc. Moustache foncée bien fournie, comme un gendarme français, surmontée de lunettes fumées, foulard enroulé autour du cou et rejeté à l'arrière et, pour finir le tout, un béret en feutre noir. Un vrai physique de poète ou de peintre qu'on verrait à la butte Montmartre à Paris. Je me frotte les yeux, car je ne suis pas sûr de ne pas être victime d'une illusion d'optique. Eh bien non ! Aussitôt que les petites étoiles ont disparu de ma vue, le même bonhomme est toujours là et vient vers moi.

Je presse le pas, car moi je n'ai pas le temps de parler, mais il me rattrape. Et comme ma devise est de toujours répondre aux gens quels qu'ils soient, je lui dis bonjour en lui offrant un beau sourire, et j'entends :

– Bonjour, je suis Jean Martimbeau, producteur de cinéma, et je veux que vous soyez la vedette de mon prochain film.

Comme je suis pressé, je l'invite à me suivre dans la salle de maquillage, pendant que dans ma tête s'allume la petite lumière en veilleuse qui éclaire tous les rêves qu'on accumule depuis notre jeunesse. Lequel de nous n'a pas rêvé un jour d'être la vedette d'un film d'aventures ? C'est tout gonflé de fierté que je rentre dans la salle de maquillage. Là, ma mère va être fière et, avec ma voix d'animateur de radio et télévision afin que toute l'équipe m'entende, je dis :

– Salut tout le monde, voici Monsieur Martimbeau, producteur de cinéma.

Pélo se retourne et me regarde froidement, puis détourne les yeux vers l'horloge sur le mur, il me dit :

– As-tu vu l'heure qu'il est ? T'es cinq minutes en retard. J'te le répéterai pas deux fois. Tu sais ce qui est arrivé à Gignac ? Il va t'arriver la même chose, j'vas te sacrer dehors toi aussi.

Pour un instant, je suis paralysé, estomaqué et complètement humilié devant Martimbeau qui me rencontre pour la première fois. Je ne suis pas capable de me défendre avec des mots, je perds complètement la maîtrise de moi. Et sans le vouloir, je retrouve la défense d'un mauvais garçon, insulté, celle de crier et de lever les poings, j'éclate.

Premièrement j'ai ma housse de vêtement sur les bras que je garroche sur le miroir du maquillage et d'un coup sec, je pointe Pélo du doigt en lui criant :

– Écoute-moi, si tu penses qu'avec tes 200 livres de graisse tu me fais peur, tu t'trompes, c'est pas la première fois que tu me donnes de la merde pour rien, là, c't'assez. Si tu veux vraiment m'essayer, c'est le temps, chu prêt, j'aurai peut-être pu de *job*, mais toi t'auras pu de gueule pour donner de la merde à tout le monde. T'as-tu compris là ? Calisse !

Le visage lui a changé de couleur, sans maquillage je pense qu'il avait encore plus de couleurs qu'un arc-en-ciel.

Dominique, qui se faisait maquiller, a sauté en bas de sa chaise, puis elle aussi s'est mise à crier.

– Eh les gars, sacrament c'est assez ! Vous allez arrêter ça tout de suite. Toi Paolo vas te changer, pis toi Pélo y serait temps que tu commences à apprendre à parler comme du monde quand tu t'adresses aux artistes. On n'est pas des ouvriers, puis on n'est pas dans une manufacture. On est dans une salle de maquillage de télévision. C'est-tu correct là ?

Elle est retournée s'asseoir et tout le monde s'est calmé. Pendant toute la scène, Frenchie (Lucien) Jarraud n'a pas dit un mot et a regardé ça bien calmement, et je le comprends, pour une fois ce n'était pas lui qui se faisait engueuler. En me retournant, je me suis aperçu que mon producteur de cinéma avait disparu. Je pense que c'est exactement ce que Pélo souhaitait, parce qu'il voulait garder son équipe à lui seul.

Quand je retourne dans mon semblant de loge qui est dans un coin de la salle de maquillage, l'esprit refroidi, en train de m'habiller pour l'émission, je réfléchis. Encore une fois je ne suis pas fier de moi, pourtant j'essaie bien de me corriger. Comment comprendre que je puisse m'engueuler avec mon réalisateur quand dans la rue je parle avec n'importe qui, parce que j'ai toujours un besoin immense de me sentir aimé par les gens. Pourquoi tout à coup si on m'insulte, si on m'agresse je deviens méchant ? C'est facile à comprendre, c'est que le petit voyou qui dort en moi en a assez de se faire donner des coups de pied au cul. J'ai travaillé trop fort et absorbé trop d'insultes. Aujourd'hui je veux simplement qu'on me respecte. Et ça, j'y tiens.

N'empêche que quelque temps après, Jarraud a été remplacé et les journaux parlaient de l'émission *Toast et café* dont la formule serait changée.

Qui serait remplacé et qu'est-ce qui serait changé ? Ni le réalisateur ni la direction ne nous parlaient de quoi que ce soit. C'était le silence total et on travaillait sur la corde raide.

Pour oublier les controverses de mon métier, ma petite famille et moi arrivions à être heureux et à se retrouver en s'évadant dans notre bateau enveloppé par la neige. Habillés bien chaudement, assis à côté du poêle à charbon dans l'ancienne cabine à matelot, puisque la cale à poisson est encore fermée, on s'éclaire à la lampe à l'huile. Diane et moi, nous nous faisons des petits rhums chauds pendant que Constantino s'amuse avec des morceaux de bois et nous parlons de nos rêves. Au deuxième rhum, on était déjà rendus en mer. Quelquefois, l'imagination aide à retrouver l'équilibre dont j'ai besoin pour continuer à faire mon métier.

Ma femme et son métier

En parlant de métier, ma femme était mannequin. Elle vient m'apprendre qu'elle doit partir tourner un commercial à Toronto pour Chrysler Canada. Elle me regarde avec ses grands yeux tristes et me dit :

– Il faut deux jours de tournage. C'est regrettable que tu travailles tous le temps, ce serait tellement agréable si tu venais avec moi, on pourrait visiter Toronto. Tu sais Paolo, quand je voyage comme ça, on est bien traité, c'est la limousine, les grands hôtels, les beaux restaurants, le grand traitement quoi.

– Pareil comme au Canal 10, hein !

Je faisais un peu le fanfaron en la laissant partir, mais j'étais très inquiet et très méfiant des hasards de la vie. Diane était sans contredit la plus belle fille que j'avais eue dans ma vie. Par contre, je savais pertinemment que bien d'autres yeux que les miens admiraient sa beauté et son charme naturel. J'avais déjà été perdant[5] et je savais très bien qu'en amour, rien n'est acquis, surtout dans le monde du *show business* où les occasions de toutes sortes ne manquent pas. Mais je lui faisais confiance comme elle me faisait confiance.

Pourtant elle aurait eu mille raisons de s'inquiéter de moi qui vivait dans ce milieu tous les jours de la semaine. À son retour, j'étais heureux de la retrouver saine et sauve, cependant je l'ai été moins quand elle m'a appris qu'elle avait passé une audition pour une importante agence américaine qui devait filmer une autre pub pour Chrysler, mais cette fois pour le marché américain. Le tournage devait se faire à Hollywood, elle devait avoir une réponse dans le courant de la semaine. Là, j'avais de bonnes raisons de me poser des questions, imaginer la femme que j'aime, prise dans la magie d'Hollywood, côtoyant tous les acteurs et les producteurs de cinéma qu'il y a là-bas. Dans mon esprit pessimiste, je voyais déjà les sorties dans les grands restaurants où se rencontrent les membres du *jet set* d'Hollywood, les invitations dans des cocktails donnés par des stars, comme Sean Connery, Burt Reynolds ou, dans le style, Kevin Costner, qui en plus d'être beaux sont millionnaires. Je ne me vois vraiment plus dans le décor. Au téléphone, mon interlocuteur me dit :

– J'ai une bonne nouvelle M. Noël, le comité d'audition n'a pas délibéré longtemps pour s'apercevoir que votre femme était la plus photogénique et la plus apte à satisfaire notre client.

Là, j'ai avalé ma salive et mes émotions, quand il m'a dit que le salaire de base était de 25 000 $ pour 15 jours de travail, quand je pense que je travaille cinq jours par semaine pour 350 $ par semaine. Et il continue avec son fort accent anglais à me donner les coordonnées, départ en avion, limousine, hôtel, et pour tourner le fer dans la plaie, il ajoute :

---

5. Voir le deuxième tome, *Tourne le vent, tourne la vie.*

98

— Vous pouvez l'accompagner si vous le désirez ainsi que votre fils. Dépenses payées, gardienne d'enfant spécialisée, réponse dans deux jours.

Puis il raccroche. Je reste assis sur le banc sans bouger, il faut vraiment que je réfléchisse pour ne pas tomber à terre.

— C'était qui le téléphone, Paolo ?

Alors je lui rapporte les paroles du producteur et lui dit qu'elle peut y aller avec sa mère si ça lui fait plaisir (je pense qu'avec ma belle-mère, mon bonheur va être en sécurité, même si elle m'en a toujours voulu de lui avoir volé son bébé).

Pour couper court, quand j'ai rappelé le producteur, il m'a expliqué qu'à cause des problèmes de tournage causés par la lumière du soleil levant dont ils ne pouvaient profiter que de quelques minutes le matin, le temps de travail était rallongé à un mois et plus.

— Wow ! Une minute-là mon *chum*, tu veux dire que pendant un mois, ma femme va vivre à Hollywood. C'est NON, même si ma belle-mère devait l'accompagner.

— Hé ! M. Noël, sois pas inquiet y'a pas de danger, c'est un travail sérieux, c'est pas un *party*, à moins que tu sois jaloux !

— Non, je ne suis pas jaloux mais j'suis pas niaiseux, dis-moi combien de mannequins vous avez passés en audition ?

— Ah, je ne me rappelle pas exactement, mais à peu près 250.

— Donc c'est ma femme qui était la plus belle ?

— Ah ça oui !

— Bon, je pense travailler assez fort pour faire vivre ma famille alors je la garde pour moi.

— *OK you're a wise guy !*

Diane n'a même pas semblé déçue de ma décision, du moins je l'espère, parce qu'elle est tellement secrète qu'il est difficile de déceler sa vraie pensée. Depuis la naissance de notre fils Tino, nous avions fait une entente, que ni le métier ni l'argent ne devaient détruire notre union.

Robert Kennedy

Après la triste nouvelle de l'assassinat de Robert Kennedy, on dirait que la terre s'est arrêtée de tourner. Tout est chambardé à la radio, à la télé, toutes les émissions régulières ont été annulées, y compris celle où je travaillais tous les matins. Je suis moi-même touché par ces événements même si je n'y connais pas grand-chose en politique. J'ai même été invité à prendre la parole au cours d'une émission spéciale à la télé sur l'événement.

En arrivant à la maison, je dis à Diane :

– Bon sais-tu qu'est-ce qu'on va faire ? Étant donné que je ne travaillerai pas pendant quelques jours, on devrait en profiter, histoire de se nettoyer l'esprit, pour partir en amoureux quelque part avec le petit, ça lui ferait du bien à lui aussi.

En même temps, on dit :

– Les Bahamas !

Diane s'empresse de téléphoner à un agent de voyages.

– C'est la saison idéale pour y aller.

Il nous propose un hôtel cinq étoiles à Nassau face à la mer, le Balmoral. Pour nous deux, c'est une première et une première, c'est toujours excitant. Il y quelques années, j'avais lu des livres écrits par des navigateurs qui vantaient la beauté de ces eaux limpides avec toutes les nuances de bleu et vert.

À bord de l'avion, nous sommes ravis de voir enfin du haut des airs, cet océan dont nous avons tellement rêvé, parsemé de toutes ces petites îles. C'est exactement ce que nous cherchions pour confirmer ce goût de partir un jour avec notre bateau. WOW ! Chapeau au pilote qui descend comme si on amerrissait.

Dehors on respire un parfum de fleurs et d'épices, nous sommes transportés dans un autre monde qui nous apporte le repos de l'âme. En arrivant devant les douaniers, on s'aperçoit vite que le pays est encore sous la domination anglaise, les accents, les costumes et aussi la tenue un peu militaire, mais ce n'est pas désagréable. La douane a été vite franchie car nous n'avions emporté que le strict nécessaire : une valise avec quelques vêtements de rechange, maillots de bain et brosses à dents.

Pour se rendre à l'hôtel, on a pris un petit autocar multicolore où jouait à tue-tête la musique du pays, le Reggae. Je me suis inquiété quand on a pris la route du côté gauche, j'avais oublié que c'était une ancienne colonie britannique. Cette ambiance amusait Constantino qui n'avait aucune envie de dormir. Pour des gens qui arrivent du nord c'était le dépaysement total, un gros hôtel tout rose devant une mer bleue.

Rapidement, on s'est retrouvés sur la plage un verre de rhum punch à la main et du soleil partout dans les yeux, sur la peau et dans nos cœurs. Constantino a toujours été un champion des relations publiques. Aussitôt arrivé, il s'était déjà fait un ami d'à peu près son âge, ça courait, criait, faisait des petits mauvais coups, ils étaient rois et maîtres de l'hôtel. Avec deux petits espiègles, il fallait bien qu'il se passe quelque chose, voilà que nos deux larrons trouvent près du mur de l'hôtel un boyau d'arrosage prêt à servir.

Ils ont simplement commencé à s'arroser, chacun à leur tour, ensuite ce n'était plus assez amusant. Il y avait un couple de vieux aristocrates anglais qui dormaient au soleil bien engourdis par la douce chaleur : de belles victimes. Pourquoi ne pas en profiter ? On entend des cris d'indignation et des lamentations, et voilà un gardien qui s'amène tout énervé. Il vient nous dire de calmer les enfants. Et ma femme, qui d'habitude est polie et réservée, gardant son rhum punch dans les mains, lui a répondu quelque chose en allemand.

Le gardien est reparti l'air indigné et ma femme toute fière d'elle a éclaté de rire.

– Veux-tu bien me dire ce que tu lui as dit ?

– Si seulement le gardien avait compris ce que je lui ai dit, il nous chasserait de l'hôtel. J'ai appris ces mots quand j'étais jeune et que je jouais avec mon amie allemande, Adie. Ça veut dire : « Ferme ta gueule gros cochon. »

Nous sommes retournés à notre chambre nous préparer pour le souper à la salle à manger. J'ai mis simplement mon pantalon sport et un chandail, Diane avait enfilé une jolie robe. De toute façon, un couturier m'a dit un jour : « Si ta femme portait une poche de patates, elle trouverait le moyen d'être élégante malgré tout. »

Devant l'entrée, une espèce d'athlète olympique à la peau noire se dirige vers nous avec un beau sourire qu'on ne pouvait manquer de voir, à moins d'être aveugle. Notre fils lève la tête tranquillement et reste figé en le regardant dans les yeux ; ensuite il regarde les mains noires d'un côté et blanches de l'autre, on aurait dit qu'il avait cessé de respirer un instant. Heureusement que l'homme à la peau noire a compris ce qui se passait et il s'est mis à rire. C'était la première fois que Tino voyait une personne à la peau noire si près de lui. Il était surpris. Alors l'homme se penche de toute sa hauteur, lui prend la main et lui dit un bonjour en un français à faire rougir un Québécois. Mon fils est rassuré.

Moi j'ai un petit problème parce qu'on exige la cravate et le veston pour le repas du soir. Diane lui explique la situation, il me demande gentiment de le suivre et s'arrête devant une espèce de vestiaire où je vois des vestons et des cravates. Après m'avoir demandé ma taille, il sort un veston et une cravate qui me faisaient comme un gant, mais comme je n'ai pas de chemise, ça me donne plutôt l'allure d'un clown. Pas grave, j'ai fière allure, le reste je m'en fiche, personne ne me connaît, il vient nous reconduire à la table et le tour est joué.

Être assis dans une salle à manger luxueuse, se faire servir, regarder la mer et écouter les vagues balayer la plage, merci Mon Dieu de m'avoir donné l'occasion de vivre d'aussi beaux moments.

Le lendemain, on est partis à pied pour voir la ville qui était à environ un mille de l'hôtel. Nous sommes arrivés au petit port où nous avons regardé arriver et partir de jolies embarcations en bois, joliment peintes aux couleurs de l'arc-en-ciel. On s'est approchés du quai où de jeunes garçons plongeaient pour aller cueillir l'argent que les touristes lançaient à l'eau. C'était amusant de voir l'énergie qu'avaient ces gamins, remontant du fond de l'eau et nageant à contre-courant comme des petits dauphins. Parmi les spectateurs, l'un d'eux me tournait le dos et m'empêchait de bien voir ce qui se passait. Je m'approche et soudain il se retourne, nos regards se sont croisés, il est devenu blanc malgré son bronzage. M'étant approché de lui et comme il était sur le bord du quai, je n'aurais eu qu'à le pousser d'une main pour qu'il puisse aller cueillir des sous. Il me dit la voix tremblante :

– Fais attention à toi parce qu'ici je suis sous la protection du Gouverneur.

– J'ai quand même le droit de te dire ce que je pense, que toi et ton frère vous êtes deux beaux pourris, vous qui avez volé tout l'argent de la commandite de la tournée du Tour du Saint-Laurent. Aucun artiste n'a été payé et quelques-uns d'entre eux en avaient grandement besoin, alors si jamais tu devais revenir au Québec et que je te revois, fais ta prière parce que tu vas en avoir besoin. Quant à moi, mon commanditaire Impérial Tobacco m'a payé mon salaire, je te dis bien poliment quelque chose que tu as peut-être oublié, il y a quelque part un jugement auquel tu ne pourras pas échapper.

Il m'a écouté en me regardant sans bouger et je suis reparti pour continuer notre promenade. Aujourd'hui en écrivant ces lignes, je me demande comment il se fait qu'après toutes ces années, je me sois retrouvé face à face avec lui. Le destin a de ces façons de vous emmener où il veut et comme il le veut. Rien de cette rencontre n'a changé le plaisir que j'ai eu à vivre quelques moments de liberté et d'amour familial en compagnie de ma femme et de mon fils.

On tourne *Danger pour la Société*

J'ai revu Martimbeau, il était enchanté parce qu'il cherchait un voyou sympathique. Le tournage était prévu pour le printemps, ça me donnait donc un peu de temps pour étudier le script et me trouver un style. Comme je n'ai aucun professeur ni aucun conseiller, j'ai couru voir tous les films que je connaissais, dont le jeu des artistes m'avait impressionné, Burt Lancaster, Marlon Brando, Paul Newman, et j'en passe.

Pour les besoins du film et pour que j'aie la tête de l'emploi, on m'avait créé une balafre sur la joue droite. Cette balafre était en réalité une rallonge plus marquée que celle que j'avais déjà, un souvenir de jeunesse qui me rappelait que je n'avais pas toujours été gagnant dans mes batailles de rue. Il fallait à tout prix que je sois à la hauteur des attentes. Je devais donc oublier mes goûts personnels, comme apprendre à fumer, alors que je n'ai jamais fumé et n'en ai jamais été tenté de ma vie. Je devais complètement oublier que j'étais un chanteur et me mettre dans la peau d'un bandit. Les premières scènes avaient lieu dans un quartier où bizarrement j'avais vécu dans mon enfance avant que l'assistance publique nous place, mon frère, ma sœur et moi, dans des orphelinats. C'était plus précisément dans une ruelle située à l'arrière de l'église Saint-Vincent-de-Paul, la ruelle Archambault.

Un véritable ramassis de taudis, avec des fenêtres sans vitres, recouvertes de planches, garnis de poubelles qui traînent partout. J'ai eu des serrements au cœur en apercevant les petits garçons mal habillés nous regarder avec leurs yeux de misère et la morve au nez. Je me suis revu tout petit, marchant dans la ruelle pour aller chercher un sac de charbon de bois à la petite épicerie dans le tournant. Je me souviens très bien que le marchand m'avait pris en train de voler des bonbons et m'avait traîné jusqu'à la maison en me tirant par les oreilles. Mon père s'était mis en colère contre l'épicier à qui il avait donné une bonne raclée en lui criant :

– Un voleur qui vole un voleur, j'trouve ça bin correct. OK le bonhomme ? Pis touche pu jamais à mon fils, mon enfant de chienne.

Tout s'était terminé par un vol plané dans les poubelles de la ruelle, tout ça pour quelques bonbons. Encore mieux, pour me punir, mon père m'avait emmené rue Sainte-Catherine pour m'acheter un cornet de crème glacée. Il était fier que son fils, malgré son jeune âge, ait des aptitudes pour faire son métier. Pourtant aujourd'hui je suis là, dans la même ruelle et il y a encore des poubelles qui traînent comme dans le temps, des bonnes femmes qui s'engueulent, mais moi je ne suis pas un malfaiteur, je suis un acteur et je suis là pour tourner un film.

Pendant que Martimbeau prépare les plans de caméra, je m'en vais chercher des 25 sous pour donner aux enfants. À mon retour, on tourne quelques petites scènes et quand on s'arrête pour un café et surtout pour se réchauffer un peu, je donne mes 25 sous aux enfants qui repartent en courant, comme s'ils venaient de recevoir un million. Puis on reprend le travail. Martimbeau était très sérieux et tout allait bien, lorsque tout à coup on entend crier au désespoir une femme qui vient vers nous les cheveux tout ébouriffés, les bras en l'air, on s'aperçoit que ses cris s'adressent à nous :

– Ma gang de calisses de tapettes, vous pensez que vous aller pogner mon p'tit gars avec votre argent, bin les v'la vos 25 cents, on n'en a pas besoin.

Et elle nous les jette par la tête. On est restés figés quelques secondes, pour ensuite être pris d'un fou rire. De toute façon, il commençait à se faire tard et la lumière nous obligeait à arrêter pour remettre le tournage au lendemain. Pendant que chacun rembarque son matériel, je reste surpris quand Marbimbeau m'annonce sur un ton sérieux :

– Écoute donc, Paolo, en te regardant tout à l'heure avec les enfants, j'ai pensé si t'as de l'argent en trop je serais drôlement intéressé à t'en emprunter, parce que ça va mal. Je n'ai pas obtenu les subventions désirées et, malheureusement, sans argent mon film ne sera pas ce que j'aurais voulu.

Je l'écoute parler mais comme je suis ignorant côté cinéma, je lui demande de préciser sa question. Il me répond l'air tout découragé :

– Vois-tu Paolo, de nos jours si on n'est pas dans le bon gang de l'Office National du Film, les subventions t'en as pas ou presque, et tu fais des films avec ce que tu peux.

Alors je lui explique de ne pas se fier aux apparences et que je suis loin d'être millionnaire. J'ai pas donné de l'argent pour impressionner, je l'ai fait simplement pour les enfants, parce que quand j'étais petit j'ai vécu dans une de ces baraques. Il me regarde, il ajuste son chapeau, puis il s'en va. Je suis persuadé qu'il ne m'a pas cru.

Il reste que sur la route de retour vers Saint-Hilaire, je pensais, c'est bien moi, j'accepte de travailler dans un film dont le producteur n'a même pas d'argent. Est-ce que ça veut dire que je ne serai pas payé ? Eh bien tant pis, ça m'amuse de jouer dans les rues, ne serait-ce que pour l'aventure ça vaut la peine, je vais y aller jusqu'au bout.

Le lendemain, on tourne des scènes dans le même décor au même endroit, on a juste fini de s'installer que voilà notre bonne femme hystérique de la veille arrive. Elle s'emmène avec un sourire fendu jusqu'aux oreilles, entourée d'une trâlée d'enfants. Ça à tout l'air que l'équipe de tournage, ça ne la dérange pas du tout, elle ne comprend pas que les caméras filment et qu'on travaille.

– M. Noël, je m'excuse pour hier, je ne vous avais pas reconnu avec votre déguisement, c'est ma voisine qui m'a dit qui vous étiez. J'espère que vous n'êtes pas fâché parce que les enfants sont bin déçus pour leur argent.

Je suis un peu surpris, mais Martimbeau n'a pas l'air de vouloir perdre son temps, alors pour couper au plus court, comme je n'ai pas de 25 cents je lui donne un 5 $ en lui recommandant de le séparer avec tout le monde, ainsi la tapette que j'étais hier devient pour 5 $ le père Noël. Au fond c'est mon nom, P. Noël.

On tourne parce que le producteur a l'air impatient qu'on avance et qu'on finisse ce que nous avions à faire dans ce coin-là.

Juste comme on allait repartir, j'aperçois la bonne femme avec une caisse de 12 (bières) et dans l'autre main un sac qui devait être des bonbons pour les enfants. Je riais et je me disais que c'était un 5 $ bien placé parce qu'au moins, il y en aura eu quelques-uns qui auront été heureux pour pas cher.

Le reste de la journée, on tourne à l'intérieur d'un loge-ment de la rue Panet qui est à l'est de la ruelle Archambault entre Sainte-Catherine et Notre-Dame. Que je le veuille ou pas, je prends un bain de jeunesse ; j'allais jouer chez mon grand-père qui vivait dans cette rue lorsque j'étais tout petit. Dans cet appartement, tout était déjà installé, caméra, éclai-rage, bouteilles de bière sur la table, cendrier plein de bouts de cigarettes. Tout était prêt, il ne manquait que le mau-vais garçon repentant qui essaie par tous les moyens de reprendre sa place dans la société et dans sa vie familiale. En commençant par sa fille qui a grandi pendant qu'il était en prison, ainsi que sa femme qui ne l'a pas attendu, et s'est prise d'amour pour son voisin. Martimbeau me donne les conseils d'usage.

– Tu es un violent qui n'accepte pas facilement la défaite, donc lorsque le voisin pénètre dans la cuisine, tu as déjà absorbé quelques bières, de quoi faire flotter une chaloupe. Pour que l'effet soit bon, je n'ai pas mis le comédien au courant de ce qu'il l'attend. Je n'ai pas les moyens de faire des reprises. La pellicule coûte trop cher, alors tu me le prends par la gorge et tu me le lances dans les armoires. Ne te gêne pas, on est assurés.

– T'as bien pensé à ce que tu me demandes ?

– J'ai pas les moyens de penser, fais comme je te dis. Silence on tourne.

Il faut que je donne le meilleur. Martimbeau ne connaît pas mes antécédents. Il ne sait pas que j'ai été élevé dans la violence, aussi je n'ai pas eu besoin de chercher longtemps. Et voilà qu'apparaît le comédien dans le rôle du voisin d'en haut. Après quelques mots pas très gentils, je lance ma bouteille de bière sur le mur et en quelques secondes, c'est fait. Le pauvre gars était tellement surpris qu'il m'a fallu le relever de terre, je croyais vraiment l'avoir assommé, quand il m'a regardé les yeux tout hagards :

– Mais qu'est-ce que c'est toute cette maudite misère-là ?

– J'ai fait ce qu'on m'a dit de faire !

Alors tous les jolis compliments sont allés à Martimbeau qui riait dans sa moustache en disant :

– OK ! À la scène suivante.

J'ai commencé à me méfier de lui.

Un soir, on se retrouve dans le sous-sol d'un vieil édifice de la rue Saint-Laurent où je dois rencontrer un grand personnage de la pègre qui veut organiser le *hold-up* d'une banque du nord de la ville. Le décor est des plus authentiques, y compris, l'odeur, la poussière, tout y est, un immense coffre-fort comme dans les films western, une grosse table de bois verni avec des chaises empilées les unes sur les autres un peu partout. La lampe suspendue avec son abat-jour donne l'éclairage qu'il faut à cette scène. Je ne connais pas les deux comédiens, mais par leur accent je suppose que ce sont des Anglais. Il n'y a que celle qui joue la maîtresse du *Godfather* que je reconnais, c'est Christiane Charette (elle a fait son chemin depuis). Le petit comédien anglais qui devait être dans la cinquantaine joue le patron. Alors que l'armoire à glace, qui aurait pu être un beau Tarzan style Johnny Weissmuller, joue le garde du corps, il vient de Toronto.

Martimbeau, toujours cachotier dans ses mises en scène, m'emmène dans un coin :

– Tu vas t'engueuler avec l'Anglais et quand il va te donner la réplique (*Shut your mouth fucking French pea soup I hate you*), es-tu capable de sauter sur la table pis de me l'envoyer « revoler » dans les chaises derrière lui ?

– Je vais essayer, mais j'te fais remarquer que lui, c'est pas tout à fait un papillon, y'a plus plutôt l'air d'un 747. C'est pas facile à faire décoller.

– J'te fais confiance, arrange-toi pour que je ne gaspille pas trop de pellicule.

Dans cette scène, il y a une discussion sur l'organisation d'un *hold-up* dans lequel je n'accepte que d'être le chauffeur sinon je débarque. La grosse brute n'est pas d'accord et me répond en anglais sa fameuse réplique *Shut your mouth fucking French pea soup I hate you*.

Même si ce ne sont que des paroles dans un film, ça m'a pogné au cœur et puis ça m'a donné des ailes. En deux secondes, je saute sur la table, ce qui m'emmène juste un peu plus haut que la tête de mon géant. Et c'est de tout mon cœur que j'ai pris mon élan pour lui donner un bon coup de poing, juste au milieu de sa grosse face. Comme il ne s'y attendait pas lui non plus, il était détendu, je ne l'ai pas fait lever de terre, mais j'ai mis assez d'énergie dans le coup pour l'envoyer

« revoler » les bras en croix dans les chaises. Je me préparais à la réplique, quand j'entends Martimbeau crier d'un son joyeux :

– *Cut !* C'est une prise.

Et que vois-je ? Un gros bébé qui pleurait en se lamentant, parlant sur le bout de la langue et gesticulant :

– *You're crazy, you're stupid, you hurt me, and you're going to talk with my lawyer !*[6]

Il a quitté le plateau en se dandinant, tout en continuant à se plaindre. Ça me faisait de la peine parce que sa corpulence me laissait croire qu'il pouvait prendre un coup du genre, mais je m'étais trompé.

Un autre jour, Diane était venue avec moi. Pendant le tournage, elle irait magasiner et ensuite on irait au restaurant, ce qui n'arrivait pas souvent. Notre tournage est toujours dans le même décor poussiéreux, Christiane, qui joue les mauvaises filles dans cette scène, doit essayer de me convaincre de changer mon idée sur le fonctionnement du *hold-up*. Langoureusement elle s'approche près de moi, Martimbeau lance :

– OK ! On tourne, vous vous embrassez.

Woops ! Cette fois c'est à moi qu'il a caché quelque chose. Je sais qu'il y en a plusieurs qui auraient aimé être à ma place pour embrasser une jolie fille. Mais ma femme et moi, on a une entente d'où le refus du contrat de Chrysler. Pendant que je réfléchis, elle est presque dans mes bras, je suis vraiment embarrassé, d'abord d'avoir l'air d'un maudit puritain hypocrite et aussi de blesser la comédienne qui ne fait que son boulot. La jouissance de Martimbeau est de courte durée pour son mauvais coup. Et j'entends crier :

– Eille, Martimbeau !

---

6. T'es fou, t'es stupide, tu m'as blessé, tu vas avoir affaire à mon avocat !

C'est Diane :

– C'est comme ça que tu tiens tes promesses, toi ?

On a fait un méchant saut, Martimbeau en a perdu son chapeau.

– As-tu oublié l'entente signée sur le contrat ? Ça me faisait rien que mon mari s'amuse à faire ton film en autant qu'il n'y a pas d'embrassade, pas de tâtage, pis pas de nudité, on oublie vite quand ça fait notre affaire. Hein !

Pendant que Martimbeau essaie de trouver un tas de bonnes raisons, Christiane et moi sommes pris d'un fou rire. Martimbeau avait gaspillé du temps et de la pellicule parce qu'il a fallu reprendre la scène avec les conseils de celle qui règle le film de ma vie, Diane.

Organiser un vol à main armée, que ce soit dans un film ou dans la vraie vie, j'imagine que ça ne doit pas être facile, avec la différence que dans un film, si tu te trompes tu peux recommencer. En ce qui me concerne c'était vraiment une première, je ne sais pas où Martimbault s'est documenté.

Je suis assis dans une vieille voiture devant une Caisse Populaire du nord de la ville. Mon complice est à l'intérieur pendant que je joue le conducteur, je l'attends dans la voiture avec en main une arme de gros calibre chargé à blanc. Devant moi, derrière les barricades il y a de nombreux spectateurs qui regardent le tournage. Au moment où mon complice s'emmène avec un sac qui doit contenir l'argent du *hold-up*, il doit ouvrir la portière de la voiture, lancer le sac sur la banquette arrière et, moi, je dois le descendre et me sauver avec le butin. C'est à ce moment-là que trois voitures de police doivent arriver et s'arrêter brusquement, et du même coup tous les policiers sortent avec leurs armes à la main, prêts à tirer.

Tout le monde est sur les nerfs, chacun pense à son rôle. Voilà mon partenaire qui vient en courant et arrive pour ouvrir la portière et ;

– *Cut !*

111

Elle est verrouillée. Je vois venir mon Martimbeau pas mal énervé.

– Mais qu'est-ce qui s'est passé ? Mais qui a barré c'te maudite porte-là ?

Il lève le petit bouton (un vieux modèle de voiture) et il se penche sur le bord de la fenêtre de la portière pour me donner ses directives. On refait la scène du début.

La même histoire recommence, mon complice court vers la voiture, les policiers arrivent et le complice essaye d'ouvrir la portière. Il s'énerve, le sac tombe par terre et le vent emporte le faux argent. La maudite porte est encore verrouillée. « Est-ce un chevreuil ou Martimbeau qui court vers nous ? »

– Y'as-tu un fantôme qui barre c'te maudite porte-là ?

À la troisième reprise, je me rends compte que chaque fois que Martimbeau se penche pour me donner ses directives, en s'appuyant sur le bord de la fenêtre, il pèse sur le bouton avec son coude et il verrouille la portière sans s'en rendre compte. Il a perdu le contrôle de ses nerfs et me dit :

– Là, si la portière n'ouvre pas, tire-le quand même avec ton *gun*, pis décolle.

Avec un air un peu moqueur, je lui dis :

– Avant de reprendre la scène pour rien, relève donc le fameux bouton que tu enfonces toi-même en t'appuyant sur la portière quand tu viens me parler.

Il m'a regardé sans répondre, il en faisait presque pitié. Et là, tout a bien marché au grand désappointement de la foule qui avait vraiment l'air de s'amuser de nos déboires. Notre directeur a oublié un petit détail, c'est que lorsque j'ai tiré avec le revolver chargé à blanc à l'intérieur de la voiture, on a oublié de me mettre des bouchons dans les oreilles. Je n'avais jamais imaginé les décibels que pouvait dégager une arme de ce calibre qui explose à l'intérieur d'une cage comme cette voiture. J'ai pensé m'être perforé les tympans tellement c'était fort et j'en ai eu pour quelques jours à être à moitié sourd.

Lorsqu'on regarde un film, on n'a pas d'idée à quel point c'est arrangé avec le gars des vues. Pour la conclusion, il devait y avoir une poursuite dans les rues de Montréal-Nord. Tout cela exige habituellement des cascadeurs, des véhicules préparés pour ce travail·et ce qu'il faut surtout, c'est des sous. C'est le gros problème, il n'en a pas. Comme Martimbeau est à la fois l'écrivain, le réalisateur et le producteur, il a tout simplement modifié l'histoire. Sur l'emplacement des tournages, en plus des spectateurs qui gigotent et qui placotent, je vois Martimbeau qui est appuyé sur la vieille minoune que je conduis. Comme d'une journée à l'autre je ne sais pas précisément ce qui m'attend, je vais le voir pour qu'il me donne ses instructions. Pauvre lui, il a l'air d'un gars qui se pose bien des questions et moi, comme d'habitude, débordant d'énergie, je suis un peu excité et anxieux en arrivant près de lui. J'ai l'impression de l'avoir réveillé, il ne me dit rien, il n'a que son film dans la tête et je commence à le comprendre. Enfin il se retourne et me dit d'un ton sec :

– Est-ce que ça te ferait peur de tourner assez rapidement à l'intersection ?

En m'indiquant l'endroit le bras tendu, et il enchaîne :

– Essaye de simuler une perte de contrôle, pis rentre-moi la voiture dans le mur de béton qui est là.

– *Yes sir* ! Tout le plaisir est pour moi. Si tu savais combien de voitures sport j'ai *scrapées*, tu te casserais pas la tête. J'ai seulement besoin de quelque chose pour m'attacher, parce que j'ai pas envie de me casser la gueule. J'ai déjà couru des *stock car* et j'en ai vu des meilleurs que moi se péter la fiole bien d'aplomb.[7]

---

7. À cette époque, les ceintures de sécurité n'étaient disponibles que dans certaines voitures-sport telles que les Jaguar, les MG, les Porsche. C'est pour ça que je suis en vie aujourd'hui !

Alors, c'est bien attaché sur la banquette d'une façon primitive avec un bout de câble que je tourne l'intersection poursuivi par deux voitures de police.

Et vlan, je rentre dans le béton avec une certaine jouissance malfaisante, en pensant que je suis payé pour la démolir. Les morceaux ont volé partout, je suis sorti de la voiture en riant, mais je n'étais pas seul car tout le monde autour riait aussi. En plus, j'étais sale comme un ramoneur de cheminée tellement il y avait de la rouille là-dedans. Je devais vraiment avoir une drôle de tête parce que même notre sérieux producteur s'est mis à rire. La station-service où j'ai garé ma voiture est juste à côté. Je vais donc me laver dans la toilette des mécaniciens et le propriétaire qui est un jovial Italien m'offre un café pendant qu'on ramasse les morceaux de la voiture.

Et quel café, comme dit ma mère, ce n'était pas de la pisse de coq, tout ce qu'il faut pour avoir l'énergie qu'il va me falloir pour la dernière scène, parce qu'il y a une fusillade au cours de laquelle ma fille qui, selon le scénario, est mon seul attachement à la vie, se fait tuer par une balle perdue, ce qui met fin à la poursuite policière. Et à la dernière scène, je marche vers la caméra au milieu de la rue, en portant dans mes bras le corps inerte de ma fille. Les yeux embrouillés par des larmes artificielles, j'entends des voix venant de la foule qui sont bien au-dessus des murmures. J'essaie de ne pas les écouter en me concentrant sur mon rôle parce que si mes yeux bougent, ne serait-ce qu'une seconde, il faut tout recommencer. Alors je continue d'avancer mais le corps que j'ai dans les bras commence à se faire lourd. Tout à coup, je réalise que les voix s'adressent à moi.

– Oh ! La pauvre petite pleure !

Le tout dit avec une méchanceté gratuite et ça continue.

– Oh des grosses la-larmes, viens nous voir ma chouette on va te consoler, on a tout ce qui te faut pour te rendre heureuse !

Ça tombe bien mal parce qu'à ce moment de ma carrière, je n'ai pas encore découvert le sens de l'humour surtout quand on me prend pour une tapette. Je pleure, mais de rage, et lorsque j'entends :

– Coupez ! C'est beau !

La voix de Martimbeau vient de mettre fin à mon supplice et, de plus, en m'approchant de la caméra je me suis approché de ces grandes gueules qui avaient réussi à faire rire les gens autour d'eux.

Au lieu de déposer la fille, je la laisse tomber sur l'asphalte. Je n'ai aucune envie d'être courtois ou élégant avec qui que ce soit. Je me retourne vers la gauche et je les vois avec leurs barbes et leurs cheveux en broussaille. Je saute dans le tas comme un chien enragé. Le premier n'a pas eu le temps de voir venir le coup, j'ai attrapé le deuxième par la gorge avec ma main droite et les cheveux de ma main gauche, et on roule sur l'asphalte. J'ai eu de la chance à cause de l'effet de surprise. Les policiers sont venus nous séparer, je suis reparti vers la station-service encore sous l'effet de la colère. Je vais dans ma voiture chercher un bâton de baseball que je garde toujours dans ma valise, mais le garagiste s'amène en courant :

– Hé, Paolo fais pas ça là, eux autres c'é des loups ça, y vont revenir en gang. Viens prendre un petit cappuccino.

Et toujours avec son accent italo-québécois :

– J'ai téléphoné à mon ami qui fait la police en moto, y m'a dit qui va venir. Viens-t'en Paolo.

Je suis bien obligé de me calmer et j'entre à l'intérieur ; j'avais à peine commencé mon café que les loups arrivent, ils sont quelques motards, je me demande si je ne me suis pas encore mis les pieds dans la merde. À première vue, je pensais que les motos étaient petites, mais je me trompais, ma vision me jouait des tours, c'était les gars qui étaient gros. Je suis peut-être mieux de commencer à faire mes prières tout de suite si je veux aller au ciel. Oups ! Je pense que je vais être correct, voilà l'ange que j'attendais, le policier en moto. En le voyant je pense à ma femme qui m'a dit un jour : « Si tu veux mesurer la corpulence d'un homme dans un film, regarde-le bien quand il passe dans l'encadrement d'une porte. » Celui qui est devant moi dans l'encadrement de la porte du garage doit mesurer six pieds sept et peser 290 livres, heureusement pour moi, c'est un policier. Il me rassure.

– Fais-toi z'en pas avec ces crottés la, y te toucheront pas, y ont déjà goûté à ma médecine. Je vais t'escorter jusqu'à la sortie de la ville.

Tout s'est bien terminé, il ne restait que quelques scènes à tourner dans le port de Montréal avec mon fils Constantino qui, malgré ses trois ans, avait déjà l'expérience de la caméra en tournant des commerciaux. Le beau bébé avec des belles fesses rondes dans un commercial d'Ivory Neige, c'était lui.

Le film est sorti en janvier 1970 dans les cinémas et est passé à plusieurs reprises à la télé.

Malgré les efforts et les recherches de ma femme concernant les droits d'auteur sur le thème du film *Danger pour la Société* dont j'avais écrit les paroles et la musique en plus de l'interpréter, je n'ai rien obtenu. Il semble que je n'étais pas du bon bord.

Mais tout ça n'a aucun rapport avec Martimbeau, il a été le premier producteur de film à croire en moi et j'ai été drôlement surpris lors d'un certain gala, de recevoir le trophée de la découverte de l'année au cinéma. Même si je ne m'étais pas trouvé très bon, je l'ai accepté parce qu'au moins, j'avais eu une récompense pour mon travail. Il faut dire que les cachets du cinéma, c'était pas trop fort. J'espérais quand même que le fait d'avoir remporté un trophée m'ouvrirait des portes comme comédien, eh bien non ! En plus, moi qui ne suis pas patient, j'ai dû espérer et attendre presque 30 ans et avoir 69 ans pour qu'on sache que je pouvais, avec un bon rôle et un beau personnage, prouver mon talent de comédien comme dans *Omertà*, la série télévisée.

Le *Jacandre*

L'été s'annonce chaud et agréable, mais avec les spectacles que je fais à gauche et à droite, de cabarets en églises et d'églises en salles paroissiales, je n'ai pas beaucoup de temps pour m'amuser et Diane trouve le temps long, seule à la maison avec notre fils.

Un après-midi, nous sommes assis sur le pont de notre bateau et nous examinons notre situation. La réparation du gros moteur de notre bateau ne sera pas terminée avant la fin de l'été, il va falloir quand même le mettre à l'eau pour faire des essais et il faut finir de le payer avant. L'histoire du gros budget pour le bateau et du petit pour la nourriture commence et ça ne finit pas. Est-ce que tout cela vaut la peine ? On gaspille des beaux moments, on a oublié de vivre. Diane est tannée et moi fatigué, même écœuré.

– Faudrait analyser la situation si on ne veut pas se payer une bonne dépression nerveuse.

– Je suis bien d'accord avec toi Didi, mais pour se distraire ça prend un peu d'argent et on n'en a pas.

Diane sort la carte de crédit dont on ne se sert pas souvent de peur d'en prendre l'habitude. Je me mets à rire.

– Alors qu'est-ce qu'on fait ? On va faire garder le petit chez Madame Larose ?

C'est une dame à Saint-Hilaire, Madame Larose, une gardienne comme il n'en existe plus : huit enfants, le mari, les amis des enfants et ils adorent Constantino et, en plus, quand nous revenons le prendre à l'heure du souper, il y en a toujours assez pour nous. Quand on dit le cœur sur la main, ça c'est Madame Larose.

Bon c'est entendu, nous repartons de Pointe-aux-Trembles, direction Saint-Hilaire, ensuite retour à Montréal à la Ronde pour s'amuser et on finit notre tournée à une brasserie bavaroise pour souper au son de la Polka en buvant du schnaps, de la bière allemande pour moi et du vin allemand pour Diane. L'ambiance est agréable, nous sommes assis à la grande table avec des gens que nous n'avons jamais vus, ce qui nous change totalement de notre traintrain habituel.

Devant nous, de l'autre côté de la table, une dame et son compagnon, un costaud avec une grosse barbe rousse, on dirait vraiment un pirate de cinéma, il a une voix qui va avec son personnage. Ça nous fait du bien d'être sortis de notre cage, Diane me tire de mes réflexions et de mes analyses.

– Paolo.

Et Diane me regarde avec ses grands yeux et me flatte doucement le bras et, sans vouloir m'insulter, me dit doucement :

– Je pense que tu bois un peu trop vite, ce n'est pas très bon. Tu sais que ton foie est paresseux, alors arrange-toi pour ne pas être malade. N'oublie pas que nous sommes ici pour s'amuser mais les garçons qui servent la bière sont ici pour gagner de l'argent. Plus vite tu vides ta bière, mieux c'est pour la maison.

Elle avait raison, elle a souvent raison. Tout à coup, sorti de nulle part, un gros taupin s'emmène à notre table pour inviter ma femme à danser. Pour une seconde, tout le monde s'arrête de parler, mais lui il insiste, Diane a beau dire non, il ne veut rien savoir, il veut danser à tout prix avec elle. En le regardant, je me demande comment je vais faire pour m'en débarrasser. D'abord, il a trois fois ma grosseur et pendant que je réfléchis, le pirate d'en face se lève, lui, il n'est pas seulement large mais plus grand que l'autre, et j'entends une voix de basse dire en allemand :

– Monsieur, elle vous a dit poliment qu'elle ne voulait pas danser et plusieurs fois, mais moi je ne vous le répéterai pas, si vous ne partez pas, vous ne retournerez pas en Allemagne sur vos deux jambes. Est-ce assez clair ?

Le bonhomme est reparti sans rouspéter, toute la tablée a applaudi. Tout ce brouhaha a fait que tous les gens, qui étaient assis autour de cette table et ne se parlaient pas, se sont mis à faire chacun ses commentaires à propos de ce qui s'était passé et c'est Barbe Rousse, le pirate, qui en était la vedette. On a fait les présentations et la fête a repris de plus belle. Quand est venu le temps de repartir, Jacques Bureau, notre héros de la soirée, nous a invités, Diane et moi, pour un *Night Cap* à bord de son voilier qui était amarré à la marina de la Ronde. J'accepte mais je crois que j'ai assez bu car j'ai de la difficulté à marcher, mais pour aller voir un voilier c'est autre chose.

Rendus à la marina, nous marchons en parlant de choses et d'autres, mes yeux se sont fixés sur tous les voiliers. Lequel est le leur ? Nous continuons à avancer de ponton à ponton jusqu'au dernier et c'est à ce moment que mon cœur se met à battre car, tout au bout de la marina, il y a un voilier dont les mâts sont tellement hauts qu'ils doivent mesurer 100 pieds. Mais c'est impossible que ce soit son voilier ! Mon pirate marche les pieds nus. C'est vrai que je ne pouvais pas le remarquer, car il avait les pieds cachés sous la table. J'en déduis que si notre capitaine marche les pieds nus, il ne peut certainement pas se payer un bateau de cette dimension et de toute façon en ce qui me concerne, ça n'a aucune espèce d'importance. Il m'a, sans le vouloir, en quelque sorte sauvé la vie car sans son intervention j'aurais été obligé de faire quelque chose qui aurait pu mal tourner, et on continue notre promenade. Il reste ce dernier ponton avant d'arriver à ce monument de voilier, enfin nous y voilà. Quoi qu'il en soit, il peut en être le capitaine sans être le propriétaire. En approchant pour se rendre à ce magnifique bateau, je suis tellement impressionné et excité que me voilà avec le mal de cœur, moi qui n'ai jamais eu le mal de mer. Je me penche sur le bord du ponton et quelle humiliation pour moi ! Il dit en riant :

– Vas-y Paolo c'est mieux de vomir dans l'eau que dans le bateau. Après ça, tu vas être bon pour prendre un verre de rhum, ça c'est le remède de tous les marins, bien nettoyé on peut recommencer.

Je me suis relevé, je n'avais jamais vu ou encore moins, monté à bord d'un bateau aussi beau de toute mon existence. On s'est quittés en lui laissant nos coordonnées au cas où il voudrait communiquer avec nous.

À cette époque, les répondeurs coûtaient une petite fortune, il fallait vraiment en avoir besoin pour en acheter un.

Quelque temps plus tard, notre nouvelle connaissance nous a laissé un message pour nous inviter à bord de son bateau pour un voyage à Gaspé. Nous avons peine à le croire tellement nous sommes surpris, une personne que nous connaissons à peine nous invite pour une croisière sur le fleuve. Parce que ces gens ne me connaissent pas comme artiste, on ne leur a pas raconté notre vie, ils nous ont laissé un numéro pour les rejoindre à Québec où leur bateau est amarré. Notre réponse a été un gros OUI majuscule, en plus de nous inviter il demande à Diane :

– Et toi qu'est-ce que tu bois ?

En riant et en voulant s'amuser un peu, Diane lui répond :

– Bien moi j'aime bien le champagne et Paolo, lui, boit du rhum St. James.

Eh bien, croyez-le ou non, il l'a prise au sérieux. En arrivant au Québec Yacht Club, je ne peux pas trouver les mots pour vous dire toute la fierté que nous ressentions en montant sur ce voilier devant tous les snobs de cette marina. Notre hôte nous a reçus avec courtoisie, il n'avait pas oublié et avait pris au sérieux ce que Diane lui avait répondu à propos des alcools. Sur le pont du voilier, on a aperçu parmi les provisions une caisse de rhum et une caisse de champagne.

C'était presque gênant mais ça n'avait pas l'air de déranger le pirate capitaine.

Je me demandais qui il pouvait bien être ? Si sa barbe avait été blanche, on aurait pu croire au père Noël. À bord il y avait ses enfants, trois beaux garçons, deux qui avaient dans les 10 ans et un blondinet de trois ans. Ensuite, il nous a présenté son équipage composé de deux marins et d'un cuisinier. Le marin qui pilotait le bateau avait l'air d'un vrai Viking avec sa chevelure blonde et les yeux bleus, et l'autre qui s'occupait du pont et de la mécanique était un Noir à la peau chocolatée, il souriait tout le temps mais ne parlait pas beaucoup. Quant au cuisinier, il avait l'allure du poste, le visage rond, une petite bedaine et pas un poil sur le crâne, ce qui est de bon augure pour la nourriture à bord.

Tout était prêt pour le départ, on a largué les amarres devant un nombre impressionnant d'admirateurs. Diane et moi sommes au comble du bonheur, nous voilà enfin sur l'eau et pas sur n'importe quel bateau. On le sent en mouvement, il glisse sur l'eau comme un canard qui se paye une petite promenade devant la ville de Québec. Il fait très beau mais pas de vent, pas de problème il y a dans le ventre de ce bateau deux gros moteurs diesel qui ronronnent comme des petits chatons heureux. Il faut de la force pour un voilier de cette taille, il fait 80 pieds de long en acier.

On se laisse porter confortablement assis dans le *cockpit* qui est presque aussi grand qu'un salon, muni de tout ce qu'il y a de plus moderne en instruments de navigation et électroniques de cette époque où tout coûtait cher. Je suis émerveillé par la beauté et la grandeur de la roue pour piloter le bateau. Et voilà que s'amène le cuisinier avec quelques hors-d'œuvres et un peu de champagne. Jamais de ma vie je n'aurais pensé vivre des moments de rêves aussi agréables, nous étions en train de vivre la vie des gens riches et célèbres, on n'aurait pas été mieux sur le bateau d'Errol Flynn ou d'Onassis.

Le bateau avance à une bonne vitesse, si bien que dans le temps de le dire nous dépassons l'île d'Orléans, mais comme je connais assez bien le fleuve, pendant que tout le monde placote un peu j'aperçois à l'horizon des nuages qui ne me disent rien de bon, je pense que le capitaine et son équipage ne connaissent pas notre beau fleuve qui a des petites surprises inattendues. La pluie s'est mise de la partie, les matelots ont fermé les toiles en plastique très résistantes et le bateau a réduit sa vitesse. Soudain la pluie s'arrête et la brume à couper au couteau se lève. Pendant que le bateau avance, tout le monde se sent en sécurité et chacun y va de sa petite histoire que j'écoute sans entendre parce que je ressens une certaine inquiétude chez ma femme. Elle ne parle pas, ce qui n'est pas nouveau pour moi, elle est appuyée sur le bord de la descente de la cabine et regarde à travers les vitres de la partie timonerie balayées par les essuie-glaces, pendant qu'un des marins essaie d'allumer le radar. Tout à coup, elle s'adresse bien calmement au capitaine qui est à la roue :

– Il me semble distinguer à travers la brume une masse noire, là, juste devant nous, et ça s'approche.

Le capitaine tourne la roue à bâbord (à droite en regardant en avant) et pousse les moteurs à plein pouvoir. Tout le monde arrête de parler, ce fut une question de seconde. Cette masse noire est en fait un cargo qui est passé assez près de nous pour que sa vague fasse lever le derrière du voilier qui n'est quand même pas une chaloupe. Le capitaine a replacé le bateau sur sa course. Pendant ce temps, personne n'osait placer une parole, quand le commandant a brisé le silence d'un ton solennel :

– Applaudissons cette jolie passagère qui a sauvé le bateau, l'équipage et notre famille.

Tout le monde a ri d'un rire nerveux.

En écrivant ces lignes, plusieurs années plus tard, je ne comprends pas comment un bateau qui est piloté par un pilote local du Saint-Laurent qui connaît par cœur les bouées, les dangers, les courants qu'il y a dans ce coin du fleuve n'a pas actionné sa sirène pour nous prévenir du danger, car il venait droit sur nous. Il y a toujours deux radars en fonction sur ces bateaux. Si le porte-avion, le *USS Enterprise*, l'avait fait à un navigateur que nous avons rencontré, pourquoi pas un navire dans le Saint-Laurent où la navigation est parfois difficile. Mon ami, ancien pilote du Saint-Laurent, Gerry va sûrement en discuter avec moi.

Avec le mouvement inattendu du bateau, le chef qui est en train de préparer le repas a dû ramasser ses chaudrons et ustensiles qui se sont renversés. Car même si les bateaux sont équipés avec des cuisinières qui suivent le mouvement du bateau, quelquefois il y a des accidents dans les cuisines quand les mouvements sont trop brusques. Il est apparu dans la descente du carré, le chapeau de chef de travers, s'écriant :

– Mais Mon Dieu qu'est-ce qui s'est passé ?

Ce qui nous a fait tous rire, c'est qu'il avait vraiment l'air d'un clown, le capitaine qui riait lui aussi, lui répondit :

– Ça a brassé un petit peu. mais tout est rentré dans l'ordre. Va nous chercher le Dom Pérignon et des verres on va boire à la santé de Diane, la jolie sirène, l'héroïne de cet incident qui aurait pu mal tourner sans son intervention.

Comme par miracle, la brume s'est dispersée et le beau temps est revenu. La joie était revenue à bord, le soleil s'était couché derrière les montagnes et comme le dit le *National Geographic* : un des plus beaux couchers de soleil du monde. Pour Diane et moi, l'enchantement continue, nous descendons pour aller souper, est-ce possible que nous vivions cela ? C'était le grand luxe avec une grande table, chaises, fauteuils et nappe blanche, la vaisselle ce n'était pas du Tupperware, les verres de cristal, le service cinq étoiles, la clochette sur la table pour appeler le service, la nourriture était bonne et le vin de qualité, mais quelle ambiance !

Avant d'arriver à Gaspé, nous avons pu voir les immenses falaises qui longeaient la péninsule de la Gaspésie et finalement nous arrivons devant la bouée qui marque l'entrée de la baie de Gaspé. Le bateau s'est dirigé vers un petit pont ouvrant où passaient des voitures qui ralentissaient en voyant cet élégant voilier qui attendait. Pour eux, c'est un coup d'œil différent, ils ont l'habitude de voir des bateaux de pêche et des gros chalutiers rentrer au port, ce qui n'enlève rien à leurs charmes et à leur fière allure. Diane et moi sommes debout à l'avant du bateau, à admirer cette baie historique où Jacques Cartier est arrivé en 1534. Je ne sais pas où il serait maintenant parce que j'aimerais lui envoyer une carte de remerciement pour avoir fait venir un de ses descendants qui a été le premier Noël à venir en Amérique qui, selon l'arbre généalogique, aurait eu la responsabilité de la navigation du Saint-Laurent. Alors ne me demandez pas d'où me vient cette passion pour les bateaux.

J'entends le capitaine parler à son radiotéléphone. La réponse est vite venue :

– On envoie deux camions de Bell pour déconnecter les fils de téléphone, on peut vous dire, Monsieur, que vous n'attendrez pas trop longtemps.

La hauteur du mât empêchait le bateau d'entrer dans la baie. Il me semble que ça doit être le *fun* d'être assez riche pour pouvoir se payer des choses comme ça. Je ne sais pas combien cela a coûté. Nous, on était fiers de regarder, le café à la main, les acrobates de la compagnie de téléphone sectionner les fils pour ouvrir le chenal afin de laisser un bateau accoster au quai qui avait l'air d'être tout neuf. Vous auriez dû voir le monde qui nous attendait aussitôt les amarres attachées.

La rumeur est partie que c'était le voilier de Paolo Noël qui venait faire une visite à sa parenté. J'en étais gêné, mais le capitaine me dit en riant :

– Laisse-les faire, profites-en, moi ça n'a m'enlève rien, ça ne me dérange pas, même ça m'amuse.

Mais moi ça me dérangeait, je dis à Diane :

– Tu t'imagines si un inspecteur d'impôt entend une affaire pareille, on ne sait pas ce qu'ils peuvent penser.

– Paolo tu fabules, ne détruis pas le plaisir de notre beau voyage par des pensées pareilles.

J'ai quand même été obligé de signer des autographes, prendre des poses pour des photos et donner des becs, à la grande surprise des matelots qui se demandaient quel personnage j'étais. De plus, il y avait de jolies filles dans le groupe qui ont bien voulu faire connaissance avec les matelots. Notre capitaine nous dit :

– Laissons aller, rien de mieux pour des matelots avant de prendre la mer.

J'ai sorti ma guitare ce soir-là et j'ai chanté pour Jacques, le capitaine, et son épouse Andrée qui ont bien apprécié. Mais toute bonne chose a une fin et le lendemain, il fallait faire des réservations pour notre retour. C'est durant cette soirée que nous avons appris qui était notre hôte, c'était le neveu favori de Maurice Duplessis de qui il avait hérité quelques millions, ce pauvre Maurice que l'on disait mort dans la pauvreté. Jacques avait acheté le bateau de Kimberly Clark, le propriétaire de la compagnie Kleenex, et la compagne de Jacques, Andrée, avait été la première épouse du journaliste André Robert.

Nous avons vécu ce que beaucoup d'amateurs de voiliers auraient voulu vivre, de plus, comme la cerise sur le sundae, ils nous ont offert de partir en croisière avec eux jusqu'en Méditerranée et le long de la Côte d'Azur en France.

Si je n'avais pas eu le feu sacré pour mon métier ainsi que mon travail à la télévision, ma décision n'aurait probablement pas été la même. On s'est dit adieu avec un serrement au cœur parce qu'après tous ces beaux moments agréables, il nous fallait retourner à la maison en autobus Provincial (son nom à l'époque).

Je ne me rappelle pas depuis combien d'années Diane ou moi avions pris ce moyen de transport, et on en avait pour plusieurs heures avec tous les arrêts et les détours qu'il devait faire.

– Tu sais Paolo, je trouve cela drôle, ça nous donne le temps de penser à tout ça, puis on va être contents quand on va reprendre notre voiture.

J'avoue que c'était agréable de traverser la Gaspésie assis confortablement et de n'avoir qu'à regarder le décor sans être obligé de conduire. On en a profité pour peser le pour et le contre de l'offre que nous avait faite Jacques Bureau. Si moi, je suis souvent irréfléchi, Diane c'est tout le contraire, elle analyse tout avant de donner une réponse. En cours de route, elle m'annonce :

– Tu as bien fait de refuser cette offre, même s'il t'a offert de te payer le salaire que tu gagnes à la télé. Es-ce que tu nous vois vivre sur ce bateau avec de purs étrangers sans avoir aucune intimité pendant des mois ? En plus avec toutes ces dettes qu'on s'est mis sur le dos, c'aurait été l'enfer en revenant, je suis bien heureuse dans ma petite maison, pour le moment je n'en demande pas plus, j'ai hâte d'y être rendue.

Le temps passe assez rapidement et nous voilà déjà arrivés à Rimouski. L'autobus fait un arrêt et on en profite pour aller se dégourdir les jambes. En entrant dans le petit terminus, je découvre un kiosque à journaux où je vois des journaux à potins que j'achète rarement. J'en prends deux et nous voilà repartis. Passer Rimouski, le décor est très différent, on en profite pour lire les dernières nouvelles artistiques. De mon côté ça va, mais pour Diane ça ne va pas du tout, elle a une mauvaise nouvelle à m'apprendre et elle me tend le journal :

– Regarde ce qu'ils t'ont fait les salauds, pas besoin de lunettes c'est écrit en grosses lettres.

Toast et café est retiré de la programmation et remplacé dès l'automne, et l'émission sera animée par de nouveaux animateurs. Dans un sens, je suis bien content mais ce qui me frustre là-dedans c'est la direction, sous la commande du général Robert L'Herbier, qui nous avait assurés que l'émission reviendrait à l'automne. Je ne sais pas pour les autres animateurs, soit Dominique Michel et Frenchie Jarraud, mais en ce qui me concerne, j'avais refusé des offres de travail plutôt intéressantes, soit à la radio ou dans une tournée, mais je ne suis pas trop inquiet, j'ai d'autres atouts :

– Ne t'en fais pas, je vais tout simplement retourner chanter dans les boîtes de nuit, en plus ça me tente de faire autre chose.

Mais Diane s'inquiète quand même, les cabarets c'est les portes de l'enfer, la drogue, la boisson, les femmes, tous les vices à portée de la main et elle a raison de s'inquiéter, l'occasion fait le larron.

La mise à l'eau du *Pêcheur d'Étoiles*

Début septembre, il fait aussi beau qu'en plein été, le soleil chauffe encore comme s'il n'avait pas envie de se refroidir. On aurait dit que le ciel nous réservait ce beau temps juste pour nous donner la chance de mettre notre bateau à l'eau dans les meilleures conditions possibles. Il est magnifique avec sa coque peinte en bleu pastel et une bande noire sur le bastingage. Le moteur a retrouvé sa place dans la chambre des moteurs fraîchement peinte et la timonerie a repris son ancrage sur le pont là où elle domine. C'est impressionnant de voir tout le travail que font les employés de la marina pour faire bouger cette masse de près de 56 tonnes pour l'emmener pouce par pouce en le roulant sur des tuyaux d'acier jusqu'à la petite voie ferrée qui s'étend jusqu'à la rivière qui, à son tour, l'entraînera bien lentement en suivant une pente douce et la quille se trempera enfin dans l'eau du fleuve.

Tous les amis de Gaston qui nous ont aidés ainsi que mon neveu Michel et mon frère Claude sont comme nous anxieux et inquiets à la fois car ça n'a pas été facile, tout ce travail fait pour en arriver à ce moment que nous attendions impatiemment. Eh bien ça y est, il vient de toucher l'eau, il recule le long de la passerelle mais il est toujours sur ses chariots avec ses sept pieds et demi de tirant d'eau. On n'est toujours pas sortis du danger, il peut toujours tomber sur le côté. Et oups, il s'est arrêté, il faut que le petit remorqueur de Monsieur Beaudoin vienne le tirer par l'arrière pour le reculer et le libérer du chariot qui le retient encore.

En septembre, l'eau du fleuve a beaucoup baissé et cela complique les manœuvres.

Je ne suis pas patient de nature, je décide de monter à bord avec le mécanicien et de démarrer le moteur. Le *fun* commence pour moi, j'ai tellement attendu ce moment, en espérant que tout se passe bien, mais le mécanicien, Claude Paul, est un ami de longue date, en plus ce n'est pas le genre nerveux, c'est lui et son frère qui ont mis ce monstre de moteur en pièces détachées et qui l'ont rebâti de A à Z. Alors il me jette un petit regard moqueur en souriant, et bien calmement, il s'assoit sur le petit banc style tabouret pour traire les vaches qui est bien placé juste à côté du levier démarreur pour ce gros Caterpillar, il enlève la compression des pistons et vroum c'est parti. Même si on ne s'entend plus parler lorsque le moteur tourne, je suis au comble du bonheur.

À l'instant même, j'oublie tous les ennuis qu'il m'a causés, tout le travail qu'il m'a imposé pour arriver à le payer en entier avant qu'on puisse le réinstaller, je n'avais pas le choix je ne pouvais pas le rapporter sous mon bras, il devait peser quelques tonnes.

Lorsque le mécanicien a fait un dernier examen et que le moteur ronronne comme un chat qui vient de bien manger, nous sommes montés dans la timonerie. Je prends ma place devant ma belle roue en tek toute vernie, achetée chez un prêteur sur gage de la rue Saint-Paul. En prenant une grande respiration, je lève l'embrayage à la renverse pour la première fois. Je sens cette grosse hélice de 52 pouces tourner en brassant l'eau, la boue et tout ce qu'il y a autour, et j'active le moteur. J'en ai des frissons, je suis excité comme un enfant qui joue avec un jouet tant attendu. Immédiatement le bateau vibre un peu, tout en se dégageant des traîneaux qui le retiennent. Tout le monde crie de joie en voyant mon bébé glisser sur l'eau et reculer pour aller s'appareiller sur la passerelle, poussé par le courant qui est un peu sournois à cet endroit, ce qui ne fait pas l'affaire de Monsieur Beaudoin qui a peur que le bateau force les ancres qui retiennent en place le quai et tous les bateaux qui y sont amarrés. Je crie ma joie :

– Tout le monde à bord ! On va se payer une petite balade sur le fleuve !

Le petit remorqueur nous tire pour nous décoller du quai et nous sortir de la pression du courant.

Quelle merveilleuse sensation de sentir notre bateau avancer sur l'eau poussée par la puissance de ce remorqueur, comme si de rien n'était. La surprise c'est que le *Pêcheur d'Étoiles* se manœuvre mieux que tous les bateaux que j'ai eus dans ma vie. Pendant que je m'amuse comme un petit garçon avec son nouveau jouet, un observateur scrute le moindre de mes gestes, c'est mon ami Gaston qui n'est pas de la fête sur le pont avec les autres parce qu'il ne consomme pas d'alcool. Il ne coûte pas cher à recevoir, il ne boit que du thé en quantité industrielle, mais voilà Diane qui arrive avec une grosse théière bien pleine et un grand gobelet en granit. Elle y a pensé et Gaston est aux anges, comme nous n'avons pas de champagne, Diane et moi, nous buvons une rasade de rhum dans nos petites tasses miniatures.

Pendant que le bateau avance à une vitesse surprenante pour son poids, je me dirige vers Repentigny mais tourne pour pénétrer dans un petit chenal qui serpente au travers de quelques petites îles pour arriver dans le grand chenal des bateaux commerciaux. Là il y a de l'eau en masse et je passe la roue à mon frère et à son fils Michel qui connaissent le fleuve aussi bien que moi. Enfin, je vais sur le pont écouter l'eau qui glisse sur cette coque et regarde son sillage en arrière, un roi n'aurait pas était plus fier que moi. Je fais la tournée de mes amis qui s'en donnent à cœur joie sur le pont. Diane avait tout préparé pour la réussite de cette belle journée. En descendant le fleuve, on s'est rendu jusqu'à Lanoraie pour tourner et remonter le courant jusqu'à Repentigny, en enfilant le petit chenal du nord afin de passer devant la maison de ma mère qui, bien entendu, était accompagnée de tous ses voisins pour nous faire des saluts de la main.

Après avoir passé lentement et avec prudence à un endroit dont je connais bien les hauts fonds, on est revenus à la marina où Monsieur Beaudoin me fait savoir qu'il voudrait accoster lui-même mon bateau, au quai qu'il m'avait réservé. Je réponds au messager qui me suit avec son petit yacht :

– Dis à Monsieur Beaudoin que si je ne peux pas accoster moi-même mon bateau, je ne pourrai jamais être son capitaine.

Ma fierté est plus forte que ma peur. À la brunante, avec une visibilité amoindrie, en ralentissant et me laissant poursuivre sur mon erre d'aller, je me fiais sur le fait que le courant pourrait tasser mon bateau sur le quai. J'ai averti mon équipage d'être prêt pour lancer la première amarre pour en faire un *spring line*, ensuite l'amarre avant, sans attendre, et celle d'en arrière pour l'empêcher de décoller du quai. Et la grosse, parce que je l'appelais ainsi, était bien entrée à sa place et avait l'air de l'enfant le plus grand de la classe placé au bout du quai.

Quand Monsieur Beaudoin a constaté que tout était bien, il est parti chez lui et rendu près de sa maison devant la marina, il s'est retourné et m'a salué en souriant.

Tout mon équipage était heureux, nous avons rentré le bateau sans briser son beau maquillage. Merci mon beau *Pêcheur d'Étoiles* pour cette magnifique journée forte en émotions de toutes sortes. Diane et moi sommes allés nous reposer dans nos couchettes à matelot, mais pas n'importe lesquelles. Avec tout son talent de couturière, elle avait fait des courtepointes à carreaux pour les quatre d'en avant, plus le pointu qui était assez grand pour accueillir un enfant. Ces couchettes étaient devenues des lits très confortables et les courtes pointes multicolores adoucissaient son allure rustique de bateau de pêche. Après toutes ces émotions, on s'est endormis comme des anges au paradis.

Retour dans les boîtes de nuit

De retour dans notre petite maison où la tranquillité règne, la vie reprend son cours et tout doucement nous retombons des nuages pour reprendre la vie qui est la nôtre, en passant par des chemins tortueux et incertains où la monotonie n'existe pas. Apres quelques jours, je reprends contact avec mes anciens agents de spectacle qui sont devenus avec le temps des amis. Je leur raconte ce qui s'est passé avec la télé ; aucune surprise, ils étaient au courant et prêts à me trouver du travail.

Il y avait encore beaucoup de boîtes de nuit au Québec à cette époque. Il fallait d'abord que je trouve des musiciens qui me conviennent et ça, c'est plus facile à dire qu'à faire.

Je commence par me calmer en jouant un peu autour de la maison qui a besoin de quelques petits soins et d'amour, après on verra. Diane était heureuse : enfin un homme à la maison, ça change l'ambiance parce que depuis cinq ans que je travaillais à la télé, je n'étais pas souvent à la maison. Pour moi, c'était la première fois que je peignais des portes et des fenêtres, car il fallait payer les traites et économiser, Diane cherchait dans les magasins d'alimentation des aubaines avec des aliments à cuisiner, des viandes qui n'étaient pas du filet mignon, et des boîtes de morue congelée, cinq livres par boîte enveloppée individuellement. Diane arrivait à se débrouiller, elle faisait des pâtés chinois, des fricassées, des ragoûts, des pâtés, des hamburgers avec du bœuf, du veau ou du porc haché. La morue pour lui donner un peu de goût, elle la faisait cuire dans du lait et en faisait un sauce blanche ou aux tomates avec des oignons. Avec le temps, Diane a raffiné les menus et s'est intéressée à la cuisine.

Quant à l'alcool, nous avons appris à nous débrouiller, nous allions dans la montagne de Saint-Hilaire chez les pomiculteurs qui fabriquaient du cidre et des alcools passablement costauds, ces boissons avaient le don de vous tomber rapidement dans les jambes. On achetait ces boissons dans des cruches de verre d'un gallon, dommage que ce beau temps-là soit terminé.

On était heureux avec peu. Janet Daniel, une agente pour qui j'avais travaillé, me propose un spectacle en Abitibi avec un salaire très intéressant, mais la date tombe un dimanche soir et j'anime *Le music-hall des jeunes talents Catelli* tous les dimanches. J'ai pas de chance, ça tombe mal pour une fois que je pouvais gagner quatre fois mon salaire, tant pis j'en fais mon deuil. C'est le genre de situation qui va me poursuivre toute ma carrière, ça fait partie du métier même si ce n'est pas facile de s'y habituer.

Quelques jours plus tard, Diane vient me rejoindre à l'extérieur, alors que j'étais monté dans une échelle, pour me dire qu'André Norman voulait me parler.

J'étais content d'avoir des nouvelles d'André, je le connaissais depuis longtemps car j'avais travaillé avec son père qui avait fondé l'agence. Il me parle d'un endroit dans les Cantons-de-l'Est où j'avais quelques années plus tôt rempli l'hôtel mur à mur pendant trois jours. Oui et je n'avais pas été payé le prix que ça valait.

– Quand moi j'suis moins payé, toi aussi t'es moins payé.

– T'en fais pas Paolo, aussitôt qu'il m'a appelé pour te réengager j'y ai pensé, mais cette fois il nous baisera pas. Si tu acceptes, tu vas être fier de moi et tout le monde sera content de te revoir.

– Je n'ai pas de musiciens pour m'accompagner et ne me demande pas de prendre les musiciens sur place qui ne jouent que dans une tonalité.

– Ça tombe bien, Fernand Gignac est parti en vacances, ses musiciens sont libres, puis tu les connais, tout le gang, y compris son pianiste Claude Hémond. Je vais les contacter pour toi. Ça marche ?

Je raccroche et j'annonce la bonne nouvelle à Didi, ce n'est pas la fin du monde, mais c'est mieux que rien. En plus, connaissant mon ami Fernand, ses musiciens doivent être plus que bons, je dirais excellents parce qu'avec lui c'est la perfection ou rien du tout. Fernand était connu pour ne pas être commode. Son problème, si c'en était un, c'est qu'il connaissait son métier à la perfection, il avait fait des études de chant et de musique avec de grands professeurs. On ne pouvait pas le tricher, alors que moi c'est tout le contraire, j'ai appris sur le tas en faisant des erreurs avant d'arriver à quelque chose de passable. Malgré mon manque de connaissances, ça ne m'empêche pas de reconnaître un bon ou un mauvais musicien parce que j'ai de l'oreille et j'ai quand même écrit et composé plusieurs chansons qui ont eu un certain succès.

Enfin arrive le jour de l'engagement. On s'était donné rendez-vous à l'hôtel dans l'après-midi pour la répétition. J'étais content de revoir de vieux copains et ça marchait comme sur des roulettes. Quand l'heure du spectacle est arrivée, la salle était pleine de monde et j'étais parfaitement à l'aise avec les professionnels qui m'accompagnaient. Quand on fait ce métier, on sent immédiatement le pouls du public et ça nous donne l'énergie dont on a besoin pour faire un bon travail. À la fin de la première soirée, j'étais heureux de ne pas avoir eu de trous de mémoire, chose qui m'obsède encore aujourd'hui après toutes ces années de métier.

Quand le samedi matin est arrivé, je regarde la campagne qui entoure l'hôtel par la fenêtre de ma chambre, déception, il pleut à verse et cela n'est pas très accueillant, ça m'inquiète un peu pour ce soir, mais dans une journée tout peut changer et je le souhaite. Le soir venu, mon souhait n'a pas été exaucé. Dans ces conditions, les gens sortent beaucoup moins, surtout en automne quand le temps est frisquet et que le stationnement est en bouette. Malgré la pluie abondante, la salle est à moitié pleine mais tout a bien marché, excepté la caisse qui a sonné moins souvent. Mais ce n'est pas mon problème j'ai fait mon travail à la planche, comme on dit.

Quand tout fut terminé et que les musiciens avaient rangé leurs instruments, je suis monté à ma chambre pour me changer avant d'aller collecter ma paye. Quelqu'un frappe à ma porte, c'est Claude Hémond qui me regarde, l'air affolé comme s'il avait vu un fantôme, il a presque les larmes aux yeux :

– Le patron est venu nous parler pendant qu'on ramassait nos choses, il nous a dit de sacrer notre camp et qu'on ne sera pas payé, et que si on ne sortait pas, il nous aiderait à sortir. En même temps, il m'a dit de faire le message à la vedette qui est en haut. Moi, Paolo, j'ai peur de la chicane, oublie ma paye et je m'en vais avec les gars qui pensent comme moi.

– Claude arrête de t'en faire de toute façon vous avez fait du beau travail, je vais vous payer de ma poche, s'il le faut. Je vais aller le voir et lui demander pourquoi il agit aussi bêtement avec nous. Allez m'attendre dans votre voiture, ce ne sera pas bien long.

J'essaie devant Claude de retenir la rage qui monte en moi comme un volcan qui attend pour exploser. Diane qui a tout entendu me demande :

– Qu'est-ce que tu vas faire ?

– On va d'abord aller porter nos affaires dans la voiture, puis j'ai deux mots à lui dire.

– Fais pas de bêtise Paolo, il pourrait être armé.

134

– Casse-toi pas la tête, je vais seulement essayer de lui dire que je sais compter et qu'il n'a pas perdu d'argent. Avec le premier soir plein et le deuxième à moitié, il va même lui en rester, mon public ne boit pas seulement de la bière, ça boit du fort, pis ça c'est payant. Je vais aller porter nos effets et ma guitare dans la voiture.

En arrivant à ma voiture, j'ouvre le coffre de la Jag et vois mon petit bâton de baseball. Je dépose mes affaires pour ne pas attirer l'attention de ma femme qui est déjà assise à l'intérieur. Je referme le coffre bien doucement, ce n'est pas facile de garder son calme dans ces circonstances-là, mais je prends la peine de dissimuler mon bâton au regard de Didi et lui demande de venir avec moi.

– Pourquoi Paolo as-tu besoin de moi ?

– J'ai besoin d'un témoin.

Elle ne me répond pas et me suis. Nous rentrons dans l'hôtel, tout le monde est parti, il ne reste que le barman qui fait le ménage. Nous allons directement vers le bureau dont la porte est ouverte, en rentrant je la repousse avec mon pied et elle se referme en faisant assez de bruit pour attirer l'attention du patron. Il me regarde et je lui souris, il a l'air très détendu devant mon attitude.

Dès que je suis près du bureau, je lève mon bâton et frappe sur son téléphone qui vole en éclats. Il tombe assis sur la chaise les yeux hagards et je redonne un autre coup juste devant lui en criant :

–Tu vas me payer, et tout, sans ça je te fends la tête en deux. M'as-tu compris là ?

Son visage a changé tout à coup, il a l'air d'un drap frais lavé. Diane regarde la scène sans dire un mot, pendant qu'il sort son argent qui était là dans un tiroir du bureau, les mains lui tremblent pendant qu'il fait le compte et Diane recompte à mesure.

– Truste-le pas pantoute, c'est écrit sur son front : je suis un voleur.

Quand il a eu fini de compter ce qu'il nous devait, je lui dis pour me faire plaisir :

– La dernière fois que je suis venu ici, tu t'es bourré les poches mais tu ne m'en as pas donné plus et je me rappelle que tu m'as fait payer ma bière, mon pourri. Avant de partir, je te conseille de ne pas me faire du trouble, parce que tu vas le regretter.

En lui parlant, je vois qu'il lui reste pas mal d'argent.

– Tu vois si j'étais comme toi, je prendrais le reste, mais heureusement on n'a rien en commun toi et moi.

Diane et moi sommes retournés dans le stationnement où les musiciens attendaient patiemment, mais inquiets. Didi a fait les comptes et les a payés, Claude me demande :

– Veux-tu me dire comment t'as fait pour qu'il nous paye ?

– J'aurais aimé que tu sois là pour m'accompagner quand je lui ai chanté *Petit Papa Noël*.

– C'tu vrai ?

Bienvenue dans le joyeux monde des boîtes de nuit, heureusement que celle-ci est une des exceptions à la règle.

La radio, ma bouée de sauvetage

La vie continuait son petit traintrain de campagne, on prenait un peu plus le temps de vivre et ça nous faisait du bien à tous les deux. Constantino grandissait et ses mauvais coups aussi ; il trouvait toujours le moyen de nous déjouer. Didi était une maman très patiente, et moi, je ne disputais jamais mon fils, j'étais bien mal placé pour cela, quand je pense à tous les coups que j'avais pu faire dans ma jeunesse quand nous demeurions sur la rue Cuvillier dans Hochelaga.

De toute façon, j'avais été assez brassé par les religieuses et je n'avais pas envie d'agir comme elles avec mon fils. De plus, pour moi un enfant tannant, c'est un enfant intelligent.

Après quelques semaines de silence, voilà que sonne ce petit instrument qu'on avait presque oublié (qui peut bien nous téléphoner, ma mère, ma sœur, mon frère ?). Eh bien non, c'est le directeur de la programmation de CJMS, Paul-Émile Beaulne.

– Salut Paolo, qu'est-ce que tu fais de bon ?

– Je suis en vacances de *Toast et café*, c'est terminé et tout est bien comme ça.

– Oh là là, j'arrive juste à temps pour te sauver.

– Comment ça ?

– Paolo, tu cours un grand danger de vacances prolongées.

– Qu'est-ce que tu essaies de me dire ? Explique-moi ça.

– Une voiture stationnée trop longtemps finit par rouiller, les pistons du moteur collent, la batterie se vide, pis y'a pas un client qui va vouloir t'acheter. Voilà ce qui va t'arriver si t'acceptes pas la belle *job* que je veux t'offrir.

– Envoye, vide ton sac, Monsieur le philosophe.

– Ça fait longtemps que je te regarde aller, pis t'as pas l'air de savoir que t'es un don Juan.

– Paul-Émile, mets-en pas trop là. Alors qu'est-ce que tu attends de moi ?

– Que tu animes une belle petite émission de 2 h l'après-midi au cours de laquelle tu chanterais la pomme aux dames qui sont seules à la maison, en leur disant des mots doux qu'elles aimeraient entendre de la bouche de leur conjoint. C'est pas tout, on va assaisonner tout ça avec les plus belles chansons d'amour. Qu'est-ce que t'en penses ?

– Tu me pognes les culottes à terre, j'peux pas te répondre tout de suite mais ça m'intéresse, si ça paye pour la peine.

– Viens au poste demain, on va régler le problème de l'argent, mais j'te dis tout de suite que si on arrive à remonter les cotes d'écoute de l'après-midi, tu vas être content de travailler pour nous.

Le lendemain tout s'est réglé et je commençais la semaine suivante.

Ça n'a pas été long, tous mes compétiteurs ne l'ont pas trouvé drôle. J'ai vite développé un contact direct avec mes auditrices. Je ne parlais jamais du temps qu'il faisait, je donnais ma version de la météo. Le ciel était toujours bleu, il y avait des fleurs de toutes les couleurs, même quand il pleuvait et que le ciel était gris. Moi, je leur parlais de ce que j'avais vu de ma maison le matin, tout était imaginaire et je leur apportais des petits morceaux de bonheur.

Le technicien qui faisait tourner les disques était un jeune homme qui a connu son heure de gloire, Paul (Ti-Polo) Vincent qui, plus tard, a découvert Roch Voisine. C'était tout un personnage, il était toujours de bonne humeur et c'est très important sur les ondes, on projette dans l'air nos états d'âme, nos sourires invisibles à travers nos voix. Je n'ai que de bons souvenirs de lui, mais je reparlerai de lui plus tard.

Pendant ces deux années, j'en ai vu de toutes les couleurs. Commençons par le plus agréable, soit toutes les vedettes que j'ai interviewées en commençant par Mireille Mathieu, la petite poupée mécanique. À chaque question que je lui posais, elle regardait son gérant derrière la vitre qui sépare le technicien et le studio, et je l'observais, il était là qui mimait les réponses. Alors je lui demandais ce qu'elle pensait de l'amour. Là, je l'ai vue changer de couleur et devenir rouge comme une tomate italienne. Lui, il a levé les bras au ciel en faisant des gestes de Kung Fu, comme si je l'avais insultée. Comme elle ne répondait pas à ma question, je suis revenu à la charge en lui disant que la grande Édith Piaf, pour qui elle avait tant d'admiration, a dit un jour : « On ne peut pas chanter l'amour sans en avoir souffert un jour. » Et la petite Mireille bafoua : « bien sûr, bien sûr ». L'entrevue s'est terminée comme ça, son gérant était en beau maudit, mais moi je m'en fichais de ce prétentieux personnage. Il est allé se plaindre au directeur qui lui a répondu :

– Monsieur Noël a fait un beau travail, il était logique de poser cette question à une femme qui chante l'amour, vous devriez lui donner quelques leçons sur ce sujet, ça lui ferait peut-être du bien.

Un autre artiste qui était d'une simplicité remarquable, et avec qui j'ai eu le temps de parler durant les pauses publicitaires, était Salvatore Adamo. Nous avons parlé d'un ami commun, Tino Rossi, qu'il admirait tout comme moi, il n'en revenait pas quand je lui ai appris que Tino était venu chez ma mère pour le dîner de Pâques et qu'il avait chanté à la table pour lui faire plaisir. Je lui ai posé la même question sur l'amour, il a complètement charmé les femmes et les filles qui étaient à l'écoute. Il a bloqué les lignes téléphoniques et moi, j'étais fier d'avoir fait sa connaissance.

Un autre numéro spécial c'était Claude François, c'était une grande vedette imbue de lui-même. Pourtant quand je l'ai vu entrer dans le studio en compagnie de sa suite royale, j'ai remarqué qu'il était loin d'être grand, il m'arrivait à la hauteur du nez. D'ailleurs mon nez a été dérangé par une odeur que je connaissais, mais que je n'arrivais pas à définir. Mais l'entrevue a été facile, j'ai posé la première question et il a parlé pendant tout le reste du temps. Il avait beaucoup de choses à dire, en ce qui me concernait c'était parfait comme ça. Quand tout fut terminé et en faisant bien attention de ne pas le vexer, je lui ai demandé bien poliment quel était son parfum. Il s'est mis à rire aux éclats :

– Ce n'est pas un parfum que vous avez senti. J'ai eu un grave problème de voix, j'ai eu une laryngite aiguë causée par le décalage horaire et la fraîcheur de vos jolies Laurentides.

Quelqu'un m'a conseillé des suppositoires de Démo-cinéol, ça été rapide et efficace. Je suis enchanté, ma voix est revenue et mon anxiété avant le spectacle a disparu.

Alors j'ai ri à mon tour. Il s'arrête enfin de parler et je lui raconte l'histoire du Démo-cinéol qui a été inventé à la fin des années 1950 par le laboratoire Demers de Québec. Ce qui fait que j'ai été un des premiers artistes à l'essayer alors que j'étais sur mon voilier à la marina de Québec. Je devais donner un spectacle au Baril d'Huîtres ce soir-là et ma voix était tellement éteinte que j'étais aphone. Depuis que j'ai découvert ce remède extraordinaire, j'en ai toujours au congélateur, dans un pot en verre, enveloppé dans un sac plastique. Il était amusé par mon histoire et tout à coup comme si une petite lumière s'était allumée dans son cerveau :

– Mais dites donc, ça alors vous êtes un chanteur ?

– Eh bien oui.

– Mais qu'est-ce que vous faites à la radio ?

– C'est quelque chose que vous connaîtrez un jour peut-être, la popularité c'est comme la marée, elle monte et elle redescend, il faut savoir naviguer entre les récifs pour ne pas s'échouer.

Il est reparti tout heureux de savoir qu'il n'était pas le seul à avoir des maux de gorge.

Le titre de cette chanson, *Céline*, vous dit-il quelque chose ? Rien à voir avec Céline Dion. C'est une jolie chanson qui disait à peu près ceci : « Dis-moi Céline, les années ont passé, pourquoi n'as-tu jamais songé à te marier ? » Le chanteur qui l'a popularisée s'appelle Hugues Aufray. Il était en tournée au Québec et quand il est arrivé à mon émission, il était en beau maudit parce qu'il devait passer à l'émission de Michel Girouard à CFTM[8] et on lui a gentiment montré la porte parce qu'il portait des jeans. Attention je ne parle pas de Radio-Canada qui est un poste d'État, non je parle du

___
8. *Le Jardin des Étoiles.*

Canal 10, une station que le grand public fait vivre. Ça c'est le vrai monde qui se lève le matin pour aller travailler. J'imagine mal qu'ils s'habillent en tuxedo le matin pour aller gagner leur vie. Ils m'ont paru très peu évolués.

Je n'étais pas fier de Télé-Métropole, alors je lui ai offert de raconter son histoire à la radio, aux auditeurs de mon émission. Les dames n'étaient pas de bonne humeur d'avoir manqué leur Hugues Aufray à cause des quétaines de la télé, mais elles ont su réconforter cette grande vedette française. Il est reparti avec un sourire en sachant que les Québécoises n'étaient pas toutes des quétaines.

À la fin de l'émission, alors qu'il était encore dans les studios, j'ai fait tourner ma chanson préférée *Hasta Luego* : « On se reverra sous peu. On a trois mois de réserves au fond des cales. Allez, les gars ! On va hisser la grande voile ». Ça c'est une chanson que j'aurais aimé écrire et que j'aime chanter avec ma guitare sur le pont de mon bateau.

Julien Clerc est une autre vedette très spéciale. Le temps d'une entrevue, il s'est amené bien habillé avec un beau sourire et surtout de très de bonne humeur. Avant de commencer l'entrevue, je lui fais un compliment sur la chemise de velours bleu nuit qu'il portait. Il me répond :

– Tu trouves qu'elle est jolie ?

– Bien sûr, c'est la première fois que je vois ce genre de chemise.

D'un geste tout naturel, il enlève son veston, sa chemise, il me la tend, je ne sais vraiment pas quoi faire, il me dit :

– Prends-la, je te l'offre en cadeau.

– T'es pas sérieux ?

– Je suis tout à fait sérieux, tu es l'animateur le plus gentil que j'ai jamais rencontré.

Il est parti comme il était arrivé, je ne l'ai jamais revu, mais j'ai porté sa chemise sur la scène dans mes spectacles, chaque fois je pensais à lui et à sa façon de faire. Ce qui montre que, s'il y a des Français déplaisants et prétentieux, il y en a aussi de très gentils et agréables à rencontrer comme dans tous les pays, le Québec et les États-Unis inclus.

Le retour de ma fille aînée, Johanne

Faire une émission de radio tous les jours demande beaucoup d'imagination et de réflexion. D'abord, il y a le public qu'il faut respecter, mais il y a aussi le patron qui se préoccupe des cotes d'écoute qui font varier le prix des publicités ; les publicités paient nos salaires. Mais moi quand je suis devant mon micro, j'oublie tous ces petits à-côtés pour ne penser qu'à faire plaisir à mon auditoire qui est composé en majorité de femmes de tout âge, qui n'ont rien à faire du *Hit-Parade* que la direction me demande de faire tourner tous les jours. Je déteste faire la toupie. Les dames me redemandent les disques de Gignac, Louvain, pour ne nommer que ceux-là. Comme la discothèque ne possède pas ces disques, j'apporte les miens et les fais tourner. Un jour j'arrive dans le studio et je vois Paul Vincent qui pleure parce que le patron est venu l'engueuler à propos des disques que j'avais amenés :

– T'en fais pas pour ça, t'as rien à voir là-dedans, je vais commencer mon travail et quand tu passeras les commerciaux, je vais aller voir le *boss*, s'il a jamais vu le diable, eh bien il va le voir !

J'ai beau essayer de me concentrer, je n'y arrive pas, je suis en maudit.

Je suis entré dans le bureau de Paul-Émile Beaulne, la discussion s'est terminée par :

– Tu m'as demandé de leur faire plaisir et c'est ce que j'essaie de faire et tu me mets les bâtons dans les roues. Écoute-moi bien, mes auditrices se sacrent de ton *Hit-Parade*, elles ont leurs chanteurs préférés qu'elles admirent depuis plus longtemps que, toi, tu t'occupes à faire marcher un poste de radio. Pis si tu penses que moi j'ai pas raison, mets-moi à la porte pis viens faire ma *job*, OK ! Pis là justement, il faut que je retourne faire ma *job*.

Je suis revenu juste à temps pour présenter la prochaine chanson qui m'avait été le plus souvent demandée par mes auditrices :

– Mesdames tout le plaisir est pour moi. Pour vous, voici mon ami Fernand Gignac qui nous chante une de ses plus belles chansons : *Donnez-moi des roses*.

À partir de ce jour, ils ne m'ont plus embêté avec leurs choix personnels. Pendant que je suis parti discuter avec les autorités supérieures, j'ai reçu un message me demandant de communiquer en urgence avec un certain Normand. Je suis toujours aux aguets et méfiant quand il s'agit d'appel de gens que je ne connais pas. Est-ce qu'il était arrivé quelque chose à quelqu'un que j'aime ? J'appelle cette personne et, à ma grande surprise, c'est l'ami de cœur de ma fille Johanne, l'aînée de mon premier mariage.

– Monsieur Noël, elle pleure tout le temps, elle s'ennuie énormément de vous, elle vous écoute tous les jours à la radio.

Sa grand-mère, qui est par conséquent mon ancienne belle-mère, lui interdisait de communiquer avec moi. Les lecteurs de mon premier volume[9] savent de quelle sorcière je parle. Cette femme a détruit la vie de mes trois enfants et celle de sa fille, et elle n'a pas changé : toujours le venin au bord des lèvres. Dire que j'ai failli me suicider parce que mes enfants, que j'ai toujours aimés, me manquaient énormément. Ce même soir, un ange m'a guidé vers la femme qui, aujourd'hui, partage ma vie, je parle de Diane. Alors je propose à ce jeune homme :

– Venez demain à 4 h au poste de radio après mon émission, j'ai très hâte de revoir ma fille après tout ce temps perdu et j'en suis très heureux.

---

9. *De l'orphelinat au succès.*

À la maison, j'annonce la bonne nouvelle à Diane et je me mets à pleurer de joie. Didi me prend dans ses bras et comme deux orphelins, nous nous consolons les larmes aux yeux. Quand le bonheur est trop grand, ça fait aussi mal que le malheur. Constantino nous regardait sans rien comprendre de cette joie si grande que je ne peux pas la décrire, je l'ai pris dans mes bras. Au moment où j'écris ces lignes, je suis en Floride dans notre véhicule motorisé et la même émotion m'envahit. Heureusement que Diane est en train de préparer le repas du soir et qu'elle épluche des oignons, ce qui donne une excuse à mes larmes.

Le lendemain lorsque je suis parti au boulot, j'avais l'impression d'être sur un nuage et j'ai été plus prudent qu'à l'habitude pour qu'il ne m'arrive rien en route. En chemin je me demande pourquoi souvent le bonheur me fait si peur, pourtant ça devrait être le contraire. Je suis comme je suis, je n'y peux rien.

En arrivant à la station, j'avise la réceptionniste que j'attends la visite de ma fille et de son ami, et de m'avertir lorsqu'ils arriveront. Je rajoute, comme si c'était nécessaire, vous allez la reconnaître elle est très jolie et elle a un beau sourire. Et en y pensant bien, je me suis dit : « As-tu déjà vu un père normal ne pas trouver ses enfants beaux ? Espèce de con, tu fais dur. »

Toute mon émission a été basée sur l'amour de nos enfants, je n'ai pas manqué mon coup, la réaction a été immédiate. Les lignes téléphoniques ont été bloquées, je recevais des appels de grands-mamans, grands-papas, de jeunes mamans qui voulaient tous parler, eux aussi, de cette sorte d'amour pur qu'on a pour nos enfants et petits-enfants, sans arrière-pensée. J'étais ravi de savoir que si j'étais fou, au moins, je n'étais pas seul à être atteint de cette folie.

Et la porte du studio s'est ouverte, j'ai vu ma fille, maintenant une jolie jeune femme, accompagnée de son ami. J'ai demandé à Paul de faire jouer de la musique, j'ai pris ma fille dans mes bras puis je l'ai serrée tendrement. Je l'embrassais pendant qu'elle pleurait et ne disait rien. Il a fallu attendre quelques instants pour que nos larmes de joie cessent de couler. La joie retrouvée, elle n'a fait que me regarder en silence tout le reste de l'émission. Son ami lui tenait la main et m'a expliqué pendant les publicités :

– Si vous saviez combien de fois elle m'a dit : « Je m'ennuie de mon papa, je veux le voir même si ma grand-mère devait me renier. Mon papa, c'est le papa le plus original de la terre, il n'a rien de commun avec tous les autres. Je l'aime tel qu'il est, il faut que je le vois. » Et nous voilà.

Le garçon qui me parle a l'air d'un garçon intelligent, le temps me le prouvera.

Diane m'a proposé de ramener le couple à la maison après le travail.

Johanne voulait absolument monter dans ma voiture sport. Tout le long de la route, elle me racontait qu'elle se souvenait des jours où j'allais les voir, lorsqu'elle vivait à Rosemont. Dans le temps, j'avais une petite MG TD, les trois enfants se tassaient un en avant et deux en arrière. Je les emmenais manger une crème glacée à la grosse orange, Orange Julep. Je l'écoutais en me demandant pourquoi cette haine de sa grand-mère à mon égard. Je n'ai jamais été violent avec mes enfants ou avec leur mère. Je n'ai jamais fait de mal d'aucune sorte à ma femme ou mes enfants. OK, je n'étais pas millionnaire, loin de là, mais j'ai toujours travaillé et payé leur pension alimentaire. J'ai même volontairement augmenté la pension après que Diane m'eut expliqué que ce n'était pas assez pour trois enfants.

Je regardais ma fille dans le rétroviseur et trouvais que le temps passe trop vite pour le gaspiller à parler de cette vieille sorcière. Heureusement que c'était une belle journée, je me suis arrêté sur le bord de la route pour ouvrir le toit de ma Jag. Ma fille était aux anges avec le soleil et le vent dans ses cheveux blonds. La route qui mène à Saint-Hilaire était bien différente de celle d'aujourd'hui. Il n'y avait que des champs fleuris avec, ici et là, de petites maisons et quand on approchait du Richelieu, on voyait dans toute sa beauté un peu sauvage, le mont Saint-Hilaire. Puis on passait le pont et tout de suite après, on tournait à droite et encore une autre fois pour s'engager sur le Chemin des Patriotes qui longe la rivière. Il n'y avait que des maisons de cultivateurs d'un côté et de l'autre des maisons simples mais quand même très jolies.

Nous voilà rendus, Diane nous attendait. Tout était prêt pour le souper, mais en bonne fille de bourgeois, Didi avait fait refroidir du champagne et Mon Dieu quelle belle soirée ! Il a bien fallu se rendre à l'évidence : il fallait se coucher, pour se reposer d'une journée où le cœur avait battu beaucoup plus vite que d'habitude.

Un peu embarrassé, Normand me demande :

– Monsieur Noël, où est-ce que je dois aller dormir ?

– Quand tu pars en fin de semaine avec ta blonde où est-ce que tu couches ?

Mal à l'aise il ne me répond pas. Alors je lui dis :

– En haut il y a une jolie petite chambre d'amoureux. Bonne nuit à vous deux.

Les agents fantômes

Un jour en entrant dans la station de radio, la téléphoniste me remet un message important d'une dame qui veut me parler à tout prix de quelque chose d'anormal qui se passe et qui me concerne. La téléphoniste ajoute :

– Vérifiez donc pour en avoir le cœur net.

Au bout du fil, une dame énervée à la voix tremblante prétend que j'ai un contrat signé par mes agents pour donner un spectacle dans une église le samedi suivant, mais que je serais malade et que c'est une chanteuse inconnue qui me remplacera alors que tous les billets sont vendus avec mon nom en tête d'affiche.

Je n'y comprends rien, je ne connais même pas ces supposés agents et je n'ai jamais été contacté pour chanter dans cette église.

– Donnez-moi leurs coordonnées et je vais savoir ce qui se passe. De toute façon, Madame, je ne suis pas malade et je vais vous rappeler. Si tous les billets sont vendus, je ne perdrai pas mon nom pour ces salauds-là, je vais y être croyez-moi.

Je m'empresse de rejoindre ces agents fantômes et je leur donne rendez-vous dans le hall d'entrée de la station de radio le lendemain. Ils acceptent de me rencontrer.

À la maison, je raconte cette histoire à Didi :

– Paolo, ne prends pas de risque, ne va pas rencontrer ce genre de monde seul. Mais avant on va téléphoner au curé. Si c'est la vérité, tu devrais appeler ton ami de la rue Cuvillier, Ti-Cul Gervais. En cas de problème, tu es mieux d'avoir des témoins.

Et bien entendu, après avoir rejoint le curé, il confirme mes craintes.

– Diane, j'peux pas croire que je vais encore avoir ce genre de problème, quand est-ce que ça arrêtera ?

Je prends une pause pour réfléchir et je recommence :

– Tu sais très bien Diane que je me suis battu toute ma vie pour ne pas ressembler à mon père, tout le monde savait que c'était un bandit, mais y en a toujours des *smarts* à cravate supposément bien élevés, instruits, qui sont toujours là prêts à te fourrer pour te voler le plus d'argent possible. Ils ont vendu mon nom sans que je le sache, c'est comme si quelqu'un vendait notre maison sans nous le dire, pis se sauvait avec l'argent.

J'appelle Gaston Gervais et lui donne l'heure de mon rendez-vous à CJMS, rue Berri. Il s'est mis à rire :

– J'vas emmener un poids lourd avec moi. Si ça marche pas, ça va être plus facile de régler le problème. Pis t'inquiète pas mon *chum*, ça va aller comme dans le bon vieux temps.

Tel que convenu, Gervais et son ami sont arrivés avant l'heure du rendez-vous. Paul Vincent m'annonce tout énervé :

– Y'a deux gars qui t'attendent, un petit large, pis l'autre, un méchant taupin. Tu dois-tu de l'argent à quelqu'un ? Y'ont pas l'air commode ni l'un ni l'autre.

– Paul, énerve-toi pas, c'est des amis qui viennent m'aider à régler un petit problème après l'émission.

Tout au long de l'émission, Paul me regarde comme s'il cherchait une bibitte noire. Mon travail terminé, je suis pressé d'aller voir si mes invités sont arrivés. Je m'en vais directement vers les deux agents. Ils se sont levés pour venir vers moi bien calmement avec un petit sourire hypocrite. Je crois reconnaître l'un des deux avec ses yeux bleus, l'air sournois et la voix mielleuse :

– Salut bien Paolo, qu'est-ce qu'on peut faire pour toi ?

Je leur raconte ce que la dame m'a dit. Surpris, ils se regardent, puis me regardent :

– C'est une malade mentale et on n'a jamais signé un contrat avec une église.

– Alors comment cette dame aurait pu faire une comédie semblable sans être une grande comédienne ?

Et je change de ton :

– Écoutez-moi bien, vous êtes mieux de me dire la vérité, parce que ça va aller mal !

– Toé Noël, tu nous fais pas peur, si tu nous menaces, on va appeler la police.

Immédiatement je demande à la téléphoniste d'appeler la police. Tout à coup, ils changent complètement d'attitude :

– Paolo, oublie la police, on va essayer de trouver un terrain d'entente.

La téléphoniste nous demande d'aller parler dans le corridor parce que nous parlons trop fort :

– Allez les gars, vous m'empêchez de faire mon travail.

– Bon on va aller en arrière pour finir notre discussion.

Dans ce corridor, il y a un petit comptoir où on vend des lunchs et quelques clients qui discutent, mes deux moineaux deviennent agressifs. Je m'y attendais bien, ces deux-là sont de vrais serpents venimeux. Je monte le ton, moi aussi :

– Écoutez moi bien, j'ai préparé un petit contrat que vous allez signer tous les deux, sinon ça va aller mal.

– Premièrement on signera rien, pis tu vas aller chier. Penses-tu que tu nous fais peur ?

Gaston s'approche du plus gros des deux qui est le grand parleur arrogant. Il le pousse bien d'aplomb dans le haut des épaules. Ses yeux ont changé de couleur et il a perdu l'équilibre en reculant. Alors Gaston lui annonce en pointant son doigt vers son visage :

– Y'a pas jamais personne qui t'a appris à être poli ? Veux-tu que j'te pose un p'tit perron en dessous du menton ? OK ! Continue à insulter mon ami, tu vas en avoir un, tu vas voir que c'est dur de parler avec des barreaux dans les dents. Pis prends-moi au sérieux.

Juste au moment que j'avais décidé de prendre le petit pendant que Gaston s'occupait de l'autre, je vois apparaître derrière nos deux moineaux l'ami de Gaston. Oh boy ! Y sont mieux de se la fermer, pis de signer mon papier parce que c'est un tracteur Caterpillar qui arrive. Il est haut et large, et c'est pas un poids léger. Moi je le vois mais eux, ils sont concentrés sur Gaston, ils ne savent pas ce qui va leur arriver.

Mon poids lourd accroche les deux par le cou en les serrant à les étouffer avec ses bras, un de chaque côté, je le vois resserrer son étau autour de leur cou. Les yeux apeurés, ils n'ont aucune idée de ce qui leur arrive, ils ont les yeux hagards et le visage rouge. Le costaud relâche un peu sa pression après quelques secondes, mais ne les libère pas.

– Vous allez signer le papier de Monsieur Noël, vous allez vous excuser de vos impolitesses, pis moi je vais vous laissez aller, mais pas avant. On s'est-tu compris ?

Gaston et moi ne disons plus un mot, mais j'ai presque envie de rire au point où ça me chatouille dans l'estomac. Gaston me dit :

– Sors ton papier, il faut les faire signer avant que le gros les finisse.

Je sors mon contrat, je le mets sur le dos de mon ami pour l'appuyer. Un des deux gars signe la main tremblante de peur mais le costaud les tient toujours. Avant de les lâcher, il les avertit :

– Samedi soir je vais être là, je suis à la porte pour maintenir l'ordre, pis le curé c'est mon ami, c'est lui qui m'a confirmé quand j'étais jeune. Si vous le trichez, ça va me faire de la peine, pis quand j'ai de la grosse « pepeine », je ne suis pas gentil du tout.

Avant de les relâcher, il donne à chacun un p'tit bec sur le front. Là je n'en peux plus, je me mets à rire aux éclats pendant que nos deux fraudeurs s'en vont comme deux chiens battus. C'est le cas de le dire, je n'ai jamais été aussi fier de mon *chum*.

On s'est rendus dans un restaurant tout près du poste afin que je puisse faire connaissance de mon nouveau garde du corps. Il m'a dit qu'il était *doorman* dans une brasserie. Il nous a fait rire :

– J'ai des gros bras mais j'ai une petite vessie, il faut que je la vide avant de me mettre à l'action.

Tout s'est bien terminé au spectacle, les gens étaient contents, le curé et moi aussi car cet argent m'a permis de faire d'autres paiements pour la réparation du moteur de mon bateau. Le soir à l'église, Gaston est venu avec toute sa famille, sa femme, ses enfants, dont des jumelles aux yeux bleus, et la grand-mère. Avant de partir, il est venu me dire en me regardant avec ses yeux gris qui en disaient plus qu'il ne parlait :

– Paolo, tant que je vais vivre, tu vas toujours être mon ami.

Quand on était jeunes dans Hochelaga, Ti-Cul Gaston faisait partie du gang de la rue Cuvillier. Il était le plus petit mais aussi le plus effronté. C'est peut-être pour ça qu'un jour, les gars de la rue Davidson l'avaient battu et laissé dans la ruelle. Mon frère et moi l'avions trouvé le visage plein de sang et un œil complètement fermé. On l'avait porté chez sa mère qui s'était mise à crier et à pleurer en le voyant. Mon frère et moi, comme il se doit, on n'a pas laissé ça là, on est allés chercher des bâtons de baseball et on est allés rendre une petite visite amicale à nos amis de la rue Davidson, une petite visite qu'ils n'ont jamais oubliée. C'est pour ça que Ti-Cul a toujours été présent jusqu'à la fin quand j'ai eu besoin de lui.

Le Café Provincial

Le bon côté de la radio c'est que les gens nous entendent mais ne nous voient pas. Le public veut voir et constater si on a changé, il veut savoir si on a autre chose que notre voix pour le séduire. Un jour, Monsieur Parenteau, le propriétaire d'un cabaret qui a eu ses jours de gloire avec l'émission *La Dame de Cœur*, m'offre la possibilité de chanter et d'animer de la musique de danse avec les musiciens de mon choix, du lundi au vendredi en fin d'après-midi. Il intitulait ces rencontres : *Rendez-Vous Féminin*. Ça me tenait occupé tous les après-midi de la semaine.

Dans une grande salle remplie à pleine capacité, un téléphone et une carte pliée avec un numéro très lisible des deux côtés, malgré la lumière légèrement tamisée, sont déposés sur les tables.

Les clients pouvaient communiquer d'une table à l'autre et s'inviter à danser, pendant que mes musiciens et moi étions sur scène. En général, je chante sur des valses, des tangos et surtout des slows, avec autant que possible des mots d'amour. C'était de l'argent facilement gagné, ça marchait bien avec toutes les chansons que j'avais apprises pendant les quatre années de *Toast et café*. Je remercie le destin de m'avoir donné autant de mémoire. Avec les musiciens, on s'amusait à gager qui partirait avec qui à la fin de l'après-midi et on se demandait combien il y avait de cocus dans la salle, autant hommes que femmes.

De temps en temps, Diane venait me rejoindre pour aller magasiner en ville et on se payait un bon souper dans un petit restaurant français où l'ambiance était agréable et la nourriture provençale délicieuse, l'Auberge de Saint-Tropez.

Une fin d'après-midi, je propose à Diane de venir me rejoindre au travail. Elle seule pouvait me reconnaître là où j'étais placé, mais moi je pouvais voir les gens entrer. J'aperçois cinq hommes habillés en veston et cravate, qui parlent à tue-tête comme si la place leur appartenait. Ils agissaient comme de vrais sauvages, je ne suis vraiment pas chanceux, ils s'installent à la table derrière moi.

Les minutes semblent des heures et même si je leur tourne le dos, je les entends comme s'ils me parlaient. Je perçois des noms d'artistes que je connais et tout à coup, leur conversation me confirme que ce sont des employés du Ministère du Revenu. Ils en épluchent plusieurs, ça me déplaît d'entendre leurs propos venimeux, ils se lancent la balle comme si c'était un jeu. Avec lequel des artistes on pourrait presser le citron le plus.

– Moi mon préféré c'est Jean Coutu, avec son beau parler à la française, je vous promets les gars que quand j'vas avoir fini avec lui, tout ce qui va lui rester à faire, c'est d'aller au Chenal du Moine se payer une gibelotte.

Diane arrive juste avant que je donne un bon coup de poing à la figure de celui qui vient de parler. Les battements de mon cœur résonnent dans mes oreilles ; voir ma femme descendre l'escalier en souriant me calme un peu. Son élégance naturelle m'émerveille toujours, elle ne marche pas, elle vole. Mais mon envoûtement change vite quand j'entends les observations désobligeantes de mes chers voisins qui s'adressent directement à ma femme.

– Vous êtes des maudits mal élevés.

Alors en me voyant, il y en a un qui enchaîne :

– Aye ! Paolo c'est ton quel numéro celle-là ?

Je laisse la parole à Diane :

J'ai hâte de voir mon mari parce que je suis plus souvent seule à l'attendre à la maison. On n'a pas d'heure, on n'a pas de jour, disons que Paolo est plus souvent parti qu'à la maison. Avec l'émission de radio, il y a les réunions avant et après. Et pour les spectacles, il faut rencontrer les musiciens, les laisser installer leurs instruments et parfois le système de son, et s'habiller pour la représentation tout en rentrant dans sa bulle, car il faut se concentrer et réchauffer sa voix. Ensuite, il faut rencontrer les gens qui ont affaire à toi pour le travail, certains qu'on n'a pas vus depuis longtemps, tout ça prend beaucoup plus de temps que celui prévu sur le contrat, sans oublier les déplacements.

De plus ce travail est spécial, imaginez mon mari chantant l'amour tous les jours à des femmes qui s'ennuient, des femmes qui cherchent l'aventure. Je ne peux pas toujours être là, j'ai un fils à élever et j'ai aussi mon travail qui n'est pas régulier mais on s'arrange pour se rencontrer. J'arrive toute heureuse et j'entends ce bon à rien dire une chose pareille. Est-ce qu'il se passe quelque chose que je ne sais pas ? J'ai mal, j'ai de la peine et je ne sais pas pourquoi on veut me faire souffrir comme ça, sans motif. Je les regarde et ils me dégoûtent, je n'en reviens pas que des gens puissent s'abaisser à ce point.

Au même moment, Paolo bondit de sa chaise, il est furieux :

– Si y en a un de vous autres qui est un homme, qu'il se lève je vais lui montrer comment ça marche la politesse.

Certains diront que je n'avais qu'à me lever et à m'en aller ; c'est bien facile à dire quand on est lâche ou on a peur de se blesser. Disons que la situation était délicate. Qui aurait voulu témoigner contre des employés du gouvernement qui abusent de leur pouvoir pour faire du mal ? Quand on pense que ces gens-là ont le pouvoir de fouiller dans nos vies privées.

– Vous venez d'insulter et de blesser ma femme.

Le plus petit qui est juste devant moi me dit d'un ton baveux :

– Ayoye, a doit te coûter cher celle-là !

Je l'attrape par les cheveux et le pousse avec sa chaise. Les autres ont déménagé rapidement vers le bar en laissant seul, celui que je crois être la grande gueule et qui est tombé sur le dos les quatre fers en l'air. J'allais me pencher mais une main m'arrête, c'est Johnny le portier, un ami de longue date, qui est arrivé juste à temps pour que je ne fasse pas de bêtise. Il pogne le petit baveux, le relève avec sa chaise et dit à Diane :

– Madame vous êtes ravissante, si un jour vous avez besoin d'un garde du corps, je serais l'homme le plus heureux du monde de vous protéger. Voyez-vous, si Paolo m'avait envoyé chercher, il ne se serait rien passé, je tiens à vous rassurer. Y'aura pas de suite à cet incident. Bonsoir Madame.

154

Johnny c'était un portier très poli et bien élevé avec ses clients, mais il ne fallait pas le faire fâcher. J'aimais son élégance, de plus, dans sa jeunesse, il avait travaillé dans un film américain, tourné dans les Bahamas, dont j'ai vu des photos publicitaires, je l'admirais et l'enviais un peu. J'ai travaillé assez longtemps au Café Provincial pour l'avoir vu à l'œuvre et j'aimais mieux être dans mes culottes que dans celles du client qui lui avait cherché noise.

Les *Raftmen* (draveurs) de Gatineau

Un beau dimanche d'été, nous sommes sur le pont du bateau qui est encore en cale sèche. On était heureux de profiter de ce beau temps qui réchauffe le corps et anime le désir de partir un jour. J'entends quelqu'un monter à l'échelle et on voit apparaître Petit Pierre, un des fils du propriétaire de la marina. Il se tient dans l'échelle et tout ce qu'on voit c'est sa tête qui dépasse de l'autre côté du bastingage :

– Paolo, y'a un appel important qui t'attend dans le bureau.

Au téléphone, un agent d'artistes que je ne connais pas me demande si je peux remplacer Jean-Pierre Ferland et quel est mon prix.

– Ça ne me tente pas bin bin, j'vais faire un effort si j'ai le même salaire que Jean-Pierre.

– Eh là, Paolo t'es pas de la même catégorie, faut que tu comprennes ça, hein.

– De toute façon, c'est parfait comme ça, ça ne me tentait pas beaucoup de perdre un beau dimanche tranquille sur mon bateau.

Comme j'allais raccrocher :

– Paolo, peux-tu attendre cinq minutes à côté du téléphone ? J'appelle les organisateurs puis j'te rappelle.

– OK ! J'vais attendre cinq minutes.

Ils acceptent mon exigence et viendront me chercher.

– Qu'est-ce qu'il te faut sur la scène ? Il y a déjà un piano et des micros.

– Pour mon pianiste, il est trop tard, il accompagne un autre artiste à Terre des Hommes aujourd'hui. D'abord que j'ai un micro pour ma guitare et deux micros pour moi au cas où il y en aurait un en panne, je vais me débrouiller seul en m'accompagnant à la guitare, je connais au moins six accords.

À cette époque, il n'y avait pas d'accompagnement par bandes musicales.

– Où es-tu en ce moment ?

– À la marina Jean Beaudoin de Pointe-aux-Trembles sur la 100e Avenue.

Diane m'attend sur le bateau ; je remonte sur le pont. Elle a l'air bien contente de pouvoir se détendre un peu, le petit est chez sa gardienne. Je ne sais pas par où commencer.

– C'était à quel propos ce téléphone ?

– Pour un engagement.

– Ah oui ! Où ça ?

– À Gatineau.

– Ah oui ! Ah bon ! Quelle date ?

– Tout de suite.

– Quoi ! Tu fais une blague ! Brise-moi pas mon *fun* pour une fois que j'en ai.

– C'est très sérieux et ça en vaut la peine.

– Bon, OK, encore une fois, je la trouve pas mal plate celle-là.

– Console-toi Didi, tu sais le gros moteur qui est dans l'atelier du mécanicien ? Eh bien, ils m'ont averti qu'ils ne le sortiront pas de là aussi longtemps qu'on n'aura pas payé. Pour la *job* d'aujourd'hui ils vont venir nous chercher, accompagnés de deux policiers. On n'a qu'à se laisser conduire, faire mon spectacle, pis se faire payer.

– J'espère que ça vaut la peine ?

– Ha ! Ha ! J'ai même pas discuté et j'ai obtenu le même salaire que Jean-Pierre Ferland, puis tu vas être surprise de savoir à quel point je me fais baiser à travailler pour des salaires de merde.

– OK, puisque tu dois monter sur scène, qu'est-ce que tu vas porter pour le spectacle ?

– Heureusement que j'ai ma guitare ! On n'a pas le temps d'aller chercher mes costumes de scène à Saint-Hilaire. Je vais chanter avec mes jeans déchirés que tu m'as si bien *patchés* et ma chemise fleurie.

– Oui ça va être beau avec ta petite pomme que j'ai cousue tu sais où.

Le long de la route, je discute avec Diane de mon répertoire. Je ne suis pas perdu, je l'ai fait bien des fois en différentes circonstances et aussi pendant des années dans toutes les tournées de la Province. Pendant que la voiture vole presque, je sors ma guitare et je m'aperçois que je n'ai pas de pic de guitare. Je commence à m'énerver.

– Paolo, arrête ! J'vais tout simplement couper notre carte de crédit, au moins elle va servir à quelque chose. Je vais la couper en forme de pic avec mes petits ciseaux et la polir avec ma lime à ongles. Inquiète-toi pas, c'est du plastique pareil.

Et l'opération est presque parfaite ; dans des cas d'urgence comme ça, Diane m'aide à planifier la programmation en l'écrivant sur une feuille que l'agent nous a donnée.

– Tu sais Paolo, du Tino Rossi, ça c'est facile pour toi, pis du country comme quand t'étais jeune, à une fête comme ça, tu ne peux pas te tromper, pis oublie pas *Le Petit Voilier*.

157

– Hé ! Paolo, pratique donc à voix haute, chante-nous donc le *P'tit Voilier* à nous les gars en avant ! dit le chauffeur.

Je dois avouer que cette journée n'a pas été facile. J'avais l'air d'un pou sur le dos d'un éléphant seul avec ma guitare sur cette scène devant cette foule en fête, devant un micro sous un soleil de plomb. J'ai pensé à Jean-Pierre le chanceux, moi j'étais dans l'eau bouillante, c'était le cas de le dire. Par la suite, une armée de femmes, qui avaient un peu trop consommé, m'attendaient. Ma chemise fleurie a disparu en lambeaux et je sentais des mains qui descendaient sur mes pantalons. Heureusement que les policiers ont vu venir le coup et sont arrivés à temps. À la signature d'autographes, c'était le comble ; certaines ne se gênaient pas pour m'offrir leurs seins pour y signer mon nom. J'ai même demandé à un jeune policier qui était juste à côté de moi de bien vouloir tenir ces jolis fruits de la nature afin d'éviter des ennuis. Une fois sorti de cette foule, le jeune policier m'a avoué qu'il venait de vivre la plus belle journée de sa jeune carrière de protecteur du citoyen. Diane, de loin, avait vu tout ce qui s'était passé :

– Tu as bien fait de demander l'aide d'un témoin, comme ça elles ne pourront pas t'accuser de les avoir tâtées.

Comme je n'avais plus de chemise, on m'a remis un tee-shirt à l'emblème de la fête. Il fallait bien que j'aie quelque chose sur le dos pour aller à l'hôtel de ville où j'ai été reçu par le maire et les organisateurs du festival qui m'ont remercié de les avoir sauvés en acceptant de remplacer au pied levé Jean-Pierre Ferland. Le maire en a profité pour m'offrir de refaire un spectacle l'année suivante.

Durant cette cérémonie, on m'a présenté des *Raftmen* retraités qui étaient invités d'honneur. Avant de partir, le maire m'a demandé si je pouvais écrire une chanson qui serait le thème du prochain festival. Je ne pouvais rien promettre, je n'ai jamais écrit de chansons sur commande, j'écris plutôt d'instinct et ça vient tout seul au moment le plus inattendu.

On nous a reconduits à Pointe-aux-Trembles. Nous avons décidé, d'un commun accord, de dormir dans notre cabine à matelot, là où les rêves sont toujours plus beaux et colorés en bleu pastel.

Maman Lucienne entre d'urgence à l'hôpital

Un matin, une nouvelle m'attendait en entrant à la station de radio. Mon père, le vrai, Paul Vadeboncoeur, celui qui a eu le courage de m'élever, me demande de le rappeler à l'hôpital de Repentigny de toute urgence ; il attendra à côté du téléphone.

– Ta mère est entrée d'urgence à l'hôpital, ils doivent l'opérer sinon sa vie est en danger, ses intestins sont complètement bloqués.

– Paul, est-ce que maman est consciente ?

– Tu connais ta mère, elle ne se plaint pas… mais…

J'entends Paul pleurer et tout en essayant de se retenir, il continue :

– J'ai tellement peur de la perdre. Est-ce que je t'ai dit qu'elle est dans le corridor ? Ils ne peuvent pas l'opérer, ils préfèrent réparer des jambes cassées que de sauver une vie. Peux-tu faire quelque chose ?

En entendant sa voix je suis inquiet, j'ai de la peine, mais aussi de la colère face à ce manque de respect. Quand je pense que mon nom est écrit sur un grand tableau à l'entrée avec d'autres noms de gens qui ont fait des dons dans le passé pour ramasser des fonds afin de construire l'hôpital !

– Paul, va auprès de maman et sois tranquille, tu me connais je vais m'en occuper !

– Paolo, fais pas de bêtises, j'ai assez de peine comme c'est là.

Je raccroche, je cours dans le corridor qui mène au bureau de Paul-Émile Beaulne, le patron.

– Paul-Émile, trouve quelqu'un pour me remplacer, ma mère est mourante, c'est urgent, je pars tout de suite !

Je téléphone au docteur Jules Trudel, directeur de l'hôpital Saint-Luc de Montréal. La téléphoniste me répond d'un air blasé et désintéressé qu'il est en conférence et qu'elle ne peut pas le déranger. Je saute dans ma voiture et j'enfile la rue Berri sans m'arrêter, je n'ai pas de temps à perdre. Heureusement, l'hôpital n'est pas loin. J'arrive devant la porte d'entrée rue Saint-Denis au coin de René-Lévesque (à l'époque Dorchester) où est déjà stationnée une voiture de police. Pour m'éviter des troubles, je vais parler avec le policier qui semble attendre un collègue. Y'a des moments où c'est emmerdant d'être connu mais pas aujourd'hui, parce qu'avant même que je m'adresse à lui, il me dit bien gentiment :

– Bonjour Monsieur Noël, vous avez l'air inquiet.

Je lui explique ce qui se passe et lui demande si je peux laisser ma voiture à côté de la sienne.

– Aucun problème, on va vous attendre.

À l'intérieur, je me dirige vers le comptoir d'information, mais la réponse est toujours la même. Au moment où je me retourne, un gardien en uniforme me fait signe de le suivre dans le passage qui est devant nous jusqu'à une grosse porte fermée :

– C'est ici qu'ils sont. À vous de jouer maintenant et n'oubliez pas que vous ne m'avez jamais vu.

– Y'a pas de problème. Merci quand même.

Je regarde la porte et j'hésite un instant, mais je n'ai rien à perdre. Tout ce que je veux, c'est que ma mère ne meure pas. Je mets la main sur la poignée, je prends une grande respiration et j'ouvre. Devant moi une grande table et des personnes qui me tournent le dos et tout au bout je vois mon ami le docteur Trudel qui me regarde surpris pour un instant, puis qui annonce :

– Mesdames, Messieurs voici mon ami Paolo Noël.

Tous ces gens se retournent pour me regarder avec curiosité. Jules se lève et vient vers moi en m'accompagnant un peu à l'écart pour me demander ce qui se passe. Je lui explique que ma mère va peut-être mourir si on ne l'opère pas d'urgence. Toujours aussi calme, il me demande :

– Où est ta mère ?

– Elle est dans le corridor de l'hôpital de Repentigny.

Il décroche le téléphone et demande aux ambulanciers d'aller sans attendre chercher Madame Vadeboncœur à l'hôpital de Repentigny, puis il appelle à Repentigny et leur dit :

– Ici, le docteur Jules Trudel de l'hôpital Saint-Luc. J'ai envoyé chercher Madame Vadeboncœur en ambulance, je la prends en charge. Il n'y a pas une minute à perdre avec ce genre d'urgence, vous m'avez bien compris ? C'est un ordre.

Je me suis mis à pleurer, il me touche la tête :

– Inquiète-toi pas, on va la sauver ta mère. Pour le moment va-t'en chez toi et attends mon appel. Je te donnerai des nouvelles après l'opération, et puis ne conduis pas trop vite avec ton bolide, ce n'est pas le temps d'avoir un accident.

Je me suis excusé auprès des gens présents. Je suis reparti le cœur plus léger qu'à mon arrivée. J'ai raconté mon histoire aux deux policiers et ils ont bien ri :

– Ça prend bien Paolo Noël pour faire des affaires comme ça. Remarque, on trouve ça bien correct pour une maman, on en a juste une.

Je suis reparti à la maison où m'attendait Didi. Elle avait déjà téléphoné au poste pour demander ce qui se passait. Elle avait pu rejoindre Paul par téléphone ; il lui avait expliqué qu'il voulait rester aux côtés de sa femme et se rendre avec elle dans l'ambulance à l'hôpital, et qu'il allait rester jusqu'à ce qu'elle soit hors de danger. Dans des moments comme ceux-là, la famille Noël se regroupe et chacun des enfants se sont rendus au chevet de leur mère.

Encore une fois, ce médecin passionné aura fait un autre miracle dans ma vie et ce n'est pas fini.

Maman a été hospitalisée quelque temps, son état s'est amélioré assez rapidement, elle avait une force de vivre peu commune. Quand nous sommes allés la visiter, elle était de bonne humeur et nous a raconté des histoires drôles pour nous faire rire. Avant de partir elle se sentait assez bien pour nous demander de lui apporter des mets chinois en cachette, la cuisine de l'hôpital n'étant pas à son goût.

Quelques jours plus tard, Paul nous a annoncé que maman avait eu son congé et qu'il était heureux de la revoir à la maison près de lui. Il m'a remercié de ce que j'avais fait pour sauver maman.

– Paul, ce n'est pas moi mais le docteur Trudel et surtout l'ange qui a allumé la lumière dans mon cerveau qui m'a fait prendre la bonne décision. De toute façon, je suis en dette avec toi pour toutes les choses désagréables que je t'ai faites dans mon adolescence prolongée, c'est moi qui te dois des remerciements et des excuses.

Il y a eu quelques secondes de silence, puis il raccroché. Paul était une personne très discrète qui ne parlait pas beaucoup. Faut dire que ma mère ne lui a pas donné la chance d'évoluer, elle prenait toute la place. Elle avait toujours quelque chose d'intéressant à dire, Paul la regardait en souriant sans jamais la contrarier. Je pense souvent à eux, ils étaient les plus beaux amants que j'ai connus. Ils ont été le modèle qui a fait que Diane et moi sommes unis pour le meilleur et pour le pire depuis septembre 1965.

Bris de contrat avec RCA après 15 ans

J'ai rompu mon contrat avec RCA Victor chez qui j'enregistrais des disques depuis plusieurs années, dont mes plus grands succès. La compagnie ne me laissait pas évoluer, je n'allais quand même pas passer ma vie avec le titre du « Tino Rossi Canadien » !

Je ne vous parlerai pas de toutes les chansons plates que j'ai dû enregistrer et qui faisaient en sorte que mes disques ne tournaient plus à la radio, ce qui nuisait à l'avancement de ma carrière. Le dernier coup concernait la chanson que j'avais écrite pour le festival des *Raftmen* de Gatineau. À l'époque, les 45 tours nous permettaient de sortir des chansons une à une. RCA avait augmenté la vitesse de l'enregistrement original de ma voix, ce qui me donnait une résonnance presque féminine, sous prétexte que ma voix en étant plus basse ne ressemblait plus à celle de Tino Rossi. C'était exactement ce que je souhaitais.

Puis Diane a mis la main sur mon contrat avec RCA.

– Paolo, ton contrat est écrit en anglais ! Et tu n'as jamais demandé à un avocat de te le traduire ?

Vous vous doutez bien de ma réponse.

– Écoute bien, savais-tu que tu payais tout de tes enregistrements ? Tu payes pour le studio, les musiciens, les orchestrations, les techniciens, la photo, la pochette, l'imprimerie, la promotion, etc.

C'est ce qui explique que je ne recevais presque pas d'argent en plus de l'avance reçue ! Je traduisais les chansons américaines et je n'ai jamais reçu de droits d'auteur.

Vers quelle maison me tourner ? Comme je travaille pour la chaîne de radio la plus populaire et la plus puissante au Québec, je pourrais y faire ma promotion personnelle.

J'en parle avec Colette, la discothécaire de CJMS, elle connaît tous les producteurs.

– Justement j'ai reçu une nouvelle chanson qui fait un gros *hit* aux États-Unis et je pense que tu vas l'aimer parce que c'est un de tes chanteurs favoris, Perry Como. Tiens, écoute-le, il n'est pas encore en ondes au Canada.

La chanson me touche même si je ne comprends pas les mots, mais je sais que c'est beau et la mélodie est touchante. C'est une vraie chanson d'amour, je reconnais une expression : « *It's Impossible* ». (C'est impossible.) J'ai une semaine pour la traduire et pour trouver un producteur.

Quand l'amour s'en va

Le samedi soir en me rendant en Beauce, je pense constamment à cette chanson.

Après le spectacle dans une église, le curé vient me voir avec une mauvaise nouvelle. Il a décidé de garder 60 % des recettes alors que l'entente prévue me donnait ces 60 %. Je suis estomaqué, mais je ne veux pas de problème, alors je suis bien obligé d'accepter. Les musiciens sont aussi surpris que moi.

Mais dehors, je me rends compte qu'ils rient beaucoup et qu'ils ont des morceaux de vitre dans les mains.

– Paolo, l'argent lui rapportera pas grand-chose, il va être obligé de remplacer quelques vitraux.

On monte en voiture et je conduis. La fumée de mes musiciens me dérange sans doute et en arrivant à une inter-section, je dérape et, en faisant un geste brusque, la remorque se détache et fait tourner le 4x4 pour l'entraîner dans le fossé à reculons. Les gars, eux, riaient comme des bons. Pierre mon guitariste me dit :

– Paolo, reste dans le Jeep, nous, on va utiliser le treuil qui est devant le Jeep.

On a réussi à s'en sortir, mais la neige s'est mise de la partie, on ne voyait plus rien. On s'est arrêtés dans un restaurant et comme la route était de plus en plus impraticable, on a décidé d'attendre que la charrue vienne dégager la route. Pierre a sorti sa guitare et je me suis mis à chanter.

On a pu repartir au petit jour vers Saint-Hilaire où m'attendait ma femme.

Dans la cour de la maison, je me rends compte que la Jaguar n'est pas à sa place. La porte de la maison n'est pas verrouillée. Dans la petite cuisine je remarque une feuille sur la table. Je monte rapidement au deuxième étage : personne dans le lit défait et personne dans celui du petit.

Je redescends en vitesse, les musiciens me demandent ce qui se passe. Pierre est assis à la table de la cuisine. Il me tend la feuille de papier :

« Paolo, je suis fatiguée de t'attendre toutes les nuits jusqu'aux petites heures du matin. Il est 8 h du matin, tu n'es pas entré et tu n'as pas donné de tes nouvelles. Il va falloir que tu fasses un choix, c'est-à-dire tes musiciens ou moi. Ne me cherche pas inutilement, je veux simplement te donner le temps de réfléchir. Diane. »

Je sais bien qu'elle a raison. Après les spectacles je vais manger avec les gars et je rentre de bonne heure le matin au moment où Diane se lève pour le petit. Je me relève pour aller travailler. J'ai envie de mourir. Je finis par m'endormir dans le fauteuil du salon. Quand j'ouvre les yeux, Pierre est assis sur le divan :

– Viens chez mes parents, reste pas là tout seul c'est dangereux, je le sais parce que ça m'est arrivé, de toute façon Diane va revenir. C'est une femme intelligente, elle voulait tout simplement te faire comprendre qu'elle a besoin de toi et de ta présence. Allez, habille-toi, viens-t'en chez mes parents, ça va être plus facile que si tu te renfermes dans ta cabane.

Je l'ai suivi. La famille de Pierre ressemblait un peu à la mienne. Un père silencieux, ingénieur d'aviation, une mère qui tient les guides avec un cœur d'or, des fils talentueux et pas seulement dans la musique. Pierre a son diplôme en science aéronautique, mais il préfère la guitare pour le moment. Plus tard, il deviendra conseiller en sécurité aérienne.

Pour le moment, il s'occupe de son ami. Il me parle mais je n'entends rien, je suis occupé à trouver les paroles françaises de cette chanson américaine que je dois enregistrer prochainement. J'ai de la difficulté à me concentrer, quand il me sort de mes pensées :

– Mon ami d'enfance a su que tu étais ici et il m'a demandé si tu pouvais aller chez lui dire un petit bonjour à son père qui est mourant. Ça te ferait peut-être du bien d'aller voir quelqu'un qui attend de mourir alors qu'il aime la vie. Il a été un grand ébéniste qui se spécialisait dans la fabrication des meubles de style antique québécois. Viens, on va y aller, pis oublie pas d'emporter ta guitare, je pense qu'il serait heureux de t'entendre avant de partir pour son dernier voyage.

– Pourquoi pas si ça peut lui donner un peu de bonheur.

En entrant dans la maison, j'ai senti l'odeur du bois de pin et celle de la mort, celle qui donne froid dans le dos. Je me suis ressaisi une fois rendu devant cet homme qui me regardait comme si j'étais le père Noël qui apportait le cadeau tant attendu et d'une voix faible, il a dit :

– Je suis tellement content de vous rencontrer depuis toutes ces années que je vous écoute chanter.

Pour un instant j'ai complètement oublié mon chagrin. J'ai pris ma guitare et j'ai chanté *Le Petit voilier* dont il connaissait le refrain qu'il a fredonné avec moi. J'étais heureux et malheureux à la fois. Comme j'allais sortir de la chambre, il s'est adressé à son fils, assis sur la chaise à côté du lit :

– Donne ma chaise à Monsieur Noël, de toute façon je n'en ai plus besoin.

Surpris et touché :

– Bien non, ce n'est pas nécessaire.

– Je suis heureux de vous l'offrir, c'est moi qui l'ai fabriquée et je veux que vous vous souveniez d'avoir apporté du bonheur à quelqu'un qui n'y croyait plus.

J'ai toujours cette chaise au bout de la table de la salle à manger. On m'a offert beaucoup d'argent pour ce chef-d'œuvre d'ébénisterie, mais j'ai toujours refusé de la laisser aller.

J'ai annulé un spectacle en prétextant une laryngite, je n'avais vraiment plus le cœur à chanter. Dans le sous-sol de la maison de Pierre, il y avait un studio où on pouvait écouter des bandes sonores, ce qui à l'époque n'était pas commun. Alors Pierre me faisait écouter la chanson dont je cherchais encore les paroles. Tout à coup, je l'ai écrite d'un seul coup comme si quelques poètes disparus m'avaient envoyé un message de consolation.

Le lundi matin, je n'étais pas très animé, alors Paul Vincent m'a demandé :

– T'as pas l'air dans ton assiette, ça va pas ? Bien là t'es mieux de tomber sur tes deux pieds mon Paolo parce que tu entres en studio demain matin pour enregistrer la chanson que Colette t'a trouvée avec un producteur qui est très en demande en ce moment. Pis y'ont trouvé un traducteur qui a écrit les paroles françaises de ta chanson.

– Une petite minute, appelle Colette tout de suite, j'ai deux mots à lui dire.

– Qu'est-ce qui arrive, je pensais que tu serais content de la nouvelle ?

167

– Colette, tu sais très bien que j'écris les paroles de mes chansons. Je ne fais pas confiance aux traducteurs, ils sont tous pareils, ils traduisent mot à mot, ils ne composent pas. Il n'est pas question que je chante les paroles d'un autre, j'ai fait ma propre version.

Après l'émission, je suis allé retrouver Colette dans la discothèque. Elle a communiqué avec le producteur pour lui expliquer mes exigences.

Le lendemain matin, le disque était fait, mais ça n'a pas été facile pour moi. Les mots que je chantais étaient vrais, je les ressentais au plus profond de mon être. À un certain moment, j'avais l'impression que mon cœur allait s'arrêter tellement j'avais mal, on a dû recommencer plusieurs fois. Diane ne m'avait pas donné signe de vie, je commençais à m'inquiéter.

Quelques jours plus tard, en arrivant au travail, j'ai eu une belle surprise en ouvrant la porte du corridor : une femme me tournait le dos. Mais je reconnais sa belle chevelure acajou qui tombe sur ses épaules. Elle semble attristée, mais elle est là devant moi.

Je laïsse Diane raconter :

« Je commençais à douter de Paolo, je ne comprenais pas pourquoi il ne revenait pas tout de suite après son travail. De toute façon, j'avais du mal à dormir parce que je m'inquiétais tout le temps, j'avais peur qu'il ait eu un accident. Il avait toujours des excuses mais cette fois, ç'a été la goutte qui a fait déborder le vase.

Quand enfin Paolo m'aperçoit, son regard m'inquiète, on dirait qu'il n'est pas content de me voir. Je l'approche douce-ment, j'ai besoin de sentir son visage, son odeur, de me coller sur lui. »

Cette fois je ne la laisserai pas s'en aller, je vais la tenir si fort que rien ni personne ne pourra me l'enlever une autre fois.

Nous nous regardons. Je la prends dans mes bras, je l'embrasse sur la joue, me recule un peu pour lui dire combien elle m'a manqué. J'essuie de mes doigts cette petite perle de larme qui coule de ses yeux. Je la prends par la main et l'emmène avec moi dans le studio où pour la première fois, on fera tourner cette chanson qui lui est complètement dédiée.

> *Il est impossible que tu sois partie un jour pour moi, c'est impossible*
>
> *Il est impossible que l'on puisse souffrir d'amour autant, c'est impossible*
>
> *Et je t'attends, dans le silence, de ces longues nuits, perdu sans toi*
>
> *Ou je rêve que tu dors tout contre moi*
>
> *Oui c'est impossible*
>
> *Que l'océan vienne chanter ses marées sans toi, c'est impossible*
>
> *Que le soleil revienne chaque matin sans toi, c'est impossible*
>
> *Si je pouvais arrêter le temps qui court, et me tue chaque jour*
>
> *Brûler ma vie, tout ce qui m'attache à toi*
>
> *Oui mais c'est impossible*
>
> *Car je t'aime, il faut bien que le printemps revienne un jour*
>
> *On ne peut toute une vie, vivre de souvenirs*
>
> *Car la vie sans ton amour pour moi, est impossible... Impossible.*

Diane et sa sœur Hélène

Diane me parle souvent de sa sœur Hélène qui est partie vivre à l'étranger. Son mari travaille dans le domaine de l'hôtellerie, alors ils vivent quelques années dans chaque pays où il est embauché. Voilà près de huit ans que Diane n'a pas vu sa sœur qui vit maintenant au Pakistan. La seule façon de se contacter, c'est en s'écrivant et d'espérer que le courrier se rende. Hélène a une vie de princesse, ils rencontrent des gens comme le Président Nixon ou le Shah d'Iran. Elle nous envoie des photos d'elle en robe de soirée des plus élégantes, accompagnée de toute cette classe de monde. Ils ont des chevaux arabes pour Hélène qui est une très bonne écuyère. Un jour, Diane m'annonce que sa sœur lui demande d'essayer de lui téléphoner.

À cette époque, c'était toute une aventure. Nous avons fini par rejoindre Hélène. La conversation ressemblait à ça :

– Allo Hélène ! À toi.

– Allo Diane ! Il faut que je dise, à toi n'est-ce pas ? Hum… à toi.

– Comment ça va ? À toi.

Et chacune des filles pleure au bout du fil pendant que les minutes s'écoulent.

– Oui, et toi et le petit ? À toi.

– Est-ce que tu m'entends ? À toi.

– Diane, je rentre au Canada, mais je ne veux pas que tu sois surprise en me voyant. Est-ce que tu peux venir me chercher à l'aéroport de Dorval ?

Quelques mots, quelques pleurs pour enfin entendre la voix de sa sœur qui lui annonce la date de son arrivée au pays. Ces cinq minutes ont coûté 50 $.

À l'aéroport, on s'informe de l'arrivée du vol.

– Ah ! Monsieur Paolo Noël, vous venez pour l'arrivée de M. Félix Leclerc ? Suivez-moi, il est dans le salon VIP.

– Ah ! Félix est sur le même vol que ma belle-sœur !

– Quel est son nom ? Oui, Madame est dans le VIP, elle aussi.

Dans le salon, les deux sœurs s'étreignent longuement.

Et voilà que Félix m'aperçoit, c'est un Félix égal à lui-même, rien ni personne ne le dérange. Il passe à travers la dizaine de journalistes qui l'attendent et vient directement vers moi et me serre la main avec beaucoup de chaleur :

– Bin bonjour mon beau Paolo, comment ça va ?

Et tout en me prenant dans ses bras, il enchaîne :

– T'es en bien belle compagnie, c'est-tu pas gentil de venir à ma rencontre.

– Moi aussi, je suis content de te voir mais toi aussi tu étais en belle compagnie car ma belle-sœur était sur le même avion que toi.

Au tour de Diane :

Après avoir essuyé nos larmes, ma sœur me demande :

– Ton mari connaît bien Félix Leclerc ?

J'étais drôlement fière que ma sœur sache que mon mari n'était pas un chanteur saltimbanque, qu'il avait des amis importants et qu'il était un artiste apprécié ici au Québec. Pour mon frère Jean-Louis, ma sœur et moi, Félix Leclerc était le seul artiste québécois que l'on connaissait dans notre jeunesse.

Le choc que j'ai eu en voyant ma sœur ; elle et moi avions les cheveux longs, mais là je vois ma sœur toute maigre, seulement la peau et les os, et les cheveux coupés au plus court.

Plus tard, nous avons abordé le sujet de son apparence.

– Tu sais, Diane, quand je te racontais mes aventures d'équitation, eh bien, dernièrement en faisant une randonnée, j'ai rencontré un enfant abandonné et en très mauvais état.

– Comment savais-tu qu'il était abandonné ?

– Je connaissais sa maman et il vivait dans une hutte loin de là. Je l'ai ramené à sa mère et elle m'a dit qu'il était malade et qu'elle ne pouvait rien faire pour lui. Elle ne voulait pas qu'il entre dans sa hutte.

– Voyons donc, une mère ne se débarrasse pas de son enfant comme ça !

– Laisse-moi finir ! Tu sais comment je suis, j'ai amené l'enfant chez le médecin. Lorsque le médecin m'a vue, ce fut la panique totale. Les infirmières sont arrivées toutes couvertes de la tête aux pieds. Elles ont pris l'enfant et m'ont dirigée vers une pièce vide, de là on m'a dit de me déshabiller au complet. Le médecin a donné l'ordre de me raser de la tête au pied, les cheveux compris puis de me laver avec je ne sais trop quelle sorte de produit désinfectant si fort que ça me chauffait les yeux. On m'a expliqué que l'enfant était lépreux et qu'ils craignaient pour ma santé.

– Ah ! Hélène, toi pis ton bon cœur, tu as le don de te mettre les pieds dans les plats.

Quand ma sœur me raconte ses histoires, j'essaie de la convaincre d'écrire un livre sur sa vie. Elle a fait le tour du monde avec sa famille et vécu toutes sortes d'aventures, mais pour elle c'est du passé.

L'Île-Bizard

Mon enfance et mon adolescence font partie des plus beaux jours de ma vie car j'ai été gardée dans l'ignorance du mal et dans l'insouciance ; tout ce qu'il y avait autour de moi était beau, mes parents semblaient heureux et j'ignorais tous les mauvais côtés de la vie. Bien sûr que l'amour et avoir de beaux enfants c'est un autre beau côté de la vie, mais on sait ce qui vient avec.

Mes parents, Jean-Louis Bolduc et Mimi Dalbec Bolduc, ont déménagé à L'Île-Bizard en 1948 et acheté une maison, rue Patenaude, en 1952 ou 1953. Elle était bien située tout au bout de la rue, sur la pointe ; le terrain faisait une presqu'île au 150, Patenaude.

La première maison était une belle vieille maison en briques rouges de style canadien avec un bas-côté. Elle était située au bord du lac des Deux-Montagnes et au bout de l'allée du milieu de l'Île. Elle avait déjà 125 ans, devant il y avait un grand champ où notre chatte Froufrou chassait les souris et les ramenait en cadeau à ma mère. L'une des portes avait une poignée à claquet et le gros chat Domino, fils de Froufrou, trouvait le moyen, à force de taper dessus, de l'ouvrir.

Pour nous laver, maman faisait chauffer l'eau sur le poêle à bois et la versait dans une grande cuve en métal. À côté, il y avait une grange où nous jouions. Sur la mezzanine, on montait dans le vieux traîneau garni de clochettes, abandonné par ses anciens passagers. Cette grange était à côté d'une jolie mansarde habitée par une famille allemande, les Reinhold. Le père avait été prisonnier de guerre au Canada et il était resté au pays après sa libération. Je suis devenue amie avec Adie, elle avait cinq ans et moi, quatre, notre amitié a traversé le temps.

L'école était une petite bâtisse en bois ; il n'y avait qu'une seule classe, un peu comme dans *Les filles de Caleb*. Nos parents croyaient que cette école ne nous convenait pas et qu'il valait mieux que nous allions à Ville Mont-Royal.

Je me souviens surtout de la cueillette des haricots, dans une ferme, pas très loin. Maman conduisait tout ce beau monde, mon frère, ma sœur, Adie et moi assis en arrière, accompagnés de Mme Reinhold, assise en avant avec Lottie, la petite sœur d'Adie et le bébé, Mary aux cheveux blonds bouclés, dans les bras de sa maman et le carrosse en osier dans le coffre arrière. Nous étions payés trois cents la poche pour cette récolte.

Le dimanche, tout le monde se rendait à la messe. Il y avait le policier haut comme trois pommes. Que pouvait-il bien faire à part marcher la tête haute comme un coq ? Je ne sais pas, mais il semblait vouloir montrer qu'il était occupé. Tout le monde était endimanché, les hommes en habit, chemise blanche et cravate, et les dames vêtues de robe et chapeau. Venaient ensuite les deux vieilles filles qui faisaient leur entrée, presque royale, car elles remontaient l'allée du milieu jusqu'aux bancs réservés pour elles. Je me souviens que je ne pouvais m'empêcher de les dévisager, elles avaient l'air de sortir d'un conte. Rondelettes, les seins tombants, le ventre proéminent et les fesses rebondies, ça faisait bedoum bedoum d'un côté à l'autre. Elles étaient vêtues de robes identiques qu'elles gardaient sans doute dans la naphtaline depuis 40 ans. Pour la coupe de cheveux, elles déposaient sans doute un bol sur leur tête et faisaient le tour. Pour embellir cette jolie coiffure, leur chapeau ressemblait à une assiette, le tout garni de boucles d'oreilles et d'un collier faits avec un ancien chapelet.

Après la messe, les gens se rassemblaient sur le perron pour échanger les dernières nouvelles. Plus bas, il y avait la bonne femme taxi qui attendait un client éventuel avec sa vieille voiture des années 1920.

Avant de retourner à la maison, nous avions un rituel, il fallait absolument aller à la ferme du village acheter de la crème et des œufs frais chez l'habitant. Mon Dieu que c'était bon !

Quand est venu le temps d'aller à l'école, je me souviens que les premières années, j'en ai voyagé un coup. Tous les matins, notre père nous emmenait à la gare de Cartierville, de là on se rendait à Ville Mont-Royal pour aller à l'école élémentaire qui était à quelques coins de rue de la résidence de nos grands-parents.

– Debout ! Si t'es pas prête à 7 h, tu marcheras !

Le capitaine du 22ᵉ Régiment venait de me réveiller sans trop de douceur. Tous les jours, c'était la même rengaine. Papa conduisait sa petite Volkswagen verte et se rendait à Atlas Asbestos rue Hochelaga où il était directeur du personnel.

Tous les matins, il allumait une cigarette et je trouvais que ça sentait bon. Le soir, après avoir pris le train, il fallait prendre l'autobus Provincial qui nous laissait devant le pont de L'Île-Bizard. On devait marcher trois milles tous les jours, beau temps, mauvais temps, jusqu'à la maison. Parfois il faisait tellement tempête qu'on allait se cacher sous des galeries pour nous cacher du froid ; on ne voyait plus la route. Un jour, M. Théoret, un cultivateur, nous a trouvées et nous a accueillies dans sa maison.

Mais quand le temps était plus clément, c'était une autre aventure, car il y avait une maison qui nous faisait peur. On priait pour que la folle ne soit pas dehors. Une si jolie maison de pierre habitée par des gens très bizarres. Ils avaient une voiture qui démarrait à la manivelle, tout était sale autour. Si on avait le malheur qu'elle soit dehors, elle nous menaçait avec un fusil et le chien nous poursuivait.

Quand on arrivait devant la ferme des Paquin, c'était le soulagement. Mme Paquin était toujours gentille et accueillante et elle avait les meilleures pommes McIntosh du monde entier. Il devait nous rester encore plus d'un mille à monter, descendre, monter, descendre et on passait devant la rue des Érables où les parents d'Adie avaient eux aussi acheté une maison, un petit bout de forêt des deux côtés et enfin la rue Patenaude, la dernière juste avant la courbe qui mène au traversier.

Par la suite nos parents ont pensé qu'il valait mieux que ma sœur et moi devenions pensionnaires au couvent. Nous avons donc commencé une nouvelle année scolaire au pensionnat de Sainte-Anne-de-Bellevue.

J'y suis entrée le 23 septembre, jour de mon huitième anniversaire. Heureusement que ma grande sœur était avec moi. Les dortoirs de lits blancs alignés avec, entre chacun d'eux, une table de chevet sur laquelle il y a un vase et un bassin qu'on utilise pour se débarbouiller. Réveil brutal à 6 h pour aller à la messe avant de manger. Nous portions tous le même uniforme, soit des tuniques noires en laine avec un col dur de plastique. Puisque nous venions d'une famille bien nantie et instruite, on nous apprenait les choses les plus importantes dans ce milieu, soit les bonnes manières et le savoir-vivre.

Un beau jour, peut-être au cours de la deuxième semaine, car il faisait encore très chaud, nous venons nous asseoir au réfectoire. Hélène est assise à l'autre bout de la table avec les élèves de son âge, tout en gardant un œil attentif sur moi. Elle remarque la religieuse qui m'a prise en grippe. Elle passe à côté de ma sœur en laissant son odeur puante toujours pareille. Elle a accroché à sa ceinture un ciseau qui balance sur sa tunique et agace ma sœur.

Cette religieuse arrive justement à moi et me prend par les cheveux. Elle trouve une raison de m'accuser d'un règlement non suivi, je n'ai pas mis mes mains sur la table.

– T'es-tu fatiguée, tu veux-tu aller te coucher ou veux-tu manger ? Alors je vous défends de vous appuyer sur vous en mangeant ! Les mains c'est sur la table.

Voilà que la religieuse me traîne vers trois autres religieuses assises au centre de la salle dans des fauteuils et m'oblige à me mettre à genoux devant elles et à demander pardon à Dieu d'avoir joué avec mon corps.

Quel esprit tordu ces femmes avaient.

Après le repas, ma grande sœur est venue me chercher et on s'est sauvées du couvent. Deux petites filles, une de douze ans et l'autre de huit, parties vers L'Île-Bizard. Le chef de gare et son épouse nous ont donné un verre de lait et un morceau de gâteau, ils ont téléphoné à notre mère pour qu'elle vienne nous chercher.

Ensuite, Maman nous a placées au couvent de Sainte-Geneviève. Pourquoi nos parents ont-ils choisi le pensionnat ? Je n'en sais rien.

Plus tard, nous avons étudié à l'école Immaculata de Ville Saint-Laurent, une école anglaise, nous avons continué à étudier en anglais et nos amis parlaient tous anglais. J'avais même juré de ne jamais marier un Canadien-français. Nous voyagions en tramway jusqu'à Cartierville. Ensuite, après une année de pensionnat au couvent d'Outremont, j'ai pu finir mes études à l'école St-Thomas High School de Pointe-Claire qui offrait le transport scolaire.

Toute petite, mon amie Adie Reinhold ne parlait ni français ni anglais. Elle a fréquenté la petite école du rang. Adie a fait des études universitaires, parle couramment le français, l'anglais et l'allemand et elle est devenue millionnaire. Pas moi !

Nous avions quelques amis en plus d'Adie, il y avait les Jenny et Tony Close qui vivaient de l'autre côté de l'Île, ainsi que les Hill et Roby Cook sur le bord de la rive en face des Paquin et Jean-Guy Bourgeois avec ses parents avaient une résidence d'été. Les Racine demeuraient dans une maison de style mexicain qui était très exotique, Francine Marsolais habitait, elle aussi, rue Patenaude, mais seulement l'été, ainsi que Marc Leblanc, un ami de mon frère depuis l'école Immaculata. Nos parents nous laissaient recevoir nos amis, on chantait, on dansait et l'un deux jouait du piano, il pouvait nous accompagner en jouant toutes les chansons que l'on choisissait. Il avait une MG bleu poudre et nous avait fait faire une promenade, deux en avant et quatre en arrière, dont deux sur le coffre de la voiture. On faisait du ski nautique et d'autres, comme nous, faisaient de la voile. L'hiver, mon père préparait la glace et avait ajouté un projecteur pour que nous puissions patiner le soir.

Contrairement à Paolo, j'ai eu une belle enfance entourée de beauté, de confort et d'abondance.

Un défi : la Place des Arts

Les mois passaient et je travaillais toujours à la radio, les cotes d'écoute étaient très bonnes.

Depuis quelques semaines, on insistait pour que je fasse tourner les disques du chanteur français Éric Charden. J'ai posé la question au patron.

– On vient de signer un engagement avec Éric Charden pour un spectacle à la Place des Arts.

Après un mois de promotion, les billets pour la Place des Arts ne se vendaient presque pas. C'était la panique dans le bureau de production de la maison, il fallait trouver un artiste capable de remplacer Charden au plus vite. Un jour, je reçois un petit message qui me demande d'aller voir Pierre David après l'émission. Pierre m'invite à m'asseoir devant sa table de travail placée au milieu d'un tas de papiers et d'affiches d'artistes éparpillées un peu partout. Il me scrute derrière ses grosses lunettes de corne brune.

– Tu vas remplacer Éric Charden à la Place des Arts.

– Es-tu tombé sur la tête ? J'ai pas de baguette magique pour monter un *show* en deux mois !

– Paolo on va le faire, on est sûrs que tu vas réussir à trouver le moyen d'y arriver.

Il me tend le contrat, je signe avec les mêmes conditions que celles de Charden.

À la maison, Diane me dit :

– Je suis bien contente, ça va te changer des maudites boîtes de nuit où tu passes ton temps à respirer de la fumée et à chanter pour des clients à moitié soûls. Il va falloir annuler tous les contrats de cabarets d'ici la Place des Arts et te concentrer sur ce beau projet, si tu veux réussir. Tu vas ralentir les *Happy Hour* les jours de semaine, si tu veux monter tes notes sans te casser la gueule devant tout le monde.

– Ouille c'est plate ! Je me suis embarqué dans une aventure qui me fait un peu peur, mais je veux y arriver.

Je n'ai pensé qu'à ça, jour et nuit, j'en faisais des cauchemars, je rêvais que je me retrouvais nu sur une scène, la guitare à la main sans pouvoir faire sortir un seul son de ma gorge. Je réveillais Diane en faisant des mouvements brusques, elle me parlait doucement et je finissais par me rendormir.

Pendant une rencontre avec les organisateurs, je me suis souvenu d'Yves Vincent avec qui j'avais enregistré mon dernier disque, *Il est impossible,* qui était en très bonne position au palmarès. Yves Vincent n'était pas très connu, mais il avait un grand talent d'écrivain et d'arrangeur musical, et il était aussi un bon chef d'orchestre. J'ai insisté et les patrons ont compris que je devais me sentir en sécurité sur scène, ce n'était pas le temps de faire des pirouettes avec un musicien qui ne connaît pas ta façon de travailler.

Quant au nombre de musiciens, j'ai demandé :

– Combien de musiciens accompagnent Frank Sinatra quand il chante à Las Vegas ?

– Vingt, pourquoi cette question ?

– Parce que depuis le temps que j'écoute les grands chanteurs américains à la radio et que je les vois à la télé, je suis charmé par la musique qui soutient leur voix, qui semblent danser sur des notes de trombone, de trompette et de violon. Pour une fois dans ma vie, je veux 20 musiciens pour réaliser mon vieux rêve.

Et j'entends à l'unisson :

– Paolo, es-tu devenu fou ?

Pierre ajoute, les yeux effarés :

– Sais-tu ce que ça va te coûter ton beau grand rêve ? Tu vas manger toute ta recette et même plus.

– Je m'en fous, je n'ai pas accepté la *job* pour faire de l'argent. Et même si je dois en débourser, je le ferai avec plaisir. Tout ce que je veux, c'est d'être aussi bon que les chanteurs américains, une seule fois dans ma carrière.

Ma demande n'a pas fait l'unanimité ; en plus, j'ai exigé d'avoir les trois musiciens avec qui je travaillais. Pour la mise en scène et l'éclairage, j'ai fait appel à mon ami Serge Deschenaux qui a travaillé pour la fameuse revue *Hair* et qui, ensuite, a travaillé pour Harry Belafonte, Tony Bennett et Nana Mouskouri. Ensuite, on s'est perdus de vue comme ça arrive souvent dans ce métier.

À la Place des Arts, des gens sont désignés pour transporter les instruments de musique et les vêtements de l'artiste, tout comme il y a des habilleuses. Dans mon cas, l'habilleuse était inutile, avant un spectacle, seule ma femme peut me toucher ou me parler.

La première partie du spectacle s'est passée comme par magie. Les gens applaudissaient et je me suis senti soulevé comme par une vague qui aurait emporté mon voilier pour une course autour du monde.

En entrant dans ma loge après la première partie, Diane m'a embrassé, je l'ai serré très fort dans mes bras et je me suis mis à pleurer de bonheur.

Diane m'a lu une lettre d'un couple qui m'avait envoyé une douzaine de roses.

« Merci d'avoir écrit les paroles françaises de cette chanson qui nous a réunis à nouveau, mon mari et moi. Voyez-vous pendant que je vivais aux États-Unis, j'entendais cette chanson de Perry Como et mon mari, lui, écoutait cette même chanson ici au Québec, mais avec des paroles en français.

Depuis, nous nous sommes retrouvés car tous les deux, on souffrait de ce mal décrit dans cette chanson. Elle a fait revivre notre amour qu'on croyait perdu, et maintenant nous sommes plus amoureux que jamais. »

En deuxième partie du spectacle, le ton a changé. Je pense que je dois être le premier chanteur québécois à avoir fait du Western, du Country, à la Place des Arts. J'ai chanté *Quand le soleil dit bonjour aux montagnes* et j'ai invité la salle à chanter ce qu'elle a fait en chœur.

Je n'ai eu qu'une seule mauvaise critique. Et malgré que la salle ait été remplie, j'ai perdu 600 $, l'Union des artistes m'ayant réclamé son dû sur mon profit, je lui ai demandé si dans le cas contraire elle m'aiderait à payer la dette.

Diane avait dessiné les costumes que le couturier le plus populaire de l'époque, Yvon Duhaime, avait réalisés.

Les cotes d'écoute

Quand est arrivé enfin le dévoilement tant attendu des cotes d'écoute des émissions les plus populaires, ce fut une explosion de joie et de hourras, non seulement pour les animateurs, mais pour toutes les équipes qui travaillaient derrière nous en silence. Les discothécaires, techniciens, secrétaires, réalisateurs, vendeurs : tout le personnel était invité à une belle réception par les patrons.

Le champagne, les alcools et le buffet étaient excellents. Je me dirige un peu à l'écart pour parler avec Rocky Brisebois, un commentateur, grand amateur de sport nautique et de pêche, un homme qui gagnait à être connu. On était rendus loin dans nos voyages lorsqu'arrive une femme que je ne connaissais pas. Rocky qui lui tourne le dos ne la voit pas venir :

– Je pense qu'il y a quelqu'un qui te connaît et qui veut te parler.

Diane, tout en beauté, pose en tant que mannequin. Crédit photo : Daniel Poulin

*Les **Raftmen** de Gatineau. Paolo sur les billots.* Crédit photo : Studio Marcel

Mon ami, Ti-Cul Gervais, venu m'aider à faire les dernières retouches avant la mise à l'eau.

Le pont avant du Jacandre.

Paolo et Diane
à la barre.

Voyage aux Bahamas.
Les gars s'amusent
à arroser les passants.

Diane au travail.

Vanessa, le contremaître,
qui surveille le calfat.

Tino qui prépare la potée
de remplissage à joints
pour le bateau.

Mes trois enfants de mon premier mariage :
Johanne, Mario et Ginette.

Mes retrouvailles
avec ma fille Johanne.

Danger pour la société, *le film dans lequel j'ai tenu
un rôle et écrit la musique.*

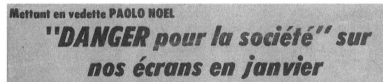

Mettant en vedette PAOLO NOEL

"DANGER pour la société" sur nos écrans en janvier

Le film "Danger pour la société" qui a été produit par Jean Martinbeau sera visionné pour la première fois au théâtre St-Denis à la mi-janvier. Cette production met en vedette

Paolo Noel, Carole Lemaire, Roland D'Amour et Rita Bibeau. France Film s'occupe de la distribution de "Danger pour la Société". Tout ce qu'on a pu obtenir comme renseignement sur

l'intrigue de cette production, c'est qu'il s'agit d'un film policier. Il ne nous reste plus qu'à attendre patiemment le soir de la première.

Une des séquences du film "Danger pour la société" où Paolo Noel tient le rôle principal.

Hélène, la sœur de Diane,
toujours habillée comme une princesse
(la 5e à partir de la gauche).

Diane et sa sœur Hélène qui se retrouvent
après plusieurs années.

Hélène qui défile à Acapulco.

La maison de Diane à L'Île-Bizard.

Le frère de Diane, Jean-Louis, avec Diane
et Constantino à L'Île-Bizard.

Hélène, Jean-Louis et Diane
en patins à L'Île-Bizard.

Diane et Adie sur le pont
du Pêcheur d'Étoiles.

Adie, l'amie d'enfance de Diane.

Elle me dévisage avec des yeux agressifs.

– Écoute-moi, toi le *frais chié*, j'te regarde depuis le début du *party*, c'est comme s'il n'y avait rien que toi dans la place !

Rocky qui l'observait et qui ne semblait rien comprendre, tout comme moi, lui dit sur un ton plus sévère qu'amical :

– Bon, on t'a pas invitée, tu nous déranges alors sacre ton camp. On t'a assez vue et je vais te donner un petit coup de main. Ça va, fais de l'air !

Il la prend par le bras et la pousse sans vraiment la brusquer. Elle se libère de son emprise et dégage son bras avec force.

– Hé ! lâche-moi. C'est pas avec toi que j'veux parler.

Et en pointant son doigt sur moi :

– Tu t'es pas vanté que t'as un fils handicapé mental !

J'allonge le bras droit et je lui prends la figure de la main, je la pousse assez fort qu'elle tombe sur la table où étaient étalés tous les desserts. Pendant qu'elle glisse, elle enchaîne à haute voix ses injures.

Tout le monde croyait que je l'avais agressée. Pendant que Rocky essaie de me calmer alors que je pleure quasiment de rage devant tous les employés qui ne comprennent rien de ce qui vient de se passer, un homme vient prendre la part de la fille.

– Paolo, embarque pas dans son jeu. Tu vas te causer des troubles. Qui sait c'est peut-être un coup monté !

Et le gros Rocky plaidait en ma faveur devant tout le monde en expliquant que la fille m'avait insulté.

Mon fils Mario, issu de mon premier mariage, n'avait absolument rien d'un retardé mais il avait une petit défaillance due à un accouchement difficile. Je n'ai jamais abandonné mes enfants. À 83 ans, je vis entouré d'amour et d'affection que me donnent mes cinq enfants, mes onze petits-enfants et mes sept arrière-petits-enfants.

La vie avec une adolescente

À travers toutes nos occupations, il y avait aussi une famille. Diane, malgré ses 23 ans, s'occupait de notre fils de 3 ans et d'une adolescente de 16 ans, ma fille Ginette de qui nous avions eu la garde légale.

Un jour, la gardienne de Constantino, Madame Larose, nous informe qu'un de ses fils a vu Ginette en train de parler avec un groupe de jeunes motards pas très recommandables et qu'on devrait y voir.

– Je vais y aller immédiatement.

– Fais attention, commence pas à te batailler.

– Sois pas inquiète je vais seulement aller chercher ma fille.

Me voilà parti, j'essaie de me calmer pendant que je roule sur la petite route qui longe la rivière Richelieu et pense à ces jeunes loups, ils vont avoir une grande surprise.

J'aperçois les motos et quelques jeunes garçons qui se chamaillent pour jouer aux durs devant les deux petites demoiselles (ma fille et son amie) qui sont bien sûr impressionnées. J'essaie d'avoir l'air calme.

Je m'approche d'eux et dis à ma fille :

– Va m'attendre dans l'auto, j'en ai pas pour longtemps.

Celui qui semble être le chef du groupe s'approche. Sans hésiter, je lui lance sur un ton sec :

– Toi, tu t'arrêtes là ! C'est ma fille pis toi, pis les autres vous êtes mieux de ne plus tourner autour d'elle sinon ça va aller mal, pis je vous avertis, la prochaine fois ça va faire vraiment mal. J'espère que vous avez compris !

J'ai reculé de quelques pas, tout en me méfiant du grand devant moi qui me dévisageait en silence, depuis le début, avec un air sournois. Je retourne à ma voiture où Ginette m'attend l'air tout apeurée comme si j'allais l'engueuler. J'ai mis la voiture en marche et ce n'est qu'en arrivant à la maison que je lui ai expliqué les dangers qu'elle courait en se mêlant à ce genre de voyous.

– J'espère que tu comprends que ce n'est pas parce qu'on veut te garder prisonnière à la maison. Il faut simplement trouver une solution logique pour te rendre la vie agréable.

En entrant dans la maison, j'enchaîne :

– Tu sais Ginette, je sais que c'est tout un changement pour toi de venir vivre à la campagne. C'est pas tellement excitant de vivre dans une petite maison, entourée de fermes avec les vaches qui broutent dans les champs pendant que toi, tu rêves de ton prince charmant qui, un jour, t'emmènera sur son beau cheval blanc. Mais pour y arriver, il te faudra de la patience.

J'entends une voix qui nous dit que le souper est servi :

– On est mieux d'y aller, sinon tu sais ce qui nous attend : la famine.

Lorsque Diane nous invite à table pour le repas qu'elle a cuisiné avec patience et amour, si on ne répond pas immédiatement à son invitation, c'est frustrant, car pour elle, la cuisine, c'est sacré et sérieux. Diane cherche constamment à se perfectionner dans son art en fouillant dans toutes sortes de livres de cuisine, mais aussi quel plaisir de prendre un bon repas dans un aussi beau décor fait de simplicité et d'harmonie avec la nature qui nous entoure. D'abord la petite table ronde et ses quatre chaises, devant la fenêtre, qui donne sur la rivière Richelieu, illuminée par un soleil couchant aux teintes multicolores, miroitantes sur l'eau.

L'heure du repas, c'est aussi le lieu où les enfants ont le droit de parler et de raconter leur journée.

– Tu sais Paolo, j'ai vraiment eu peur tout à l'heure. J'avais tellement peur que tu aies ce fameux déclic, j'ai jamais oublié la fois au Lac-Saint-Jean.

– Quelle fois ?

– T'as oublié quand j'étais enceinte de Tino et que le gars m'avait traitée de vache parce que notre auto bloquait le passage de sa voiture. Alors que je n'étais même pas dans le siège du conducteur.

– Ah ! oui, le gars qui n'était pas capable de voir que tu étais enceinte. Ça me met hors de moi.

– Qu'est-ce qui s'est passé papa ?

– C'est un peu ce que j'essaie de te faire comprendre Ginette. Je ne peux pas supporter que quelqu'un blesse les êtres que j'aime. S'il avait fallu que ça tourne mal tout à l'heure, j'aurais pu faire une bêtise, qu'on aurait peut-être regrettée toute notre vie. Ces gens-là sont dangereux.

– J'ai même pensé téléphoner aux amis de ton père pour qu'ils viennent l'aider. Le problème c'est qu'ils savent où nous vivons et pourraient s'en prendre à toi quand ton papa n'est pas là. J'ai pensé à quelque chose, une idée comme ça, tu nous diras si ça te plairait Ginette. Moi j'ai été pensionnaire au couvent d'Outremont et même si je me suis ennuyée de mon Île-Bizard, j'en garde un bon souvenir parce que je me suis fait de très bonnes amies, des personnes que je n'aurais jamais rencontrées ailleurs. Quand je parle de mes amies mexicaines, elles étaient 13, toutes de familles très riches, leurs familles les avaient envoyées dans ce couvent pendant un an pour apprendre l'anglais. L'une d'elles s'appelait Maria Eugena Alarcon, son père faisait des corridas à travers le Mexique. Il y avait Yvonne Dominge, elle, son couvert était en or 18 carats, mais j'étais la seule de notre pays qui se tenait avec elles, c'est comme ça que j'ai appris un peu l'espagnol.

Nous étions à peu près 15, c'était une classe anglophone, il y avait moins d'élèves que dans les classes francophones.

Une autre s'appelait June O'Connell, sa famille possédait un ranch près de Sainte-Geneviève, si tu avais vu les écuries, plus propres que bien des maisons. Son papa avait une salle immense où il exposait pour son plaisir personnel des anciens carosses, des voitures de pompiers, de police et il avait aussi quelques automobiles, parmi les toutes premières. Il y avait aussi un immense hangar dont le sol était couvert de sable et où on pouvait faire de l'équitation tout l'hiver.

Ses parents avaient une résidence sur le mont Royal, j'y suis allée manger. Un employé nous servait à table et un chauffeur nous a promenées dans les rues de Montréal dans une Cadillac avec un toit en verre transparent. Sa famille avait prêté cette voiture à la Reine Élizabeth lors de sa visite, tu t'imagines ! Remarque que ces enfants-là sont plus souvent seuls, d'ailleurs je n'ai jamais rencontré ses parents.

Enfin disons que je ne m'ennuyais pas. Est-ce que tu penses que tu voudrais risquer d'être pensionnaire et tu reviendrais la fin de semaine à la maison ?

On lui a laissé du temps pour réfléchir. Ce samedi ensoleillé, on a décidé de couper le gazon qui commençait à avoir l'allure d'un champ d'avoine. Je m'occupais de la tondeuse et les filles travaillaient dans le jardin et nettoyaient les plates-bandes autour de la maison.

Sur le Chemin des Patriotes, la fin de semaine, il y avait beaucoup de jeunes promeneurs en voitures qui klaxonnaient en voyant deux belles filles. Ginette s'amusait de voir qu'elle pouvait attirer l'attention. Pendant ce temps-là, je poussais ma tondeuse avec énergie pour faire un peu d'exercice. Après le repas, je vais m'étendre dans le grand divan du salon pour la sieste.

Je suis réveillé par un bruit de tonnerre, je m'assois en me frottant les yeux. J'entends des voix, je me rends à la porte de la cuisine et vois à travers la vitre, nos amis les motards qui s'adressent à ma fille.

– Eh ! Ginette, viens faire un tour, tu vas voir qu'on sait comment avoir du *fun* nous autres. Pis emmène la grande sexy qui est avec toé, on va lui montrer c'est quoi un vrai homme.

En vitesse j'attrape ma Winchester 44-40 qui est à côté du foyer, je la charge et sors pieds nus dans le gazon, je m'approche du plus grand.

– Ici t'es chez nous, sur mon terrain, tu t'en vas où je tire dans ton *muffler*. M'as-tu compris ?

Toute la bande se met à rire en criant :

– Y pense qui va nous faire peur avec sa carabine à plomb !

À première vue, elle n'est pas grosse parce c'est une anti-quité, je l'ai eue en cadeau d'un commanditaire. Elle date de 1892, à l'époque de la conquête de l'ouest, mais le mécanisme est neuf et sécuritaire.

Pour leur montrer que c'est bel et bien une arme, j'ai tiré au-dessus de leurs têtes et je recharge immédiatement pour la pointer sur sa moto. Après un moment de silence, les yeux du grand baveux se sont agrandis. Tout à coup, on entend « boum » un peu plus fort que celui de mon arme, tout le gang se retourne. Mon voisin d'en face, Jacques, qui est le calme et la gentillesse mêmes, est là avec son gros fusil de chasse à pompe.

– T'as-tu du trouble Paolo ? J'pense qu'ils sont trop nom-breux pour s'attaquer à un seul homme. J'attends ton signal et je vais t'aider à faire le ménage. Ils ont dérangé mes vaches et j'aime pas ce genre de gars-là

À l'instant même, on a vu un nuage de poussière comme si une tornade venait de passer. On a ri comme des fous, Ginette me dit :

– Papa c'était le *fun*, c'était pareil comme dans un film.

Je laisse Diane raconter la suite.

Finalement, Ginette a accepté d'aller au couvent, rue Rachel, chez les sœurs de la Congrégation à Montréal. Un dimanche soir, je suis allée reconduire Ginette au couvent dans la belle Jag. Nous avions l'air de deux sœurs, la belle petite Ginette, blonde châtain de 16 ans, et moi , du haut de mes 23 ans, mannequin aux cheveux roux cuivré qui tombent en bas des épaules. Nous roulons dans une voiture luxueuse, ça devait être plutôt attirant pour des gens qui cherchaient à mal faire. Près du pont Jacques-Cartier, une voiture semble me suivre, que je ralentisse ou que j'accélère, la voiture reste en parallèle, et je commence à sentir la soupe chaude.

– Ginette ne les regarde pas, s'il te plaît.

Trop tard. J'essaie de lui expliquer que c'était plutôt dangereux pour nous d'attirer leur attention. Elle rit parce que ça l'amuse, moi je commence à trouver ça moins drôle. Ils me suivent jusqu'au couvent. Je stationne devant les portes du couvent et sors de l'auto en même temps que Ginette, et nous rentrons tous les deux. J'ai demandé aux religieuses si je pouvais rester le temps que ces voyous se fatiguent d'attendre et partent.

J'ai cru que je pouvais repartir, nous n'étions pas à l'ère du téléphone cellulaire ni du 911, je n'ai pas pensé à demander de l'aide du couvent.

Ils m'attendaient au coin de la rue. J'ai eu tellement peur que j'ai oublié où était le poste de police devant lequel je passais toutes les semaines.

J'ai eu l'idée de me rendre au Canal 10, ou CFTM, rue Alexandre-de-Sève. J'ai filé à toute allure le pied au fond en ralentissant à l'approche des stops. Devant l'édifice, je suis sortie en courant et j'ai demandé de l'aide aux techniciens :

– Regardez, c'est eux qui passent !

La téléphoniste a appelé la police qui est arrivée presque tout de suite. Un des techniciens avait noté le numéro des plaques. Et pour assurer ma protection, un détective genre armoire à glace m'a suivie avec sa voiture jusqu'à ce qu'il ait cru bon de me laisser partir en sécurité. On a appris par la suite qu'il s'agissait d'un groupe à la recherche de sensations fortes.

Le divorce

Je travaille dans la cour sur le mât d'artimon de mon bateau, soit le petit mât qui est derrière la timonerie. Je l'ai installé sur des chevalets derrière la maison à l'abri des gens qui passent. Je brûle la vieille peinture au chalumeau pour ensuite sabler et vernir le bois afin qu'il soit élégant. Je suis si heureux de faire ces petits travaux, chaque petit détail nous rapproche de notre rêve commun : partir un jour.

J'aperçois Diane qui vient vers moi. À son regard et à sa démarche, je vois que quelque chose ne va pas. Je dépose mon outil et je vais à sa rencontre. Elle pleure. Elle me tend une page du *Montréal Matin*, celle qui est dédiée au potinage artistique.

Je lis dans la chronique de Jean-Paul Sylvain ce qui suit :

« J'ai eu le plaisir de rencontrer un couple bien particulier sur la rue Sainte-Catherine, ils marchaient main dans la main comme de jeunes amoureux. Qu'ils étaient beaux à voir. Il s'agissait de Paolo Noël et de sa jolie maîtresse, Diane Bolduc. »

Je ne voyais pas trop.

– Paolo, est-ce que tu sais lire ?

– Bien oui. Qu'est-ce que tu veux dire ?

– Je veux dire que je ne suis pas ta maîtresse, je vis avec toi et partage ta vie le jour comme la nuit, pour le meilleur et le pire. Rappelle-toi, nous vivions encore dans la cabane à ce moment-là et nous sommes allés à Montréal. On faisait du lèche-vitrine. On s'est arrêtés devant une petite boutique sur la rue Sainte-Catherine. Tu es entré et tu m'as acheté une petite bague en argent avec des turquoises que je porte toujours. Tu m'as demandé en me passant la bague au doigt : « Acceptez-vous de prendre pour mari un marin nommé Paolo pour le meilleur et pour le pire, pour la vie ? » Et j'ai répondu oui et on s'est embrassés devant les passants qui semblaient jaloux de notre bonheur. À partir de ce moment, je me suis considérée comme ton épouse devant Dieu et je me fous des hommes et de leurs lois.

Je suis resté bouche bée. Je lui ai dit :

– Alors on va se marier pour vrai et je vais essayer de ne plus te faire de peine. Mais je pense qu'il faudrait d'abord que je divorce.

– C'est pas compliqué, on va prendre un rendez-vous avec Reevin, notre avocat. Il va nous dire comment procéder.

Peu de temps après, j'ai pris contact avec notre avocat et ami, Reevin Pearl, pour discuter des procédures d'un divorce avec mon épouse de qui j'étais séparé légalement depuis 15 ans.

– Bonjour Paolo, quoi de nouveau ?

– D'abord bonjour. Et je t'annonce que je veux divorcer, parce que je veux marier Diane.

– Ah Paolo ! Chanceux parce que, moi aussi, j'aurais bien aimé la marier. Je vais être obligé de te défendre et surtout de gagner cette cause. Je ne veux pas que Diane ait de la peine à cause de moi.

– Reevin, je te remercie de ton courage et de ta générosité. Alors quand est-ce qu'on se rencontre pour discuter de ça ?

– Qu'est-ce que tu dirais si on allait discuter de tout ça dans un bon petit resto cinq étoiles ? Vous êtes mes invités. OK Paolo ?

– Reevin, tu me mets un peu à la gêne. J'accepte, mais c'est moi qui paye le vin et les autres consommations, s'il y en a.

– D'accord, on fait ça demain soir. Venez me rejoindre à mon bureau pour l'apéro et on prendra ma voiture pour aller au resto.

Je m'empresse de raconter à Diane la conversation. Elle rit :

– Paolo ! Tu vois tu es mieux de me marier le plus tôt possible parce que Reevin est prêt à te remplacer.

– Ça ne m'inquiète pas beaucoup, tel que je te connais, t'es pas attirée par l'argent, pis encore moins par des représentants de la loi. Mais pour être plus sûr de mon affaire, on va regarder tout de suite la date approximative du mariage.

Pendant le rendez-vous, le lendemain, Reevin me demande pourquoi je n'ai jamais pensé au divorce ? Je lui ai répondu que j'avais perdu confiance.

– Mais là Paolo, la situation est différente avec Diane. Premièrement, vous avez un bel enfant qui, par la loi, est illégitime tant et aussi longtemps que vous ne serez pas mariés[10].

Le restaurant cinq étoiles était le resto La Mère Tucker que je connaissais par son grand chef Pol Martin qui a été, si je ne me trompe pas, le premier chef à faire des recettes à la télé, à *Toast et café*. Ce fut une soirée très agréable où nous n'avons pas parlé que de divorce, mais aussi de bateaux et de chevaux.

À l'époque, il fallait avoir une preuve d'adultère pour obtenir un divorce. Dans mon cas, la preuve était déjà faite alors que je vivais avec Diane en concubinage public « à pleines pages des journaux ». Lorsqu'on a annoncé mon nom pour me

---

10. Avant 1981 et le changement de Code civil, les enfants nés hors mariage étaient considérés comme illégitimes.

présenter devant le juge, j'ai eu droit à des applaudissements ; le juge et tous les préposés de la cour ont bien souri.

Je ne me sens pas très à l'aise, surtout quand il faut se rendre à la barre des témoins. Il fallait voir le jeune avocat qui représentait mon épouse, il avait travaillé fort sur son plaidoyer en m'accusant de toutes sortes de calamités et d'infidélités envers mon épouse, tout en gesticulant et me pointant du doigt. Le juge se tourna vers moi :

– M. Noël, je peux vous poser une question indiscrète ? Vous êtes séparés depuis combien d'années ?

– 15 ans, votre honneur !

– Est-ce que vous êtes gai ?

– Non, votre honneur.

Alors, se tournant vers le jeune avocat :

– Écoutez-moi maître. Après 15 ans de séparation, je pense que c'est inutile d'accuser M. Noël de quoi que ce soit puisqu'il n'est pas un curé, il est normal qu'il ait une partenaire pour partager sa vie. J'ai ici devant moi le montant d'argent qui clôt ce plaidoyer inutile et j'accorde à M. Noël le divorce de son épouse Thérèse Picard. C'est l'heure du lunch et j'ai faim, je n'ai pas eu le temps de déjeuner.

La cour se retire pendant que les gens applaudissent et je regarde Reevin qui n'a pas dit un mot :

– Où est-ce qu'on va dîner Reevin ?

– Au resto avec M. Le Juge.

– Comment ça ?

– Il veut que tu signes des autographes pour ses petits-enfants.

J'étais soulagé d'un poids que je traînais depuis toutes ces années.

Diane, de son côté, s'occupait de sa sœur. Je la laisse raconter.

Ma sœur était en transit pour le Mexique où son époux allait travailler à l'ouverture du Princess Acapulco. Tout ce qui concernait le déménagement personnel devenait le travail d'Hélène, comme vendre leurs chevaux et déménager les effets de la famille.

En plus des trois enfants, il y avait Zida, une jeune Pakistanaise. Elle s'occupait uniquement des enfants car la vie d'Hélène était très mondaine. Le jour même du divorce de Paolo, j'ai accompagné ma sœur à New York récupérer Zida. Elle s'y était perdue et une femme de Harlem l'avait prise en charge.

Le chauffeur de taxi nous annonce :

– Mesdames, je vais y aller parce que je ne voudrais pas qu'il vous arrive quelque chose. Mais écoutez-moi bien, je vous donne cinq minutes. Si vous n'êtes pas de retour, je vais être obligé de partir car la police ne vient pas ici.

La jeune fille nous attendait dans un véritable taudis. Les remerciements ont été rapides, nous avons retrouvé notre chauffeur de taxi qui commençait à se faire du mauvais sang.

Au retour, je regardais Zida. Elle restait la tête droite sans bouger comme si elle avait peur de respirer. À la maison, ma mère nous attendait avec les quatre enfants (le mien et ceux d'Hélène) et Paolo qui s'est mis à embrasser tout le monde, y compris Zida. Oups !

Notre mariage

Nous avons choisi le 6 juillet.

– J'aimerais ça Paolo parce qu'en plus c'est l'anniversaire de naissance de mon père.

On se mariera sur le pont du bateau. Espérons qu'il fera beau. L'accès pour nos invités sera facile puisque nous sommes accostés à la marina de la Ronde. La direction était fière de savoir que la fête y aura lieu, alors on nous a offert des places de stationnement avec un gardien de sécurité.

Les questions de l'alcool, du champagne et du buffet réglées, je voulais que le bateau soit couvert de fleurs comme dans *Hurricane* avec Jon Hall et Dorothy Lamour.

Mais il fallait trouver le fleuriste. Diane a fait les appels nécessaires dans la boîte téléphonique installée sur le quai au gros soleil. Personne ne pouvait nous fournir la quantité de fleurs désirée. J'étais déçu mais je ne renonçais pas à mon idée.

Lorsque mon ami Gervais, accompagné de deux acolytes, est arrivé avec l'alcool, je lui ai raconté mon problème au sujet des fleurs. Lui et ses amis m'ont dit de ne pas m'en faire.

Restait le buffet. Diane avait communiqué avec Mme Larose. En plus de garder notre fils, elle s'occupait bénévolement de jeunes sportifs, elle faisait souvent le traiteur pour les cérémonies de remise de trophées.

À la brunante, Diane et moi étions un peu fatigués, la marina n'était pas silencieuse à cause de la Ronde, avec tous ses manèges qui ne cessaient leurs activités le soir que vers 10 h, mais on finissait par s'y habituer. Nos trois pirates riaient comme des fous et transportaient des boîtes et des boîtes de fleurs de toutes les couleurs. Ils les ont montées sur le bateau et on a utilisé des échelles de cordes afin de pouvoir les attacher sur les haubans et au mât.

– Combien je te dois ?

– Ça coûte rien mon Paolo, mais on aimerait ça être invités à ta noce. En même temps, on pourrait faire le service.

– Voyons, ça n'a pas d'allure !

– Parce que nous autres, nous serions contents de pouvoir dire à nos amis que nous sommes allés aux noces de Diane pis de Paolo Noël.

– On règle ça comme ça, tout est parfait.

Ils sont repartis.

– Sais-tu comment on est chanceux d'avoir des gens qui nous aiment comme ça et qui nous aident sans rien nous demander en retour, si ce n'est que d'être nos amis ?

Au matin, je pensais qu'une nouvelle guerre venait de commencer, quand j'ai entendu l'explosion d'un obus qui venait de tomber à côté de notre bateau. On s'est réveillés en sursaut. C'était un coup de tonnerre et la pluie s'est mise à tomber à l'intérieur de la cabine par la porte ouverte qui donnait sur le pont.

La pluie tombe avec violence sur le pont, ça résonne comme des baguettes sur un tambour et je vois que ma Didi est malheureuse, alors j'essaie de l'égayer en faisant le clown et des grimaces.

Ça me brise le cœur de la voir pleurer en silence. Je sors de la cabine et me mets à crier et prier :

– Aye, Bon Dieu quand c'était le temps d'aller chanter pour les enfants pauvres, les enfants malades, les vieux et les gens dans les prisons, j'ai jamais demandé d'argent ni de faveur en échange. Faut que tu comprennes que c'est son premier mariage puis je voudrais qu'il fasse soleil et qu'elle soit heureuse.

J'ai été exaucé, la pluie s'est brusquement arrêtée pour faire place à un soleil resplendissant.

On a même pu monter sur le pont prendre notre café. À peine assis, on a vu nos trois fleuristes improvisés arriver pour finir leur décor sur le bateau pendant que nous irions à la cérémonie. Avant de partir, j'invite les gars à se servir en bas dans la cabine où il y a tout ce qu'il faut pour se faire du thé. Ils ont ri en me montrant leur cadeau de noce : une grosse théière en cuivre d'une capacité d'au moins un gallon.

Diane avait retrouvé son beau sourire. Elle a embrassé les gars en les remerciant de leur générosité et on est partis pour la cérémonie. Après cette cérémonie plutôt froide, plate et courte qui a eu lieu à la cour du bien-être social au nord de la ville de Montréal, le voyage de retour fut un peu long, il fallait redescendre la rue Papineau jusqu'au pont Jacques-Cartier avant de revenir à la marina sous le couvert des klaxons.

Nos joyeux lurons avaient littéralement couvert le bateau de fleurs. Certaines enveloppaient le mât, les haubans et la timonerie, d'autres pendaient du bastingage. Les gars se sont découvert un talent qu'ils ne connaissaient pas. Tout était romantique. En plus, nous avons eu un orchestre accompagné d'un couple de chanteurs colombiens qui est venu jouer pour nous. Ils nous ont offert leur journée en cadeau de noce.

Gaston et ses deux compagnons servaient le champagne. Il y avait plusieurs caisses, le beau-père ne voulait surtout pas en manquer, car on fêtait son anniversaire aussi.

Je cède la plume à Diane.

J'étais heureuse, mais aujourd'hui je me dis que j'aurais dû me marier en robe blanche même si j'avais eu un enfant. Mon amour pour Paolo n'était pas du cinéma, je l'aimais tel qu'il était. J'étais aussi heureuse pour mes parents qui me voyaient enfin avec la bague au doigt. Pour eux, c'était très important. Mes plus beaux souvenirs restent Paolo criant après le Bon Dieu, le regard de mon père, Constantino qui s'amusait tellement qu'il voulait savoir si on était pour se marier une autre fois, et notre douce et gentille Mme Larose qui est restée à l'intérieur de la cabine presque tout le temps afin que personne ne manque de rien, et ce, toujours avec le sourire aux lèvres. Il y avait aussi Ginette qui est arrivée toute belle avec sa petite bedaine, enceinte de Izella qui sera notre première petite-fille. Et même si les paparazzi sont des emmerdeurs, on peut quand même leur dire merci. Sans eux, nous n'aurions pas eu de photos !

Une autre chose sympathique, nous n'avions pas pensé aux musiciens, alors quel beau cadeau que ces musiciens nous ont fait.

Le clou de la fête a été quand Paolo a sauté à l'eau tout habillé. Tout le monde a bien ri, mais jamais comme nous le lendemain matin quand on a vu où le vidangeur des fosses septiques vidait le contenu. Exactement au même endroit.

Après le départ des journalistes et photographes, nous n'avions qu'un demi-verre de champagne à boire et il ne nous restait même plus de gâteau de noce. J'ai décidé de larguer les amarres et d'aller faire un tour. Tous les invités étaient heureux. Vers 4 h, nous sommes rentrés au port.

Le lendemain matin, deux policiers frappent à la coque.

– Paolo, ils s'est passé quelque chose de bien bizarre hier, toutes les fleurs de la Ronde ont disparu, puis ce matin nous voyons ton bateau fleuri.

– Mes *chums* de jeunesse m'ont offert de garnir mon bateau de fleurs pour mon mariage.

– Bon, on n'en fera pas un drame.

Quand j'ai raconté cette visite à Diane, nous en avons bien ri.

Notre voyage de noces

Huit heures du matin, il est temps de partir, si on veut échapper aux journalistes et aux photographes. Je demande à mon neveu Christian, mon matelot de 15 ans, de détacher les amarres et nous voilà partis pour rejoindre l'écluse Saint-Lambert, la première d'une série qu'il faut traverser en suivant les canaux pour se rendre aux Mille-Îles près du lac Ontario, notre destination. Le bateau glisse bien, Constantino est à l'avant du bateau sous la surveillance attentive de notre nièce Carole, la sœur aînée de Christian.

Nous voilà arrivés devant l'écluse. Le règlement veut que j'aille amarrer au petit quai réservé aux plaisanciers pour attendre l'ouverture des portes de l'écluse dans environ trois-quarts d'heure. C'est bien ma chance, le quai en question est déjà occupé par plusieurs petites embarcations de toutes sortes et je ne veux pas risquer un accident. Je décide d'aller au grand quai de cargos pour attendre l'ouverture, mais à peine accosté, j'entends une voix m'indiquant d'aller au ponton pour bateaux de plaisance. Alors il faut que mon matelot saute en bas du bateau pour aller le détacher et remonter comme un *cow-boy* qui saute sur son cheval car le franc-bord est très haut. Je dirige mon bateau vers ce ponton déjà très encombré. L'expérience que j'ai acquise pour accoster mon bateau me dictait de toujours présenter la proue face au courant, mais voilà ici il n'y a pas de courant. En plus, je ne vois rien, car ma vision est coupée par la longueur du bateau et la hauteur de la proue.

– Diane va en avant et guide-moi. Montre-moi avec tes doigts combien de pieds du bord il me reste.

Pendant que j'embraye à la renverse, Diane commence à me faire des signes avec les mains. Il me reste 40 pieds et, comme d'habitude, les gens sont toujours curieux de voir comment l'autre capitaine de bateau de plaisance s'en tire pour pouvoir après se moquer de lui.

Diane me fait signe avec ses doigts qu'il ne reste plus que 20 pieds et je crie de rage :

– On dirait que la renverse ne fonctionne pas.

Et je vois l'inquiétude de Diane qui me fait signe qu'il ne reste plus que 10 pieds. Presque tous les gens des autres embarcations ont sauté pour aller à l'abri car l'accident est devenu inévitable. Et Diane continue, l'air complètement découragée en faisant signe qu'il ne reste que 5 pieds. Juste comme le *Pêcheur d'Étoiles* allait défoncer le joli cruiser de luxe, il s'est arrêté comme par miracle.

– Ouf !

– Hourra !

Tout le monde était heureux. Je venais de renforcer mon expérience.

Le commandant du port avertit les plaisanciers de se préparer, car il ouvrira enfin les portes des écluses. Les premiers à passer sont les plus petits, ensuite ce sera le tour de notre bateau mais il y a un cargo le *Tropical Plywood* qui s'avance tout doucement, tellement lentement qu'on dirait qu'il reste sur place. Plus il s'approche de nous, plus je constate qu'il est monstrueux. Les portes des écluses sont fermées et je m'aperçois que le cargo continue d'avancer. Sa proue est au-dessus de nous, je commence à avoir peur.

Libération ! Les portes s'ouvrent, les petits bateaux sont tous repartis à plein pouvoir pour s'éloigner le plus vite possible du *Pêcheur d'Étoiles* et du cargo.

Mais le temps se gâte, l'air est lourd et humide, c'est un mauvais présage. Au loin, de gros nuages noirs font leur apparition juste au-dessus du barrage de Beauharnois. Nous sommes en plein après-midi, mais la lumière est réduite comme si on était en fin de soirée. Je donne l'ordre à Christian de faire descendre Carole et le petit dans la cabine pour plus de sécurité.

À ce moment, Diane me dit de jeter un coup d'œil du côté du barrage : on dirait une tornade. Comme dans un film d'horreur, un tourbillon noir ne semble pas bouger jusqu'à ce qu'il touche l'eau. L'eau est noire. La tornade vient sur nous.

L'eau poussée par la violence du vent monte dans les airs pendant que le bateau, malgré son poids, a pris une pente de quelques degrés. Heureusement, tout se passa rapidement. La petite piscine de Tino était partie au vent avec tous les coussins. Nous sommes en vie, merci Mon Dieu.

Comme il se doit, Diane nous a servi du rhum pour fêter notre victoire sur la première tornade de notre vie. Nous avons passé d'heureux moments dans ce décor merveilleux des Mille-Îles où nous attendait une belle surprise. Tout un escadron de navigateurs était accosté et amarré côte-à-côte derrière une charmante petite île : mon frère Claude et sa femme Fernande à bord du *Fleurs d'Océan*, son fils Jean-Claude avec mon ancien voilier, le *Vautour*, ainsi que nos amis Janine et Marc Gravel à bord de notre ancienne goélette, le *Délina June*. Quelle joie de se retrouver tous ensemble dans un aussi beau décor !

Après quelques jours, nous manquons un peu d'intimité. J'eus donc l'idée de disparaître discrètement avec ma douce à bord de la chaloupe de sauvetage, armé d'une bouteille de champagne en route vers une toute petite île qui était juste assez loin de tous les regards indiscrets.

Juste le temps de se mettre à l'aise qu'on entend un bruit bizarre. Un hélicoptère de la garde côtière américaine descend vers nous. Vite on enfile les maillots de bain. On entend une voix dire que nous sommes entrés en territoire américain sans permission.

On se dépêche de rembarquer dans la chaloupe et je rame avec vigueur pour retourner en territoire canadien rejoindre nos amis qui en profiteront à notre arrivée pour nous jeter par-dessus bord, histoire de refroidir nos ardeurs dans l'eau pas vraiment chaude.

On a ouvert une bouteille de rhum St. James pour se réchauffer et profiter à fond du plaisir de vivre de si beaux moments sur cette île avec des amis et la famille.

Retour à la vie de tous les jours

Hélas, toute bonne chose a une fin. Il a bien fallu que je revienne à bon port, à la Ronde, pour y accoster le *Pêcheur d'Étoiles* et revenir sur terre. C'est un peu à reculons que je reprends mon travail à la radio. Le soleil et la liberté de vivre sur un bateau diminuaient beaucoup mon ardeur au travail. Pour le moment, je suis loin d'être riche même si j'ai une vie confortable. Je me demande bien si je vais continuer à faire de la radio cinq jours par semaine, d'autant plus que de temps en temps j'avais des petits accrochages avec le patron qui n'appréciait pas du tout ma façon de m'habiller avec mes jeans tachés de peinture et troués par l'usure en plusieurs endroits. Ce qu'il n'appréciait surtout pas, c'est que j'arrivais au travail avec ma vieille casquette de marin sur la tête. J'avais une mauvaise influence sur les jeunes, selon lui.

Alors j'ai fait un petit test avec mes auditrices, je leur ai demandé de deviner ce que je portais pendant que je leur parlais à la radio. On s'est amusés, Paul Vincent et moi. Selon elles, je portais un costume composé d'un veston et d'un pantalon de couleur différente avec une chemise blanche et une cravate assortie de toutes les couleurs de l'arc-en-ciel. Jamais il n'a été question de jeans, encore moins de casquette.

Un jour, je remarque pendant la pause publicitaire un Monsieur aux cheveux gris à la carrure imposante, accompagné de ce qui avait l'air de gardes du corps et aussi d'une petite femme qu'on ne voyait presque pas au milieu de ces hommes. Le plus grand s'arrête pour me regarder en souriant. Ils ont disparu. J'ai tout simplement continué mon travail.

À la fin de mon émission, je vois le patron arriver dans le studio accompagné du Monsieur en question et de la dame. Le patron me dit :

– L'ambassadeur de la Russie veut absolument te rencontrer, je crois qu'il a quelque chose à te dire.

Il s'est d'abord adressé à la dame qui était son interprète. Elle me répète ensuite ses paroles en français :

– Monsieur l'ambassadeur est charmé de votre tenue vestimentaire qui ressemble parfaitement à celle des marins soviétiques, il tient à vous féliciter.

Mon patron reste muet lorsque l'ambassadeur me tend la main et m'embrasse carrément sur la bouche avant de me dire au revoir et à bientôt. Avant de partir, l'interprète me remet une enveloppe. Et Paul Vincent me demande :

– Comment tu trouves ça embrasser un homme ?

L'enveloppe contient une invitation à bord du paquebot le *Alexandre Pouchkine* pour fêter son premier voyage au Canada. Paul-Émile Beaulne revient dans le studio après avoir accompagné l'ambassadeur vers la sortie. Il est curieux de connaître le contenu de l'enveloppe.

– Eh bien disons que tu as gagné Paolo ! Je te donne la permission officielle de porter tes guenilles pour travailler. Mais fais quand même un petit effort, essaye d'en trouver qui ont moins de taches de peinture.

Le jour de l'invitation arriva et j'avais demandé à Diane de venir me rejoindre à la station vers 4 h de l'après-midi. Une petite surprise nous attendait. En sortant du studio, la réceptionniste m'annonce :

– Paolo, il y a un Monsieur qui vous attend depuis un moment, il conduit la limousine qui doit vous conduire dans le port.

Alors un autre petit tour de limo pour Didi qui n'avait pas beaucoup à faire pour être en beauté et moi, habillé en marin soviétique. Et nous voilà partis voyager en diplomates, bien confortablement installés. Au port, j'entends la voix de l'interprète qui nous dit de la suivre.

En grimpant à la passerelle je vois une sentinelle féminine au regard plein de méfiance à notre égard. Il a fallu que notre accompagnatrice lui marmonne quelques mots en russe pour qu'elle nous laisse passer. Tout en marchant sur le pont, elle nous explique que le commandant du paquebot tenait à nous rencontrer avant de commencer la cérémonie et que nous étions des invités tout à fait spéciaux. J'avais beau être habillé en pêcheur, j'avais l'impression d'être un ambassadeur, mais sans la prétention qui accompagne généralement cette fonction.

Nous voilà rendus dans les quartiers du grand patron. Le salon avait l'air d'un palais royal avec ses murs en acajou verni comme des miroirs, des lampes de bronze qui brillaient comme de l'or, des fauteuils en velours rouge et devant nous, un capitaine souriant, un géant aux yeux bleus et à l'abondante chevelure noire.

Diane raconte :

J'avais devant moi un homme qui aurait pu être facilement un acteur de cinéma, genre Clarke Gable, élégant, avec un sourire d'adolescent heureux, tout le contraire de ce qu'on nous montrait des Russes à l'époque. Comme il ne parlait ni français ni anglais, il s'adressait souvent à l'interprète. Ils ont ri quand un serveur a apporté une petite table ronde sur laquelle il y avait une bouteille de vodka et des petits verres. L'interprète a invité Paolo de cette façon :

– Le commandant voudrait souligner votre bienvenue à bord. Ce n'est pas compliqué, vous n'avez qu'à faire comme lui.

Le serveur verse dans les petits verres de la vodka de qualité supérieure et on lève son verre en se saluant et on l'avale d'un trait.

Paolo a oublié qu'il ne peut pas trop consommer d'autre alcool que son rhum favori, son foie s'offusque, et la vodka fait son effet. Avant même que je puisse lui dire de faire attention, il était tombé dans les pommes et ne pouvait plus se relever.

Je n'étais pas très fière de voir mon mari transporté par deux marins jusqu'à la limousine.

– Veuillez nous excuser, Madame, mais nous en Russie nous consommons notre boisson nationale avec facilité.

La limousine nous a ramenés à notre voiture et j'ai pris le volant. Quand Paolo s'est réveillé, il se demandait ce qui s'était passé.

– Rien de grave, l'important c'est qu'on est rendus sains et saufs à la maison.

– J'espère que je n'ai pas fait de bêtises pour te faire honte !

– Non, mais des défis comme ça, tu aurais pu t'en passer. T'as oublié ce que le vieux capitaine Guy Ashberry nous avait raconté un jour à propos de ce genre de défi : on ne peut pas plus arriver à défier un Français dans le vin, un Allemand ou un Belge dans la bière, qu'un Russe dans la vodka.

– De toute façon, un homme averti en vaut deux, y'a pas d'âge pour apprendre, voilà une autre leçon.

Une grosse caisse en bois était bien installée sur le petit perron de la maison. Je l'ai ouverte le lendemain matin quand j'ai été remis de ma gueule de bois.

– Mais es-tu en train de tout démolir ?

– Pas capable d'ouvrir la maudite boîte. Elle est faite pour la guerre du Viêt-Nam je pense.

– Le café est prêt Monsieur !

– Je ne te mérite pas mais puisque c'est le Bon Dieu qui a bien voulu te donner à moi, je vais essayer de te garder.

Et nous voilà repartis sur notre bateau, nous reprenons notre discussion préférée, celle de partir un jour. Mais pour le moment il faut le sortir pour l'hiver qui vient toujours trop vite. Le petit déjeuner terminé, Diane me dit :

– J'ai bien hâte de savoir ce qu'il y a dans la boîte.

– J'ai mangé, je vais avoir la force d'ouvrir cette caisse.

En voyant ce qu'il y a à l'intérieur, on se regarde surpris :

– Mais c'est un radar pour notre bateau et il y a aussi une lettre dans la caisse qui vient de Halifax. C'est de la part de Jacques Bureau. Il dit qu'il avait fait changer son radar avant de faire la traversée de l'Atlantique et que, étant donné que c'était ta présence d'esprit qui avait sauvé le bateau d'une collision fatale, le radar te revient de droit, et il nous souhaite bonne chance dans nos projets de voyage et surtout de se rappeler ce qu'il nous avait dit : « J'ai un petit conseil à vous donner, n'oubliez pas il n'y a qu'une façon de partir, le jour où vous déciderez de partir, passez la porte sans jamais vous retourner pour regarder en arrière. C'est la seule façon de couper le cordon ombilical qui nous attache avec la terre et sa façon de vivre. »

Mais pour le moment, on se contente de rêver. D'abord il faut trouver un endroit pour entreposer cette grosse machine qui pèse 200 livres.

Finalement, Jacques, notre voisin, le fermier d'en face, toujours prêt à nous rendre service, est venu avec son tracteur et a transporté la caisse jusqu'à la cabane dans le jardin.

Et en plus, la même journée, je reçois un téléphone du directeur de la station CHRC de Québec qui me demande si je peux remplacer son animateur du matin les samedi et dimanche suivants.

J'accepte bien entendu et, quand je suis arrivé au studio très tôt le matin, le réalisateur en a eu pour son argent. Je suis un délinquant naturel et un improvisateur que ce soit sur scène, à la télé ou au cinéma et ça marche. Encore une fois, le patron était content et moi aussi. Après l'émission, je suis allé rejoindre Didi qui m'avait écouté et nous sommes allés dans un de nos petits restos préférés sur le bord de l'eau.

Pendant que nous prenions un café, Diane, bien calme comme toujours, me demande :

– Est-ce que tu ne serais pas par hasard un peu fou ?

Je la regarde sans répondre.

– Quand tu as fait les nouvelles, la météo, je suis persuadée que rien du tout de ce que tu as dit n'était écrit. Le patron
ne doit pas être content !

– Au contraire, il m'a téléphoné pour me dire qu'il
était très heureux. C'était justement ce qu'il voulait, rien de
sérieux. Alors j'ai fait plein de niaiseries et les auditeurs se
sont amusés, et on a reçu de nombreux appels pour nous dire
que ça faisait du bien de rire le matin. En tout cas, moi, je me
suis amusé.

– Moi aussi, mais je ne sais pas où tu prends toute cette
énergie-là.

Après le petit déjeuner, on est allés se promener sur les
quais du Yacht Club de Québec.

Tout à coup, on entend une voix, c'est celle de notre ami
Paul Racine, le propriétaire et concepteur de Place Laurier de
Québec. En arrivant près de nous :

– Ta goélette est-elle à l'eau ?

Les gens appelaient toujours mon chalutier une goélette.

– Non, on est ici pour travailler, je suis à la radio le matin.

– Alors vous êtes libres ce soir !

– Bien sûr.

– Alors je vous invite, je donne une réception pour mes
amis à bord de mon bateau. Je n'ai pas oublié ton *drink* de
pirate préféré ! Du rhum St. James, toute une bouteille juste
pour toi. T'auras qu'à te servir toi-même. Je suis bien content
de vous revoir. Je vous attends !

Nous étions à bord à 7 h sur un bateau qui n'avait rien
de commun avec le nôtre. C'était un gros *Trawler Grate Banks*
de 50 pieds. Pendant que les verres de champagne se remplissaient, on m'a apporté du rhum bien rafraîchi dans un
seau à glace.

Le bateau a largué les amarres à la brunante. Diane et moi, nous étions un peu à l'écart sur le pont arrière pour admirer la beauté du Château Frontenac.

– Paolo, c'est magnifique.

Une dame pas mal ivre s'est approchée pour nous dire d'un ton très snob :

– Rappelez-moi votre nom ?

– On est des amis de Paul.

– Vous voulez dire M. Racine.

– Oui.

– Et votre nom ?

– Paul Bord-de-L'Eau, soudeur, et mon épouse Diane.

La femme s'est éloignée, puis est revenue :

– Là je pense que vous voulez rire de moi !

– Pas plus que vous Madame.

– Vous êtes un petit coquin, je vous reconnais, vous êtes chanteur et vous vous appelez Paolo Noël ? Vous vous êtes moqué de moi !

Diane lui répond :

– Pas du tout Madame, je pense bien que la personne qui a voulu faire sa petite comique ici, c'est vous. Et puisqu'on vous dérange, c'est la même chose pour nous. Si ça ne vous dérange pas, nous étions en train de parler.

Je m'éloigne de la grande porte pour m'appuyer sur le bastingage arrière du bateau. Je sens une présence derrière moi, un homme de petite taille qui me regarde d'un air agressif.

Je lui demande ce qu'il me veut. Il me répond avec une voix proche d'un interrogateur de la Gestapo :

– Je vous déteste espèce de, Pédé déguisé en gigolo.

Je m'approche et le prends par le collet. Il me crie :

– Ne me touchez pas, je suis juge, ça va vous coûter cher !

– T'es juge toi ! Disparais de ma face, avant que je te sacre à l'eau.

Diane, qui s'était absentée, me demande l'air toute surprise :

– Qu'est-ce qui s'est passé pour l'amour du ciel ?

Le bonhomme a disparu comme il est arrivé.

– Veux-tu bien me dire pourquoi tu as pris autant de temps ?

– Bien moi aussi je viens d'avoir un coup derrière la tête. Attends, je vais aller te chercher un verre de rhum et je vais te raconter ce qui m'est arrivé, tu vas voir comme c'est intéressant. Quand je suis sortie des toilettes, un Monsieur s'est écrié : « Ah ! Ma vedette à moi ! Je suis tellement fier de te rencontrer. » C'est le propriétaire des produits El Toro.

– Ah oui ! C'est un autre beau moineau, ça !

– À voix haute, il me dit que je lui coûtais 90 000 $ par année au Canal 10. Le Canal 10 me donne 166 $ par année. Les gens me reconnaissent dans la rue, dans les magasins, ça fait pas cher payé. Ces gens font de l'argent sur notre dos.

– Je sais que tu as raison, mais que veux-tu que je fasse ? On nous tient à la gorge et on n'a pas le choix. Mais un jour, on partira sur notre bateau.

Quelque temps plus tard, Diane et moi sommes retournés au Yacht Club de Québec. Nous étions attablés dans un petit coin de la salle à manger, lorsque Diane s'exclame :

– Regarde qui vient de rentrer !

Je vois mon fameux juge accompagné de deux Messieurs qui ont plutôt la carrure de gardes du corps. Le trio s'assoit, puis le petit juge se lève et vient vers nous : « Monsieur, Madame, je tiens à vous faire des excuses pour ma mauvaise conduite sur le bateau de Paul Racine, et j'espère humblement que vous me pardonnez. »

– Eh bien oui, Monsieur, faute excusée faute pardonnée.

On s'est donné la main.

Chaque année quand vient le temps de mettre le bateau en cale sèche, j'ai toujours l'impression de perdre quelque chose, mais il me reste encore un plaisir que je partage avec ma petite famille et mon épouse durant l'hiver. Contrairement à d'autres embarcations, ce bateau est très confortable en hiver, parce que nous avons un poêle à bois, un Godin debout garni de fonte émaillée blanche qui chauffe au bois et au charbon. C'est notre petit havre de paix où on s'amuse à pelleter la neige sur le pont. Chaque automne, nous changeons notre façon de vivre autant à la maison que sur le bateau.

J'ai acheté un 4x4 Datsun, puis une Toyota style safari pour assurer les déplacements. Diane s'amusait avec la Jag pendant que moi, je jouais au safari dans les bancs de neige pour enfin se retrouver devant le feu de foyer et prendre l'apéro, si j'arrivais naturellement à être à la maison.

Paolo, grand-père

Nous avons 16 ans et demi de différence, Paolo et moi, mais je n'ai jamais ressenti la différence d'âge entre nous deux, même si je trouvais mon Paolo difficile à suivre. Il est toujours occupé, rien faire n'est pas dans son dictionnaire, et je me sens coupable d'avoir envie de m'assoir pour lire un livre, tricoter ou faire de la couture, mais certainement pas dessiner parce que je rêve de faire de la peinture ; mais puisque j'aime travailler avec mes mains j'ai aussi du plaisir à aider Paolo sur le bateau à sabler, décaper la vieille peinture, vernir ou peinturer. Dans tous les cas, mes mains sont loin d'être celles de la pub de Seven-up que j'ai déjà faite, on pourrait peut-être m'engager pour faire une pub pour les scies mécaniques. Enfin je ne le regrette pas car ce sont des moments que Paolo et moi avons vécus ensemble et heureux, on s'encourageait et on se complimentait sur notre beau travail, sauf que Paolo veut toujours en faire un peu plus. Je vis avec Monsieur Super Énergie.

Pendant ce temps-là, les amours de Ginette, la fille cadette de Paolo, sont en panne, mais au mois de novembre 1971, elle accouche d'une belle petite fille qui doit rester à l'hôpital jusqu'à ce que le bébé ait atteint le poids de cinq livres. La petite Izella est en santé et quelques jours plus tard, nous sommes allés chercher ce magnifique bébé qui a l'air d'une vraie poupée toute potelée.

Ginette doit prendre un moment de répit et revient chez-nous avec bébé Izella. Je suis contente et Constantino, aussi, est heureux. D'ailleurs un jour, il nous a coupé le souffle quand on l'a vu descendre les escaliers avec le bébé qu'il tenait par le cou en laissant son corps balancer dans le vide.

J'étais devenue grand-mère à 26 ans, ça m'amusait, quand tout à coup la réalité m'a frappée en plein visage : Paolo est un grand-père, un vrai. Il a une vie derrière lui que je n'ai pas connue. Mais sa joie de vivre et son énergie me font vite oublier ces pensées négatives.

Les Tannants

Alors que nous nous préparions à profiter de quelques belles journées sur le bateau, je suis convoqué à un dîner par Robert L'Herbier, directeur des programmes au Canal 10. Diane semble un peu déçue mais comme les contrats sont rares en ce moment, nous n'avons pas les moyens de refuser et nous rangeons la valise. Rue Sherbrooke, je retrouve Gilles Latulipe, Pierre Marcotte et, naturellement, Robert L'Herbier. Latulipe commence à nous expliquer son idée d'émission. Il nous manque le titre, Gilles, qui ne manque pas d'imagination, me regarde :

– T'as fait une émission pendant quelques années qui s'intitulait *Les Talents de chez nous*, pis ça marchait. On va appeler ça *Les Tannants de chez nous*.

Pierre et moi, on rit, mais pas L'Herbier.

On cherche des idées d'enchaînement entre les mauvais coups pour amuser, pour que ce soit une émission divertissante à cent milles à l'heure et pour faire oublier les petits malheurs de la vie quotidienne.

– Les enfants, si on mangeait avant, ça nous éclaircirait peut-être les idées.

En mangeant, Latulipe propose :

– Si on appelait ça *Les Tannants* ?

Et l'émission va durer des années. Latulipe a sorti de la poussière tous les vieux sketches de vaudeville du temps d'Olivier Guimond. Chaque jour, des personnages revenaient, comme celui du client ivre dont je jouais le rôle pendant que Latulipe faisait le serveur malfaisant.

Il m'en a fait manger des trucs, comme des spaghettis aux boulettes à la viande faites avec des balles de golf sur lesquelles il avait mis de la viande hachée. Mais je me méfiais de Latulipe. C'est le joueur de tour le plus dangereux dans le monde du vaudeville avec Claude Blanchard. Mais Pierre Marcotte était le trait d'union entre nous deux, il calmait nos excès de mauvais tours.

Le réalisateur, un homme calme, a fini par avoir des ulcères tellement on était malcommodes. On a même fait tomber le décor à la fin d'une émission, les techniciens ont porté plainte. Alors on leur promettait de ne plus recommencer, mais nos promesses ne duraient pas longtemps. Il nous fallait faire rire, même ceux qui avaient l'air bête.

Un jour, Gilles Latulipe et moi étions dans la salle de maquillage et j'avais remarqué que Gilles ne semblait pas être dans son assiette. Je lui demande ce qui ne va pas :

– Ça va pas bien, depuis quelque temps j'ai des étourdissements, ce serait causé par un problème aux oreilles. Si ça continue je vais êtes obligé de laisser tomber l'émission, à moins que ce soit toi qui fasses le comique à ma place pour un certain temps et que moi je sois le *straight man*.

Je reste bouche bée. Je n'avais pas la prétention de vraiment être à la hauteur de ce qu'il me demandait. Tout ce que j'ai trouvé à dire, c'est :

– Dans combien de temps tu veux avoir la réponse ?

– Là.

– Tout de suite ? Ça veux-tu dire que si tu quittes l'émission, y vont tout annuler ?

– Ça se pourrait. Paolo, je connais ce métier-là, j'ai assez d'expérience pour savoir que t'es capable de le faire.

Il avait l'air si convaincant que j'ai oublié mes complexes d'infériorité.

– OK Gilles, je vais essayer d'être à la hauteur, mais ça va me prendre tout mon petit change.

– À *Toast et café*, tu ne donnais pas ta place. Inquiète-toi pas, je vais te diriger et tout va bien aller.

On a fait l'émission tant bien que mal et j'en suis sorti vivant. Personne n'a remarqué le changement.

Cette journée-là, on a enregistré trois émissions. Dans la loge, Gilles me dit :

– Paolo, un jour tu vas faire du cinéma, dans ce métier y'a deux sortes d'artistes, ceux qui pensent qui sont bons, mais qui ne le sont pas, puis les autres qui sont bons et qui ne le savent pas. Je te donne ton diplôme de comédien mais il ne faut pas que tu lâches.

Nous avons joué dans *Les Tannants* pendant quatre ans, tout en donnant des spectacles un peu partout et en tenant des engagements à Radio-Canada, à Montréal ainsi qu'à Québec, Sherbrooke et Rimouski.

Un de ces engagements eut lieu à l'hôtel Bonaventure pour un défilé de mode lors de la Fête des Mères, j'étais le maître de cérémonie et je chantais une vingtaine de minutes pendant l'entracte. Soudain, je vois passer Michel Girouard qui vient me saluer et me présenter son conjoint[11]. Il me dit :

– J'ai une faveur à te demander. Est-ce que tu me laisserais chanter une chanson pour ma mère et toutes les mères qui sont dans la salle ? Michel est pianiste, il pourrait m'accompagner.

Je monte sur scène, je chante une chanson d'ouverture et je le présente à tout l'auditoire :

– Avant de continuer mon spectacle, j'ai un petit hors-d'œuvre à vous offrir en vous présentant un couple de nouveaux mariés qui n'ont pas peur de montrer à tous les hypocrites la couleur de leur drapeau. Vivre et laissez vivre, Michel Girouard et son conjoint.

Pendant que je regarde le numéro de Michel, il me vient une idée. Chaque fois que je fais un mauvais coup, je ne peux pas m'empêcher de rire aux larmes. Alors je commence à écrire : « Je m'appelle Micheline ». Non, je vais prendre mon nom au féminin « Paulette ». C'est là que j'ai écrit une partie de la chanson la plus populaire et aussi la plus payante que j'ai jamais écrite dans ma carrière. Je mets le bout de papier dans ma poche et je m'empresse de me rendre à l'avant car Michel n'arrête pas de chanter. Je suis obligé de l'interrompre pour commencer le défilé de mode sans avoir pu faire mon mini-spectacle. J'avoue que c'était un peu de ma faute je ne lui ai pas fait savoir que je n'avais qu'un temps limité.

---

11. Michel Girouard a été la première personnalité artistique à afficher son homosexualité en se mariant avec un autre homme.

Diane est venue me rejoindre et au retour vers la maison, je lui ai montré ma petite chanson et on a continué à ajouter des lignes.

Le lundi matin, on tourne *Les Tannants* comme d'habitude. L'émission commence toujours de la même façon : les trois animateurs sont assis dans leur fauteuil et le pianiste est à ma gauche derrière son piano. Latulipe est assis entre Marcotte et moi. Là c'est le jeu des histoires qui commence : qui sortira la plus drôle ? Naturellement, c'est Gilles le champion, on dirait qu'il les connaît toutes. Il s'arrête de parler et me regarde avec l'air de préparer un mauvais coup. Après une seconde de silence :

– Paolo ! J'ai su entre les branches, que tu avais composé une chanson de tapette !

Je reste muet.

– C'est vrai ou c'est pas vrai ?

– Oui, c'est vrai mais elle n'est pas finie.

– Bon chantes-en un p'tit boutte pis on va voir si c'est bon ou pas.

S'adressant à l'auditoire :

– Qu'est-ce que vous en pensez, vous, Mesdames ?

Elles applaudissent et crient.

Je me lève en me rendant vers le piano en prenant soin de mettre ma main sur le micro pour que personne ne comprenne ce que j'ai à dire à Gaston. Il est tellement content de son mauvais coup qu'il n'est pas capable de jouer, il est plié en deux, la tête appuyée sur le rebord du clavier et il rit tellement de bon cœur qu'il fait rire tout le monde, y compris mes deux complices. Enfin il réussit à me faire un semblant d'introduction et je commence, mais il me manque quelques lignes pour que le refrain soit complet. J'ai improvisé *flouche, flouche, flouche, proute, proute, proute*. J'ai dit n'importe quoi sans réfléchir. Le pire c'est ce qui a fait le succès de cette chanson, ce qui est complètement incompréhensible.

Au début, j'avoue qu'elle m'amusait mais avec le temps je m'en suis lassé. Depuis 40 ans, je ne peux pas m'en débarrasser.

Des gais ou leurs mères ont été insultés, d'autres, amusés. Je ne pensais jamais qu'elle deviendrait un succès. Tout ça vient d'un enchaînement de circonstances dans un petit studio d'enregistrement qui, bizarrement, est dans une ancienne église protestante abandonnée, qui appartenait au chanteur et producteur Tony Roman. J'étais avec Guy Lepage qui avait organisé le jour de l'enregistrement et je devais enregistrer quatre chansons françaises avec un orchestre de plusieurs musiciens. Nous étions rendus à la quatrième chanson lorsque Tony, toujours plein d'énergie, sort de la salle de contrôle pour dire que je devrais enregistrer ma chanson *Flouche, Flouche* comme dernier enregistrement. Guy Lepage indigné lui dit :

– Tais-toi, ce serait la fin de la carrière de Paolo.

Alors Tony renchérit :

– J'te gage 1000 $ et je te donne la location du studio pour te prouver que tu as tort de refuser de sortir cette toune-là sur le marché du disque.

Pendant la discussion, moi le principal intéressé, je suis de l'avis de Guy et je me pose des questions. Mais comme Tony n'est pas à court d'arguments, il finit par nous convaincre.

De mon côté, je n'avais absolument rien à perdre, mais tout à gagner dans cette histoire. Il y avait un petit problème : comme tout était improvisé et inattendu, les musiciens n'avaient aucun arrangement musical pour accompagner correctement la chanson. Encore là, Tony avait son idée. Il dit aux musiciens qui attendaient patiemment les résultats de notre discussion :

– Les gars, ça prend de la musique de *Rag Time*, style Nouvelle-Orléans.

Aux premières paroles, les musiciens se sont mis à avoir le fou rire et on a dû attendre. Et plus on essayait et pire c'était, les cuivres n'étaient plus capables de souffler dans leurs instruments.

Trans-Canada a sorti la chanson en 45 tours. On l'entendait partout, à la radio à travers la province, dans tous les restaurants où la mode était aux petites boîtes à musique installées à chaque table, ainsi que dans les *juke-box* qui étaient encore à la mode.

Tony avait gagné son pari et Guy était content d'avoir perdu le sien. C'est la chanson qui m'a donné des royautés comme je n'en ai jamais eues.

Un jour à l'heure du lunch, mon réalisateur me dit que Robert L'herbier veut me voir à l'heure du midi. Je me présente donc à son bureau, il est toujours assis de la même façon, le cigare au coin de la bouche :

– Viens t'asseoir Paolo.

Il me montre quelques lettres :

– Tu vois Paolo ça, c'est toutes les plaintes d'auditeurs que ta chanson insulte. Tu serais mieux d'arrêter de la chanter pour un petit bout de temps.

– Y'a pas de problème, je suis tanné de la chanter, moi aussi.

Il enchaîne :

– Je n'ai pas fini. L'automne prochain, on va remettre ton ancienne émission en ondes, *Le music-hall des jeunes talents Catelli*, les grands *boss* ont décidé que tu vas l'animer.

– Bin voyons, j'sais pas si tu sais que *Les Tannants* c'est pas une cure de tout repos. Pis de toute façon, je n'ai vraiment pas le goût de le faire.

222

– Bon écoute Paolo, tu parles pas avec des poètes, tu parles avec des hommes d'affaires. Pis t'as pas le choix, c'est ça ou tu perds *Les Tannants*. C'est à prendre ou à laisser. Et c'est la porte que tu vas prendre. On se comprend-tu là ?

– C'est du chantage que tu me fais là, vous êtes vraiment pas corrects !

– Pense ce que tu veux. Pis signe parce qu'il faut que j'aille dîner.

Je prends le contrat et je regarde les conditions et je m'aperçois qu'au lieu de me donner au moins le même salaire, on m'en donne 50 $ de moins par semaine.

– Robert, il manque de l'argent sur le salaire, je pense qu'après tout ce temps, il me semble que dans les conditions, tu devrais avoir au moins la décence de me payer un petit peu plus. Ça fait deux ans que je n'ai pas animé cette émission, la valeur de l'argent n'est pas la même et s'ils me veulent c'est parce que le monde aime me voir à cette émission.

Il me coupe la parole et son ton est agressif :

– Perds pas ton temps, y en a d'autres qui voudraient bien avoir ta *job*. Signe-moi ça au plus sacrant, je vais être en retard pour mon rendez-vous.

– Robert, veux-tu au moins me laisser réfléchir pendant que tu vas manger et je reviens après.

– Sois ici à une heure pile !

Je téléphone à Diane.

– Tu me connais, qu'est-ce que je fais, j'y casse-tu la gueule ? J'te dis que des fois ça prend tout mon p'tit change pour pas le faire.

– Paolo, je te fais confiance, réfléchis comme il faut à ce que tu veux, moi je te suis, si je vois que tu ne m'as pas rappelée après le dîner, j'appellerai l'avocat, je t'aime.

Après le lunch, je retourne au bureau de Robert. En signant je lui dis :

– De toute façon avec vous autres, on sait quand on entre, mais pas quand on sort, pour le moment ça fait mon affaire.

Il ouvre la porte et je sors. Il claque la porte derrière moi.

J'ai quand même fait une bonne *job*, Claude Lavallée était un homme avec qui il était plaisant de travailler. Mais il est décédé quelques mois plus tard.

Préparer notre liberté

Quand enfin les froids nuages de l'hiver veulent bien céder leur place au doux soleil du printemps, on remet nos vieux jeans encore tachés de vieille peinture. On remonte nos échafaudages, on ressort les sableuses et ce n'est pas très long avant d'être couverts de poussière et de ressembler à des momies en vacances. On est heureux, parce qu'on a le sentiment d'être libres, c'est ça qui est important.

Mais quand arrive l'heure de l'apéritif autour de 16 h 30, tout s'arrête et on s'assoit sur le pont et c'est bien installés dans nos chaises que nous prenons un petit rhum en parlant de voyage. Quand il fait trop froid, le rendez-vous est dans la timonerie.

Chaque printemps, c'était la même ritournelle, on travaillait un mois pour préparer le bateau. Heureusement que j'avais de temps en temps l'aide de mes neveux Christian et Michel. Quand enfin arrive le jour tant attendu de voir flotter ce paquebot miniature, c'était toujours un spectacle. On oubliait tous nos efforts et c'était la fête avec mon frère Claude, ma belle-sœur Fernande, notre neveu Michel et quelques amis.

– Aimerais-tu partir demain matin au lever du jour, avec Constantino, sans dire un mot pour un petit séjour de vacances à la marina de Québec ?

– Ah oui !

Le lendemain au lever du jour, on rentre les amarres et nous voilà partis. Tino était déjà en train de préparer ses G.I. Joe pour la grande aventure.

Ce fut un voyage super agréable avec un temps ensoleillé et plein de beaux paysages. J'ai fait mon entrée à la marina de Québec comme un pro et je vois Mimi, la belle-mère, qui revenait de Floride. Elle venait passer quelques jours avec sa fille.

Le voyage d'amoureux était fichu.

– Vous savez ce n'est que pour un jour ou deux, je voulais juste m'assurer que mon bébé n'est pas en danger de naufrage.

Alors on prend notre mal en patience, mais les jours passent et Belle-Maman ne parle toujours pas de s'en aller. Je commence à m'impatienter. Je décide donc de me coucher dans la petite couchette de mécanicien dans la chambre des moteurs avec une bouteille de rhum et ma guitare. Aussitôt le petit endormi, Diane est venue me rejoindre. Et neuf mois plus tard, Diane donnait naissance à notre fille Vanessa qui, à son tour, nous donnera plus tard cinq petits-enfants.

La morale de cette histoire, les belle-mères ne sont pas toujours commodes mais elle peuvent quelquefois servir à quelque chose.

De nouveaux locataires

De retour à la maison, une surprise beaucoup plus désagréable nous attendait. Jacques vient nous avertir qu'il y a un problème de rats dans la région, on a fermé un abattoir et les bestioles se sont dispersées dans les fermes et ont trouvé refuge dans les maisons fermées des alentours. Il a fallu faire venir les exterminateurs. On est retournés vivre sur notre bateau à Pointe-aux-Trembles pendant le traitement.

Et puis, lors d'un rendez-vous chez le gynécologue, on a appris la bonne nouvelle. Il n'était pas question de retourner vivre dans cette maison. Alors on l'a mise en vente et on a loué la maison de mes beaux-parents à L'Île-Bizard.

Je recommençais l'enregistrement des *Tannants* et du *Music-hall des jeunes talents Catelli*. Ce n'est pas sans regret et avec un pincement au cœur que nous avons laissé notre petite maison de rêve dans laquelle nous avions passé cinq belles années.

Pendant que je travaille à l'entreposage des meubles à la maison avec mon frère Claude, on frappe à la porte, un Monsieur apparaît.

– Est-ce que la maison est à vendre ?

– Bien sûr Monsieur.

– Combien ?

– Cinquante mille.

– Quarante-sept.

– Vendue.

On fait un papier sur place, il m'a donné un acompte de 1 000 dollars. Mon frère a signé comme témoin et on s'est donné rendez-vous chez le notaire pour le lendemain.

Je paralyse après un accident à Radio-Canada

Didi était heureuse de vivre dans la maison de son adolescence, on n'avait pas besoin de nos meubles, Tino allait à l'école de L'Île-Bizard en autobus.

Tout allait bien jusqu'au jour où j'ai participé à l'émission de Jacques Boulanger : *Boubou dans le métro*. On enregistrait aux galeries d'Anjou devant public.

Quand on chante au cours de ces émissions, il faut souvent enjamber de gros câbles électriques.

– Attention Monsieur Noël, par ici.

Le régisseur me dit :

– C'est votre tour dans deux, une.

En chantant je dois me déplacer et je jette un coup d'œil en arrière pour voir l'orchestre. J'aperçois le pianiste et le batteur qui sont tout juste derrière moi sur un piédestal un peu plus haut que le reste des musiciens. Je ne m'aperçois pas que le podium est fait de pointes blanches qui dissimulent une autre petite marche. Je continue de regarder le régisseur qui me fait signe de reculer encore un peu. Mon talon frappe cette petite marche et je perds l'équilibre pour tomber dans la grosse caisse du batteur qui rit, pensant que c'est un gag. En essayant de me relever, j'ai une étrange sensation dans le bas du dos, je sens comme une brûlure et je suis étourdi. J'arrive à me remettre debout, le régisseur me fait signe d'aller rejoindre Jacques pour la finale et pendant qu'on passe le générique et que le public applaudit, Jacques me regarde l'air étonné et me dit :

– Je pense que tu t'es blessé plus que tu penses, tu as les pupilles toutes dilatées, on va faire venir une ambulance, à ta place je ne prendrais pas de chance, je n'ai pas un bon pressentiment.

– Non je ne veux pas faire pitié devant tout le monde. Je vais simplement m'en aller chez-nous, puis je verrai.

– Ça me fait de la peine que tu ne m'écoutes pas, j'espère que ce n'est pas grave, fais attention en conduisant.

En montant dans ma voiture, je me suis vraiment senti mal. Plus les milles avançaient et plus que je sentais ce mal qui me brûlait et me donnait mal au cœur, j'avais de la misère à me concentrer sur la route. En arrivant à la maison, je m'aperçois que je ne peux plus bouger. J'ai beau essayé ça ne marche pas, je commence à paniquer alors j'ai klaxonné pour appeler à l'aide. Diane apparaît !

Je pleure comme un enfant en me traitant d'imbécile pour mon orgueil mal placé, alors qu'il aurait été plus facile d'aller immédiatement à l'hôpital. Un voisin est venu m'aider à sortir de la voiture et m'étendre sur le sofa, mais j'ai refusé d'aller à l'hôpital.

Le lendemain, je n'allais pas mieux. Guy Lepage est venu voir ce qui se passait avec moi. Il a eu l'idée de téléphoner au chiro du club de hockey Canadien pour voir ce qu'on pouvait faire pour me soulager ou me guérir, le chiro a conclu que je devrais me faire opérer.

Les jours passaient et ma condition ne changeait pas, on annonçait une grosse tempête de neige. Diane a téléphoné au docteur Paul David, fondateur de l'institut de cardiologie de Montréal, que nous connaissions bien. Il était déjà venu avec sa petite famille faire un tour sur le fleuve Saint-Laurent dans notre bateau.

L'ambulance est rapidement arrivée, mais la tempête avait déjà commencé et la circulation était bloquée. L'ambulancier était un véritable *cow-boy*, il passait partout, même sur les trottoirs. À l'époque, les ambulances étaient encore de style corbillard et le chauffage ne se rendait pas à l'arrière. Le temps nous a semblé long avant d'arriver enfin à l'hôpital Notre-Dame.

À partir de là, j'ai vu défiler des plafonds et des lumières jusqu'à ma chambre, une chambre privée s'il vous plaît où deux infirmiers m'ont transféré avec beaucoup de précautions dans mon lit. Puis un infirmier m'a donné un calmant. Quel soulagement après tout ce temps à souffrir inutilement !

Diane raconte :

Une femme médecin arrive. Elle a un accent français, aucune douceur, aucun sourire.

Elle s'approche de mon mari et lui ordonne de se lever.

– Madame, mon mari ne peut pas se lever, ça fait deux semaines qu'il est paralysé.

Et elle me répond :

– Vous ! Sortez d'ici !

– Ma tabarnak ! J'ai signé un papier qui dit : pour le meilleur et pour le pire et bien là, on est dans le pire. Si t'es pas contente, j'vas te *garrocher* en bas du quatrième étage ! Fais attention, fais pas plus mal à mon mari !

Toutes les infirmières m'ont félicitée et ont apprécié qu'enfin quelqu'un l'avais mise à sa place.

Juste avant l'opération, le neurochirurgien est venu me rendre une petite visite. Le lendemain, jour de mon opération, j'étais dans le corridor mais je ne dormais pas et je reconnais la voix du chirurgien. Il disait qu'il avait entendu une très jolie chanson à la radio et il en chante une partie. Au moment où il passe à côté de mon lit, je le saisis par le bras, il est surpris.

– Comment ça se fait que vous ne dormez pas ?

– Parce que je ne vous *truste* pas avec vos pilules, je connais cette chanson dont vous venez de parler.

– Bon d'accord, chantez-la et je vous écoute.

– *Il faut trouver le temps d'aimer, le temps de vivre et de rêver, croire à l'amour et regarder le ciel, les oiseaux et les fleurs, il faut trouver…*

Et je me suis endormi pour me réveiller après l'opération.

Diane m'attendait depuis le début de la matinée en tournant en rond.

Quand Paolo est enfin arrivé, j'ai eu une sensation d'espoir et en même temps, une peine profonde en le voyant impuissant. Je suis restée à ses côtés. Les heures passaient et tout à coup, son corps s'est soulevé en formant un pont. Il étouffait, il avait du mal à respirer, j'ai vite demandé à l'aide à l'infirmière :

– Y'a eu sa piqûre, c'est pas parce que c'est Paolo Noël qu'on va plier à tous ses petits caprices.

– Au secours il ne respire plus !

Si je n'avais pas été là, Paolo serait mort. Après cette expérience, je suis restée dans sa chambre toute la nuit. J'ai dormi par terre et les infirmières, qui n'étaient pas du tout comme la première, sont venues me porter à manger, elles m'ont donné des oreillers et j'ai veillé sur mon amour que je ne voulais pas perdre.

Le lendemain, le médecin est arrivé, il a confirmé que ce genre de situation n'arrive pas souvent et qu'heureusement Diane était là. Mais l'autre nouvelle était que :

– Si vous voulez rester au lit pendant trois semaines ou même un mois c'est votre choix, ou bien vous devez vous lever aujourd'hui.

– Je ne pense pas être capable de le faire, je ne me sens même pas capable de bouger.

Diane dit :

– Paolo je te connais, je sais que tu es un homme, tu n'aimerais pas mieux prendre l'avion et t'envoler en Floride que de rester dans un lit d'hôpital pendant un mois ?

Je me concentre pour prendre le peu d'énergie qui me reste et je donne un coup pour m'asseoir.

– C'est beau Paolo t'es capable.

Le docteur me prend les poignets et, en surveillant la position de mes pieds, m'encourage à me lever.

1, 2, 3 et debout et puis, plus rien je suis dans les nuages, j'ai perdu la carte, mais quatre jours plus tard, j'avais mon congé. Seuls l'équipe des *Tannants* et Willie Lamothe m'ont appelé pour m'encourager.

Une semaine plus tard, nous nous sommes envolés vers le soleil de la Floride. Grâce à mon assurance salaire, je ne m'inquiétais pas et je pouvais donc acheter du champagne à Didi et à sa mère, et du rhum pour le beau-père et moi.

Il ne nous restait plus qu'à vivre ces bons moments à regarder la mer, à jouer dans le sable avec Constantino et lui apprendre à bâtir des châteaux de sable, mais aussi réapprendre à marcher en se baladant sur le bord de la plage de Boca Raton.

Retour aux sources

J'ai repris ma place aux *Tannants* avec quelques changements. Latulipe a été remplacé par une autre vieille connaissance, Réal Béland, et j'ai appris que Gilles avait dû subir une intervention chirurgicale. Quant à moi, je me suis rendu compte que j'étais retourné au travail un peu trop vite. Je chantais avec ma guitare *Quand le soleil dit bonjour aux montagnes* et tout à coup un trou de mémoire total. C'est dans ces moments qu'on reconnaît un pro en un rien de temps, Ti Gus est arrivé à côté de moi avec son harmonica, il s'est mis à jouer et à faire les mimiques dont il était le champion comme si tout avait été prévu d'avance et toute l'assistance riait de bon cœur.

J'avais toujours des séquelles de mon accident et de mon opération, et de la difficulté à conduire la voiture trop longtemps mais je n'avais pas le choix de faire l'aller-retour chaque jour d'enregistrement des *Tannants*.

Mes beaux-parents parlaient de vendre la maison de L'Île-Bizard et nous avons choisi, après discussion, de retourner à Repentigny.

– Tu sais Diane, je serais plus près de mon travail, en plus la route à l'Île monte, descend, monte, descend, ça me pogne dans le dos et puis l'autoroute Décarie, c'est pas un cadeau. On va aller se faire construire une belle maison, pis on va être près de Lucile, de Claude, de ma mère et du bateau.

– C'est une bonne idée, comme ça je me sentirai moins seule.

Je repars à mon travail en pensant que je vais retourner dans cette ville qui m'avait libéré des ruelles d'Hochelaga à l'âge de 17 ans. Repentigny était alors une petite ville campagnarde où nous avions été heureux.

Ce soir là, j'arrivais d'une journée épuisante où nous avions enregistré trois émissions, j'avais hâte d'aller me coucher et au moment de m'endormir, Diane me dit :

– J'ai oublié de te dire que ton ami Conrad Bouchard a appelé.

– Bien sûr, je me rappelle de lui.

– Il va te rappeler, bonne nuit, fait un beau dodo.

Le lendemain, il me rappelle et me parle du bon vieux temps avec Grimaldi, puis de mon beau-frère, Alberto Stratta, le mari d'Hélène. Il me raconte que celui-ci a des connections avec des gens haut placés au Mexique. Je suis surpris de voir qu'il semble connaître tout son parcours de carrière, du début dans l'hôtellerie, même où il a fait ses études et jusqu'à maintenant, au Princess Acapulco. Il me demande si je peux le rejoindre.

Je trouve qu'il est bien inquisiteur et je pense à Willie Lamothe qui m'avait déjà dit que Conrad se tenait avec des gens de la pègre. Après lui avoir dit que j'étais content d'avoir eu de ses nouvelles, je me dépêche de mettre fin à la conversation.

Quelque temps plus tard, je vois arriver à la marina deux types habillés comme des hommes d'affaires qui demandent la permission de monter à bord. Une fois à bord, ils sortent tous les deux un badge de la RCMP, on ne disait pas encore la GRC, ils veulent simplement nous parler.

Ils me racontent que mon vieil ami Conrad est devenu un dangereux fraudeur haut de gamme et que sa ligne téléphonique est sur écoute. Ils sont donc venus m'avertir de me tenir loin de cet homme et de ses amis.

– Mais comment avez-vous fait pour nous retrouver sur le bateau ?

– C'est bien simple, votre ami de la rue Cuvillier, Guy Houde, est aujourd'hui sergent d'état-major chez nous, il voulait vous éviter des désagréments[12]. C'est pour ça qu'on est ici et, si jamais vous avez des ennuis, téléphonez-nous à ce numéro.

– Messieurs, saluez mon ami et merci !

Et ils sont repartis.

– Tu parles d'une affaire, Diane ! Imagine si on l'avait écouté, on se serait mis dans de beaux draps.

La naissance de Vanessa

Nous avons fait bâtir une maison à Repentigny, rue Cherrier, pas très loin de chez mon frère. Dix jours après notre déménagement, Diane a accouché de Vanessa à l'hôpital Maisonneuve. Son gynéco s'appelait Jacques Desrosiers, on l'appelait docteur Patof, ce qu'il n'appréciait pas beaucoup. C'était un excellent professeur et aussi un joueur de tour. Lors de l'accouchement, j'étais excessivement nerveux, il me dit :

– Tiens Paolo, enfile donc la jaquette verte ici, et viens avec moi je veux te montrer quelque chose.

---

12. Dans mon premier volume, *De l'orphelinat au succès*, c'est dans la cour de mon ami Ti-Guy que nous avions bâti un petit voilier, aussi avec l'aide de mon frère Claude.

Il m'amène vers la salle d'accouchement. Je n'avais assisté à la naissance d'aucun de mes enfants, j'avais quelques appréhensions. Le cœur me débattait et j'avais des chaleurs en entendant ma femme faire des efforts. Alors je décide de disparaître, mais Jacques avait prévu le coup, la porte était verrouillée, pas moyen de me sauver. Et tout à coup, j'entends une voix de bébé qui crie très fort et je vois une belle petite rougette qui n'a pas l'air d'aimer se faire déranger.

Le lendemain, le beau-frère Alberto était de passage à Montréal et il en a profité pour venir voir Diane et le nouveau bébé, lui apporter une gerbe de roses et aussi faire la suggestion d'un nom qui, à l'époque, n'était pas très populaire : « Si j'avais une autre fille, je lui donnerais le nom de Vanessa comme Vanessa Redgrave, une très grande actrice anglaise, rousse elle aussi. » Ensuite, le beau-père est arrivé.

– T'es mieux de jamais y faire de peine sans ça tu vas me voir arriver.

Il a embrassé Diane et est reparti pour la Floride. On ne savait pas que c'était la dernière fois qu'on le voyait. Il est malheureusement décédé quelques mois plus tard d'amiantose, même s'il n'avait toujours travaillé que dans les bureaux d'Atlas Asbestos.

Ce fut un dur coup pour Diane qui était proche de son père.

La fin du *Music-hall des jeunes talents Catelli*

Tout était prêt pour recevoir le nouveau bébé, il ne manquait rien. C'était une chambre de petite princesse et on avait les moyens de se faire plaisir.

Alors, comme tous les dimanches, j'ai fait mon émission pour les enfants et j'en ai profité pour présenter Vanessa à tous les téléspectateurs et aux nombreux enfants dans l'assistance.

J'avais eu de la difficulté à retenir mes larmes en chantant la petite romance qui lui était dédiée, lorsque j'ai senti une drôle de chaleur sur mon costume de scène. J'avais le fou rire en déclarant :

– Ma fille vient de faire un beau pipi pour son papa.

Un dimanche de la Fête des Mères, une petite fille qui devait avoir cinq ou six ans récitait un conte qui rendait hommage aux mamans. Mon travail d'animateur consistait aussi à intervenir pour sauver la situation si un enfant avait un problème. Voilà que cette pauvre petite fille a été prise de panique devant le public, elle s'est soudainement arrêtée, puis plus rien, elle était figée sur place. Je suis donc allé la rejoindre, tout en lui souriant je la prends sur mes genoux, je lui dis :

– C'est pas grave, moi aussi je me trompe quelquefois et plusieurs grands artistes se trompent aussi, et je lui montre la feuille que je tenais dans les mains.

– Vois-tu ce sont les noms de tous les jeunes artistes que je dois présenter ici et sans ce papier je peux me tromper moi aussi.

Elle m'a regardé l'air réconfortée, puis a continué son petit texte sans se tromper. Naturellement tous les enfants et les parents qui constituaient la plus grande partie de l'auditoire y sont allés d'un tonnerre d'applaudissements.

Après l'émission, la petite fille restait à mes côtés et me tenait la main. Je vois venir un homme l'air mécontent marchant d'un pas un peu trop rapide à mon goût. En arrivant à nos côtés, il se penche vers la petite et lui prend le poignet. Je trouve qu'il la serrait un peu trop fort tout en la secouant et en lui disant avec un accent très français :

– Espèce de petite sotte, je t'avais pourtant fait pratiquer ton texte et tu as trouvé le moyen de bafouiller.

Je ne peux pas supporter qu'on touche brutalement un enfant. Comme il est toujours penché devant moi en tenant la petite fille, je l'accroche par l'arrière de son veston pour l'attirer vers moi. Une fois relevé, je le prends par la cravate pour l'approcher bien près de ma figure pour le regarder bien d'aplomb dans les yeux.

– Écoute-moi, si tu touches à cette enfant une autre fois, tu vas retourner en France dans une belle boîte en bois, parce que je vais te faire sauter la tête des épaules ! M'as-tu compris ?

– Ne me touche pas ou j'appelle la police.

– Appelle qui tu voudras, j'vais avoir le temps de t'étrangler.

Là c'est la pagaille, tout le personnel est autour et les musiciens essaient de me calmer.

– Paolo, fais pas le fou !

Le réalisateur m'ordonne d'arrêter :

– C'est pas une façon de faire, t'es pas dans les cabarets, ici t'es dans une station de télé !

– Ah oui ! Pourquoi que personne s'en est mêlé ? Vous avez rien vu avec vos caméras ? Qu'est-ce qu'il fait quand les parents sont pas là ? Elle peut bien être traumatisée, ça doit pas être beau quand il est seul avec les enfants !

Je suis en colère, pas seulement parce que le gars a brassé un enfant mais parce que personne ne fait rien et que c'est moi qui ne suis pas correct.

Pendant que je m'engueule avec le réalisateur, le Français disparaît. Pas besoin de vous dire que j'ai eu un petit *meeting* avec le *boss* le lendemain matin.

– Qu'est-ce qui t'a pris de te conduire comme ça avec le professeur et aussi directeur d'une école d'art bien cotée ?

Tout ce qu'il trouve à me dire après mon récit :

– Bon OK ! On va oublier ça, mais il faut que tu écrives une lettre d'excuse à ce Monsieur.

– Jamais de la vie ! Si tu veux me faire plaisir, donne-moi son adresse puis j'vais aller le voir. J'vais y en faire des excuses. Mais j'suis pas sûr qu'il va aimer ça.

– OK Paolo, si tu fais pas ce que je demande, je te donne ton congé. Tu connais notre entente, si tu fais pas *Le music-hall des jeunes talents Catelli,* tu perds *Les Tannants* et je te barre du Canal 10 pendant 10 ans.

– Parfait, de toute façon, je suis écœuré de travailler pour un gang de dictateurs comme vous autres. Salut !

J'ai pris la porte et j'ai vraiment été barré pendant plusieurs années. C'est Claude Blanchard qui m'a fait revenir dans son émission malgré les ordres de L'Herbier. Faut dire que Blanchard avait pas mal de pouvoir, mais j'y reviendrai plus tard.

La vie doit continuer et nous vivons dans notre nouvelle maison, ce n'est pas un château, mais elle était confortable. Tino va à l'école et se fait de nouveaux amis, et Vanessa grandit doucement,

Un jour, un jeune homme très timide se présente à la porte, il vient faire un reportage pour un journal artistique. Comme on allait se mettre à table pour le dîner, on l'a invité à manger avec nous. On le sent tellement mal à l'aise que je lui pose des questions et je finis par savoir qu'il en est à sa première entrevue et qu'il n'a pas beaucoup d'expérience dans le métier de journaliste. Diane lui dit :

– Mange, attends pas que ce soit froid.

Il ne semble pas avoir grand appétit. Alors je lui raconte notre façon de vivre et quelques petites anecdotes. En silence on le voit prendre des notes dans un petit calepin lorsque Diane lui demande :

– Excuse-moi j'ai oublié ton nom ?

Paolo avec Daniel Hétu (à gauche). Crédit photo : Rolland Lafrance Photographe

Je me demande bien à quoi pensaient mon frère Claude (à gauche) et mon beau-père Jean-Louis (à droite). Ah! Oui ! Ils se disaient : « As-tu vu comment ils sont habillés ? » Arrière plan : Ti-Cul Gervais.
Crédit photo : Pierre Lasalle

Paolo qui chante à la Place des Arts vêtu d'un costume que Diane a dessiné.
Crédit photo : Guy Provost

Les nouveaux mariés et leurs mères respectives. Journal La Patrie, 1971.
Crédit photo : Guy Bouthillier

Notre couple après cinq ans de vie commune.
Crédit photo : Pierre Lasalle

Paolo, grand-père, avec sa belle Izella.
Crédit photo : Pierre Lasalle

Paolo qui amuse ses petits-enfants :
Sandro, Nathasha et Izella.

La 2ᵉ équipe de l'émission Les Tannants : *Paolo, Gaston Ouellette, Ti-Gus et Pierre Marcotte.* Crédit photo : Gauthier James

La maison où Vanessa est née, dans la rue Cherrier, à Repentigny.

Quelques heures avant l'arrivée de Vanessa dans notre nouvelle maison à Repentigny.
Crédit photo : Gauthier James

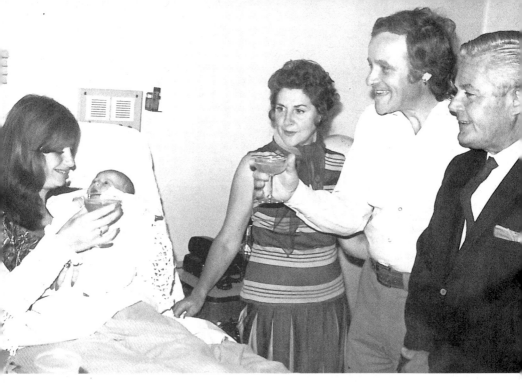

Diane avec bébé Vanessa, Mimi, la mère de Diane, Paolo et Jean-Louis Bolduc, le père de Diane. Crédit photo : Gauthier James

Pendant une émission de radio, avec toute la petite famille.

Le baptême de Vanessa.
Crédit photo : Gauthier James

Une belle photo de famille.

Paolo qui chante Flouche, Flouche.

Paolo, entouré de sa mère et de son beau-père. Journal des vedettes, *1972.*

Vanessa qui enregistre Le Noël des tout-petits *avec Paolo.*

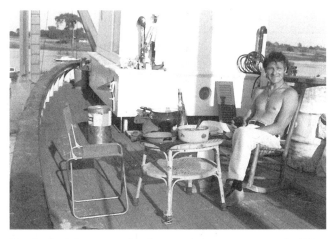

L'endroit où je me sens le mieux et où je retrouve mon équilibre.

Il sourit et répond doucement :

– Mon nom ne vous dira pas grand-chose, je suis nouveau dans le monde du journalisme, je m'appelle Claude Charron.

Et il est parti en nous remerciant de notre accueil.

Quand Diane a refermé la porte derrière ce jeune homme, elle s'est arrêtée l'air pensive :

– Avec un caractère doux comme le sien, je me demande combien de temps il va pouvoir survivre dans cette jungle. Mon Dieu j'espère qu'il va avoir le courage de passer au travers.

Bien des années ont passé et voilà qu'un jour nous recevons une petite carte sur laquelle était écrit un beau message de remerciements.

Papillon

J'avais lu l'histoire d'un bagnard dont le surnom était Papillon. Je l'avais lue et relue à tel point que je la savais presque par cœur.

Le lendemain de la naissance de Vanessa, on venait de finir notre travail, Pierre Marcotte et moi allions luncher chez Napoléon, rue Sainte-Catherine, juste à côté du Canal 10. En sortant, je vois que le grand hall d'entrée est bondé, je n'en crois pas mes yeux. C'est Papillon en personne qui est là et qui demande aux journalistes s'ils ont lu son premier livre. Il était là pour faire la promotion de son deuxième ouvrage, *Banco.* Pierre me dit :

– Paolo, réponds, toi, tu nous as cassé les oreilles avec ton Papillon, c'est le temps de le prouver.

Encouragé par mon ami, je me mets à répondre à presque toutes les questions.

– Alors c'est qui le mec qui répond à toutes mes questions ?

Un journaliste lui réplique :

– Vous êtes fait pour vous entendre, lui aussi c'est un voyou repenti.

Tout le monde se retourne vers moi et il me dit avec son accent parigo :

– Écoute mon pote, quand j'en aurai fini avec ces Messieurs, j'aimerais te causer.

On s'est retrouvés une fois la conférence terminée dans une petite salle de répétition, Papillon, Pierre et moi. Pierre avait acheté une bouteille de scotch pour fêter la venue du nouveau bébé et c'était la première fois que je buvais de cet alcool. Avec le manque de sommeil, il a eu beaucoup d'effet sur moi, je me suis senti à l'aise. On y allait, Pierre et moi, de nos questions. Lorsque je lui parle de ce vieux rêve qui me hante depuis plusieurs années, écrire la petite histoire de mon enfance et de ma vie, il s'arrête, dépose son verre et me regarde dans les yeux. J'ai eu l'impression qu'il pénétrait dans mes pensées.

– Si tu veux raconter tout ce que tu as de caché dans ton être, c'est tout simple Paolo, tu prends une plume et tu écris sur du papier avec les mots de ton cœur et je te jure que tu vas faire un malheur.

Il a sorti de son sac de cuir deux exemplaires de son nouveau bouquin qu'il nous a généreusement autographiés.

– Papillon, cette nuit il s'est passé quelque chose de merveilleux dans ma vie. Ma femme a donné naissance à une belle petite fille prénommée Vanessa.

D'un mouvement rapide et spontané, il reprend son livre et il écrit une autre page destinée à ma fille et à Diane mon épouse.

On s'est séparés et il nous a embrassés comme si on était de vieux copains. Quand j'ai montré à Diane le livre et les belles dédicaces que j'avais eues en cadeau, elle en était toute impressionnée. Merci Henri Charrière, dit Papillon.

Lucienne et Paul

Je l'ai déjà dit, ma mère Lucienne vivait en concubinage avec Paul, son conjoint depuis 30 ans. Il était maître lithographe et il faisait du temps supplémentaire pour réaliser leur grand rêve : une grande maison au bord du fleuve avec beaucoup de chambres pour recevoir la famille et les amis.

Cette maison, qu'il a bâtie de ses mains, a été pour toute la famille la maison du bonheur, le fait de me voir me remarier a allumé une petite lumière magique dans le cœur des vieux amants. Mais ma mère devait auparavant divorcer d'Émile.

Mon avocat a procédé rapidement et les jeunes tourtereaux se sont mariés après 37 ans d'attente.

Pour la circonstance, mon ami Yvon Perron, propriétaire du restaurant très populaire de Repentigny, La Grange, avait fourni sa grosse Cadillac Eldorado convertible.

Nos jeunes mariés avaient l'air de deux enfants qui auraient redécouvert une autre façon de voir la vie. Mais la plus grand surprise, c'était de les voir monter à bord du train Transcontinental pour aller jusqu'à Vancouver en amoureux.

Paul ne voyageait jamais si ce n'était pour aller travailler et revenir à la maison jour après jour avec son vieux camion, aussi longtemps qu'il n'a pas eu l'argent pour se payer une voiture. Au retour, Paul nous a raconté quelques péripéties de leur voyage et comment ils avaient été gâtés par le personnel.

Paul et Lucienne ont toujours été pour moi le plus bel exemple de l'amour, le vrai celui qui dure toute une vie. Quand je repense à eux, c'est les mots d'une chanson de Piaf qui me viennent en mémoire : *Là-haut Dieu réunit ceux qui s'aiment.*

L'époque de Daniel Hétu

À cette époque de ma vie et de mon métier, j'acceptais à peu près toutes les propositions l'hiver, mais je m'occupais de mon bateau l'été. Je devais donc me trouver un nouveau pianiste pour m'accompagner dans mes spectacles à chaque nouvelle saison. Mes agents me parlent d'un jeune pianiste organiste qui est bourré de talent et qui est le fils de Lucien Hétu.

– Paolo t'as rien à perdre à l'essayer, justement le curé d'une église située rue Hochelaga m'a téléphoné en disant qu'il te connaissait, c'est l'abbé Therien.

– L'abbé Therien, tu parles que je le connais, combien ça paye ce fameux spectacle : 100 $! Parfait ça me donne une bonne occasion pour tester Daniel, je vais lui donner le 100 $ et je vais faire le spectacle au p'tit prêtre gratuitement.

Le soir de la représentation, Diane et moi arrivons à la salle paroissiale assez tôt. Il n'y avait qu'un vieux micro démodé et un vieil harmonium à pédales. Désappointé, je vois apparaître un jeune et beau garçon au sourire resplendissant.

– Bonjour, je suis Daniel Hétu et il nous tend la main. Où est le piano avec lequel je dois vous accompagner ?

Je suis gêné de lui montrer l'antiquité. Tout d'abord un silence, puis un rire qui en dit long sur sa façon de toujours voir le côté positif.

Il s'assoit sur le banc, pose les pieds sur les pédales qui grincent comme une porte de grange et essaie de faire sortir un son de cet instrument. Rien à faire, les touches du clavier central sont mortes, il ne reste donc que les touches de chaque côté qui donnent un semblant de son, c'est-à-dire les basses à gauche et les hautes à droite. Il ne perd toujours pas son sourire moqueur et me rassure :

– On va passer à travers.

L'abbé Therien n'avait pas beaucoup changé à part quelques cheveux gris.

– Il y a ici un Monsieur qui dit être ton père, Paolo, pourtant celui que j'ai connu quand on a fait la bénédiction de ton petit voilier ne lui ressemble pas du tout.

– Pour le moment, c'est le spectacle qui est important, après je vous expliquerai tout et pour mon père, dites-lui que je le verrai après la représentation.

Daniel a pris les feuilles de musique et on a plongé, le public était tellement silencieux que j'ai chanté sans micro. Mais ce que j'entendais derrière moi, je ne l'avais jamais entendu, il arrivait à me donner je ne sais comment des notes qui faisaient que je m'en allais dans mes chansons sans que les spectateurs se doutent de quelque chose, ils étaient heureux et applaudissaient avec enthousiasme. À la fin du spectacle, en présentant Daniel, nous avons compris que le public ne s'était rendu compte de rien. Daniel a même dû se lever pour saluer les spectateurs qui venaient d'entendre le meilleur accompagnateur acrobatique avec qui je venais d'offrir un bon spectacle. Ce fut le début d'une complicité qui a duré cinq ans pour le travail et d'une longue amitié pour le reste de sa vie.

La salle vidée, il restait deux autres personnes, le curé et mon père biologique. J'étais heureux de revoir l'abbé Therien qui s'est empressé de nous remercier et de nous féliciter en nous remettant l'enveloppe contenant le salaire que j'ai remis à mon nouveau pianiste. Daniel l'a carrément refusée en me disant :

– Je ne suis pas venu pour ça, je voulais simplement te montrer mon savoir-faire.

Toujours avec le même sourire et son petit raclement de la gorge, il dit d'un ton moqueur :

– Je dois vous avouer que ça n'a pas été aussi facile que je l'avais cru, mais je pense que j'ai passé le test.

– On a gagné je me sens soulagé.

J'ai remis l'enveloppe au curé.

J'ai raccompagné mon vieux père, qui marchait maintenant avec une canne, hors de l'église et j'ai ressenti comme une libération, j'étais fier de n'avoir pas suivi la même voie que lui.

Pour finir la soirée, on a invité Daniel à venir manger avec nous des bonnes pâtes et boire un petit vin italien. C'est comme ça que Daniel nous a raconté une histoire invraisemblable qui lui était arrivée avec son père au Japon alors qu'il participait à un grand concours mondial d'organistes.

En interprétant la pièce instrumentale *Bumble Bee*, Daniel Hétu a remporté le premier prix devant des milliers de personne qui ne pouvaient même pas dire son nom correctement.

Le concours terminé, son père et lui avaient droit à des vacances dans un grand hôtel payé par un commanditaire. Lucien Hétu en a profité pour visiter la ville, alors que le jeune Daniel voulait acheter quelques souvenirs. Il a demande à son père de lui donner un peu de l'argent qu'il avait gagné.

– Cet argent tu me le dois, c'est moi qui ai payé tes études à Vincent-d'Indy et ton talent te vient de mes gènes.

Il a sorti de sa poche un paquet d'argent américain et il a jeté par terre un 2 $ canadien en disant : « Tiens tu as ce que tu mérites ! »

– Qu'est-ce que tu penses de lui maintenant ?

– Rien de bien mal, j'ai mis ça aux oubliettes, parce qu'au fond quand j'étais aux études, je n'étudiais jamais et j'étais toujours premier de classe.

En fin de compte, ce qu'il venait de nous raconter me consolait de mon père. On était pris tous les deux avec des paternels qui n'étaient pas des cadeaux.

Lors d'un spectacle donné pour les filles d'Isabelle à Shawinigan, j'ai présenté Daniel en ne racontant que le beau côté de son histoire et je lui ai demandé s'il voulait bien jouer devant nos spectateurs la pièce musicale qu'il avait présentée au Japon. Il me regarde tout surpris puis se met à rire :

– T'es un beau salaud, un traître et j'en passe.

N'empêche qu'il a soulevé toute l'assistance, y compris moi-même. Il était vraiment un champion.

On a travaillé dans toutes sortes de salles, de boîtes de nuit, de festivals ou d'arénas. Quel que soit le public, on est toujours sortis gagnants parce qu'on arrivait toujours à s'adapter aux premières réactions. Pour nous ce n'était plus du travail, on s'amusait en gagnant confortablement notre vie.

Une semaine après mon congédiement du Canal 10, Jacques-Charles Gilliot, ancien réalisateur, me téléphone pour m'offrir un travail à CJMS. Il était devenu directeur de la programmation et il y avait belle lurette qu'on se connaissait, nous avons pris rendez-vous et on s'est facilement entendus.

Alors j'ai repris avec plaisir le même studio, mais pas le même technicien. C'était un beau jeune homme bien éduqué, nommé Michel Jasmin. Disons qu'il était plus sérieux et que c'était plus facile de travailler avec lui sans toutefois dénigrer le travail de Paul Vincent.

Depuis que j'avais enregistré *Paulette la Tapette*, tout était resté figé, je ne trouvais rien qui m'inspirait et qui valait la peine d'investir de l'argent, d'autant plus que je n'en avais pas assez pour le gaspiller. Quelques semaines après mon retour, Colette, la gentille petite discothécaire, arrive toute contente dans le studio :

– Paolo, il faut que tu viennes écouter une chanson qu'on vient tout juste de recevoir de Toronto. Tu vas tomber par terre !

Elle avait raison, j'ai bien falli tomber sur le cul, c'était vraiment la chanson que j'attendais. Elle m'a donné cinq jours pour écrire une adaptation française et l'enregistrer.

Je dis alors à Didi :

– Écoute cette chanson-là, c'est la version originale de *Flip, Flop, Fly*.

Les murs de la maison tremblaient tellement la musique était bonne. J'ai pris des feuilles de papier et j'ai commencé à écrire tout ce qui me venait en tête. J'écoutais l'enchaînement des paroles et l'interprétation du groupe.

Je pensais à des amis riches et aux clichés qu'ils emploient lorsqu'ils ont trop consommé, comme « Y'a rien de trop beau à soir » ou « S'ils nous servent pas à boire, on va acheter la boîte ». C'est comme une recette, je pense aussi aux histoires que Latulipe m'a données pour mon spectacle, tu mets un peu de poivre et un peu de sel pis tu brasses et tu laisses mijoter ça dans ton cerveau pendant la fin de semaine et la chanson était faite. Mais il me restait les deux premières lignes que je n'arrivais pas à trouver, lorsque Diane qui était en train de préparer le souper, tout en dansant sur le rythme de cette chanson, vient me dire :

– Pourquoi tu n'écris pas « Quand les pieds me chatouillent », pis j'ai rien qu'envie de danser.

– Hé ! Merci Didi, c'est formidable !

Et la chanson était écrite.

– Paolo, viens manger avant de partir parce que tu ne pourras pas chanter ce soir.

En arrivant au club, je me dépêche de raconter mon aventure à Daniel.

– OK, je vais aller coucher chez vous pour pouvoir écouter la chanson et faire les arrangements musicaux. J'appelle les musiciens disponibles et on va prendre le studio de Tony

Roman pour la nuit, on va s'arranger pour que ce soit prêt pour le début de la semaine.

Comme d'habitude avec Daniel, tout marche comme sur des roulettes ; Guy Lepage est toujours sceptique sur le langage à employer dans la chanson. Je lui dis :

– C'est pas un classique c'est un jargon québécois.

Tout a été fait en cinq jours.

On l'a fait tourner en ondes, sur tout le réseau, ça été la folie furieuse à travers le Québec. La semaine suivante, j'avais assez de demandes d'engagement pour remplir mon année au complet et j'avais deux nouveaux gros canons dans mon spectacle, *Paulette* et *Flip, Flop, Fly*. Après presque 40 ans, je l'utilise encore pour terminer mon spectacle.

Ma carrière de chanteur de charme venait de prendre un virage à 45 degrés. Tout ce que Latulipe m'avait appris de la comédie a rallongé ma carrière et changé ma personnalité sur scène. Il fallait aussi changer mes costumes et ma démarche. Diane, de par son métier de mannequin, s'y connaissait en habillement, m'a dessiné des costumes qu'elle a fait coudre par des tailleurs américains qui avaient une boutique en Floride.

Diane qui avait aussi étudié le ballet me dit :

– Paolo, tu ne peux pas chanter *Flip, Flop, Fly* sans bouger comme pour les autres chansons, il va falloir que tu apprennes des mouvements avec tes jambes et ton corps, sinon ça marchera pas.

– Ça c'est autre chose !

Mais elle m'a appris avec patience, en me faisant pratiquer un peu tous les jours et je suis arrivé à pouvoir bouger sur le son de la musique sans être un danseur.

J'y suis arrivé juste à temps pour accepter l'invitation de participer à l'émission très à la mode et populaire de *Jeunesse d'aujourd'hui*. Ce jour-là, je portais un de mes nouveaux costumes de scène qui était tellement ajusté que je ne pouvais même pas m'asseoir.

En attendant dans les coulisses, j'entendais le cris des jeunes spectatrices à l'apparition des artistes qui auraient pu avoir l'âge de mes enfants. De toute façon, j'y suis et j'y reste, on verra bien. Enfin j'entends mon nom et l'introduction de ma chanson, je plonge et me voilà devant un auditoire déchaîné qui crie en me voyant. C'est à peine si je peux entendre la musique mais j'arrive à la fin et je bouge sans arrêt sans me rendre compte que je suis un peu trop près de l'auditoire lorsque je vois venir vers moi, je ne sais combien de jeunes filles qui montent sur la scène, me bousculent et m'arrachent des morceaux de mon beau costume tout neuf que j'ai payé un prix exorbitant.

Les gardiens pas plus que moi n'avaient prévu le coup, c'était la surprise totale. Le temps de me faire égratigner un peu, je riais comme un fou. Quand les gardiens sont arrivés, c'était la fin de l'émission, j'avais l'air d'un clochard de luxe avec mon costume en lambeaux les cheveux tout décoiffés, mais le cœur heureux comme un débutant, car je venais de donner un second souffle à ma carrière. Un costume en moins, mais quel que soit le prix ça en valait la peine, même si Diane n'était pas tout à fait de mon avis. Il me restait quand même encore deux autres costumes.

Flip, Flop, Fly est resté un classique, mais je n'ai jamais eu un trophée pour son succès, je ne faisais pas partie du gang. De toute façon, le plus beau trophée qu'un artiste peut avoir c'est lorsqu'il marche dans la rue et que les gens s'arrêtent pour lui faire part de leur admiration. C'est ainsi que tu sais que tu existes encore.

Un engagement pour la Floride

Comme notre nouvelle maison n'était pas bien loin de notre bateau, nous allions souvent à la marina pour y travailler.

Un jour mon agent me propose un contrat de deux semaines en Floride, avion et suite au Suez avec deux repas par jour pour moi et le musicien accompagnateur, le tout bien payé. Je demande aussi que Diane nous accompagne.

Deux jours plus tard c'était réglé. En février, être dans le sable au soleil et n'avoir qu'à chanter le soir devant des gens heureux et de bonne humeur, que peut-on demander de plus ? Quel plaisir de s'envoler sur un beau 747, première classe avec le champagne, filet mignon et tout le reste. Ça nous faisait du bien à tous les trois, parce que Daniel était du voyage et il était un peu comme notre fils le plus vieux. Il était toujours d'agréable compagnie. En descendant de l'avion, nous étions tous de très bonne humeur et comme nous avions une journée de congé avant de commencer le travail à l'hôtel, nous avons eu le temps d'aller marcher le long de la plage, s'asseoir dans le sable en écoutant les vagues ou jouer dans l'eau.

Daniel est allé au bar de l'hôtel en explorateur, à la recherche des beautés féminines en bikini qui ne manquent pas sous le soleil.

Pour la première, c'était rempli à pleine capacité, mon cerveau fonctionnait à merveille, un gag n'attendant pas l'autre. Chanter avec Daniel c'est tellement facile, pendant que je charmais mon auditoire, mon accompagnateur en faisait autant avec un chapelet de jolies filles assises au bout du bar.

Daniel m'avait bien recommandé de placer l'éclairage devant l'orgue afin que la pêche aux sirènes soit bonne !

Tous les soirs, ou presque, il arrivait après le spectacle avec une nouvelle fille, blonde ou brune. Mais un soir en particulier, il a choisi la plus attirante, elle était grande et mince aux cheveux longs, noirs et lisses qui tombaient gracieusement sur ses épaules et dans le dos. Son visage était éclairé par des yeux bleus infinis, légèrement maquillés qui faisaient ressortir tous les charmes d'une femme distinguée.

Quand elle s'est déshabillée dans sa chambre, il a découvert une femme bionique avec tellement de coutures qu'il ne lui manquait que des fermetures éclair pour ressembler à une valise de voyage. Pendant qu'elle était sous la douche, Daniel, paniqué frappe à la porte communicante pour nous supplier de venir prendre un verre de champagne avec lui, car il ne veut pas rester seul avec elle et surtout avoir à coucher avec elle. Nous étions en train de nous préparer pour la nuit, nous avons dû remettre nos vêtements en vitesse pour aller sauver notre voisin en perdition.

– Laissez-moi pas tout seul !

Nous étions morts de rire en prenant tout notre temps avant d'ouvrir, mais nous avons dû nous coucher fort tard cette nuit-là, après que la pauvre fille ait disparu avec son rêve inachevé.

C'est Michel Louvain qui a été le premier chanteur québécois à performer dans une boîte de la Floride, ce qui a donné le goût à d'autres propriétaires sur Collins Avenue à Miami de faire pareil.

J'ai eu un problème de voix assez aigu pour que je panique au point de me chercher un médecin. Nous sommes allés chez un médecin à Boca Raton où vivait la mère de Diane et il nous a reçus le vendredi même. Après quelques secondes d'examen, il a lancé :

– Toi, tu n'as pas de problème, tout ce que tu as à faire c'est d'arrêter de parler puis ça va passer.

Pendant qu'il me parle, il jette un coup d'œil sur Didi et il enchaîne :

– Mais ta femme a quelque chose d'anormal sur la gorge et je n'aime pas ça. Est-ce que tu me donnes la permission de l'examiner et c'est gratuit, je le fais simplement par devoir professionnel.

Diane, qui est aussi surprise que moi, le laisse donc passer ses mains sur son cou, il a remarqué qu'elle avait une bosse d'à peu près la taille d'un gros raisin sur la glande thyroïde. Diane traduit :

– Aimez-vous votre épouse et voulez-vous la garder ?

Il continue en nous demandant de revenir lundi matin, pour faire passer un examen nucléaire à Diane. Il craignait que la bosse soit cancéreuse.

Diane raconte :

Pendant toute la fin de semaine, plus rien n'était beau ou drôle, je pensais à mes enfants. Si je devais m'en aller, qui les élèverait, est-ce qu'une autre femme les aimerait autant que moi ? Est-ce qu'ils m'oublieraient ? Tout cet amour, toutes ces nuits, toutes ces craintes et angoisses, et tous mes rêves de les voir grandir, partis dans le néant.

Le lundi matin, ils emmènent Diane passer son examen, les résultats sont arrivés une ou deux heures plus tard. Diane qui est prise avec la traduction et l'anxiété me dit que le docteur connaît un grand spécialiste à Montréal à l'hôpital Royal Victoria. Il n'a pas attendu et a pris la responsabilité de lui téléphoner immédiatement, ce médecin nous attend et le plus tôt serait le mieux.

On est complètement perdus, on a le cœur complètement chaviré, Une chance il ne me reste qu'un spectacle à faire et mon contrat est fini. Je l'ai fait, mais je n'avais pas le cœur à la gaieté, et ça m'a paru une éternité. À Montréal, le médecin nous attendait, heureusement la tumeur n'était pas cancéreuse, mais depuis ce jour Diane prend du Synthroid tous les matins et pour le reste de sa vie, sinon elle s'éteindra comme une chandelle sans mèche.

Je laisse Diane raconter.

– Vous savez que j'étais mannequin, ça veut dire faire attention à tout ce qu'on mange et faire de l'exercice car il ne faut vraiment pas prendre de poids. Il m'arrivait une chose bizarre, j'étais plus fatiguée en me levant le matin que je l'étais en me couchant, j'aurais dormi encore toute une autre nuit, Je n'arrivais plus à contrôler mon poids. Je suis donc allée voir un médecin pour lui expliquer mon problème, j'avais pris 10 livres sans faire d'excès et en faisant toujours la même routine. Il a ri de moi : « Vous n'avez pas d'affaire ici mais plutôt dans un hôpital psychiatrique. »

J'ai pensé que je ne faisais pas assez d'exercices et que je ne me privais pas assez (des fois je mangeais une fois par deux jours, ce n'est pas intelligent mais c'était comme ça). Finalement, j'ai vu trois médecins et ils ont tous eu le même genre de réponse. Mais ça n'allait vraiment pas, mon cœur se mettait à battre très rapidement pendant mon sommeil, ça me réveillait. Et j'étais devenue tellement agressive que je n'endurais plus rien, aussi je perdais la voix pour un rien. J'avais tous les symptômes d'un mauvais fonctionnement de la glande thyroïde, mais on ne m'a jamais posé de questions sur mon état et moi je ne connaissais pas cette maladie.

La veille de mon opération, j'ai regardé mon cou, j'aurai une belle cicatrice d'un bord à l'autre. Ce n'est pas tellement joli, mais la santé d'abord. Ma sœur est venue de la Caroline du Sud où elle vivait.

Je n'avais jamais encore réalisé comme j'ai été chanceuse d'avoir rencontré ce médecin de la Floride et j'ai le cœur serré. Il m'a sauvé la vie et je ne suis même pas allée le remercier.

L'émission de Jacques Boulanger était maintenant enregistrée au complexe Desjardins. Un jour, les recherchistes me demandent la permission de préparer une fête pour Paolo et ils me demandent quels artistes invités feraient plaisir à Paolo et au public. L'occasion était bonne pour ramener tous ses vieux copains du spectacle devant les téléspectateurs. Ce n'était pas tellement difficile mais malheureusement un gros morceau était parti, son protecteur et ami Olivier Guimond. La brochette d'artistes était bien garnie, surtout ceux du début comme Willie Lamothe, Claude Blanchard, Manda Parent, Jean Grimaldi et Réal Béland.

J'ai dit à Paolo qu'il était invité à faire l'émission comme d'habitude, mais Paolo a exigé que Daniel l'accompagne. Discussion difficile avec Radio-Canada qui refusait que d'autres musiciens que les habituels soient embauchés. Finalement, j'ai réussi à obtenir l'engagement de Daniel.

Daniel nous rend visite au bateau et Paolo lui annonce qu'il l'a fait engager à l'émission et qu'il a besoin d'orchestration pour cinq musiciens.

– Heil, t'es drôle je ne m'attendais à pas mieux de toi ! T'as-tu du papier ?

Et Daniel nous a complètement impressionnés, il a pris les feuilles, les a déposées sur la toiture de sa voiture et a commencé à faire des portées sans règle sans rien, un crayon, du papier et son génie. Il a écrit un arrangement pour cinq musiciens facilement, installé au soleil pendant que les amateurs de bateau passaient à côté de lui. Le bruit des sableuses et des passants ne le dérangeait pas, il est monté ensuite sur le bateau et a demandé à Paolo :

– T'as-tu une bonne bière ?

À l'émission, les réalisateurs et tous les musiciens n'en revenaient pas de la perfection de son écriture musicale.

Pour Daniel Hétu, ce fut le début d'une nouvelle orientation de carrière, Radio-Canada l'impénétrable venait de le prendre sous son aile. Il a été directeur musical de Ginette Reno, René Simard et combien d'autres, en plus d'avoir été l'auteur-compositeur de cette chanson très populaire, *Je t'attendais*.

Gagner notre vie dans les boîtes de nuit

Chanter dans les boîtes de nuit, c'est une partie du métier qui n'est pas toujours facile et agréable. Les publics différaient d'une place à l'autre, les patrons aussi. Un de mes meilleurs compagnons de travail à cette époque de ma carrière a été Daniel Hétu.

La plupart des spectateurs qui regardaient le *show* ne savaient pas tous les efforts demandés en dehors de la scène, comme transporter le système de son, l'orgue B3 qui semblait peser une tonne quand la salle était au deuxième dans les arénas, ensuite tout installer et après, faire l'inverse. Daniel qui n'était pas très grand, mais costaud ne se plaignait jamais. Au contraire, il avait toujours un petit commentaire drôle à faire. Il était rapide et savait ce qu'il avait à faire et pour le transport de l'équipement, nous nous mettions à deux.

Comme tous les chanteurs du monde, il m'arrivait d'avoir des problèmes de voix ou de laryngite, mais pour Daniel, pas de problème, il descendait sans contrainte toutes les tonalités des chansons, ça me rassurait et m'empêchait de paniquer avant le spectacle. Au début, il était le seul musicien à m'accompagner, car Daniel faisait les basses avec les pédales et le son était bon pour toutes les salles, plus tard, nous avons eu un batteur.

Nous avons vu toutes les sortes de salles. J'avais été engagé pour une fin de semaine au Cap-de-la-Madeleine, on avait eu un monde fou. Quand vint le temps d'aller chercher mon salaire, j'étais assis devant le patron qui me dévisageait, je me disais : « Pas encore la chicane pour me faire payer. »

– Tu devrais changer d'agent, Paolo, je vais te montrer quelque chose, et ce n'est pas mon habitude de faire ça.

Il ouvre un livre de contrats et de comptabilité, juste devant moi, il me montre son bilan pour un mois où je peux voir les montants payés à d'autres artistes que je connais.

– Vois-tu le prix qu'ils m'ont coûté et les assistances payantes ?

Il me montre l'assistance et ce que j'avais coûté, et je suis surpris quand il me remet 500 $ de plus que prévu.

– Je te dis Paolo, tu te fais fourrer, change d'agent, appelle mon ami Tony et garde ça entre nous deux.

En arrivant à la maison, j'ai téléphoné à Tony Mandanice, ancien ami de cœur de Michelle Richard. Il s'est mis à rire comme un bon en m'entendant raconter mon histoire et lui expliquer que c'était le proprio de la boîte qui m'avait donné son numéro.

– En tout cas, ça me fait plaisir de savoir ce que quelqu'un dit de moi.

On prend rendez-vous, on discute, avec Tony ce n'était pas difficile et j'ai rapidement vu augmenter mes revenus. À un moment donné, il propose au patron d'une boîte où je m'étais déjà produit sans grand succès : « Tu ne risques rien, on prend les entrées et 10 pour cent du bar. »

Le soir de la première, j'arrive avec Daniel et le batteur. À la porte, une espèce de gorille fait la collecte des entrées et un autre est à côté du bar avec un compteur dans les mains, il poinçonne chaque consommation. La salle est pleine, les musiciens sont installés et Tony vient me voir dans la loge.

– Quand vous êtes prêts, on commence. Il faut remplir la salle deux fois. Es-tu en forme Paolo ? Y'a beaucoup de monde qui t'attend, prends ça cool tout le monde est content de te voir. La gérante ne doit pas être de bonne humeur car elle disait que tu te casserais la gueule ce soir. T'as déjà rempli ta caisse avec le premier *show* et pis c'est le salaire que je lui avais demandé. Fais-la chier, donne ton meilleur, mon homme.

Et cela a continué tous les soirs, mais le dimanche au milieu de mon premier spectacle, je vois arriver plusieurs policiers qui crient :

– On ferme la place !

Ils se retournent vers moi pour s'excuser de la situation, je n'y comprends vraiment rien. Je descends de scène bien déçu et surtout pour les gens qui ont payé, même si on arrivait presque à la fin du *show*.

– Tout le monde doit sortir !

Il y a des agents partout, la main sur leurs armes prêts à dégainer. Enfin quand les musiciens et moi arrivons à notre loge, je me change rapidement avant de partir et j'ouvre ma boîte pour ranger ma guitare, j'aperçois alors deux gros revolvers et un message sur un bout de papier.

– Paolo si tu veux rester en santé, viens porter nos affaires du côté sud de Saint-Denis et Mont-Royal.

Je montre le papier à Daniel.

– Qu'est-ce qu'on fait ?

– De toute façon ce n'est pas de nos affaires, pour sortir, toi, prends ta boîte, pis moi j'vais prendre ta guitare dans mes mains, y savent pas si tu as deux guitares.

À la sortie, la place est presque dégagée, je sors sans ennui, reste l'autre partie du problème.

Daniel me demande :

– Veux-tu que je te suive ?

– Non, non, mêle-toi pas de ça.

Je me rends au fameux rendez-vous. Après avoir attendu quelques minutes dans ma voiture, j'aperçois une silhouette féminine qui vient dans ma direction. Est-ce la bonne personne ?

– M. Paolo ! Je viens pour la commission, mettez les deux objets dans le sac de cuir.

Elle avait des cheveux blonds qui tombaient sur son visage de façon à ce que je ne puisse pas la reconnaître.

Pauvre fille, si seulement elle savait comment j'étais heureux de m'en débarrasser. Je voulais juste rentrer chez moi.

Qui est-ce que je vois arriver derrière moi ? Daniel.

– Daniel je t'ai dit de ne pas me suivre.

– Paolo, nous autres, c'est tous pour un, un pour tous.

– Bin OK, d'Artagnan, je connais une bonne place pour prendre une bière tranquille, on va aller chez nous. Diane va être contente d'avoir deux beaux hommes dans sa maison.

Le lendemain, les journaux parlaient d'une fusillade dans une boîte de nuit de la Rive Sud qui avait fait plusieurs blessés, l'endroit où j'avais chanté la veille appartenait au même patron.

Après cette mésaventure, la vie continue et on s'habitue. Toutes les boîtes de nuit ont quelque chose en commun : leur personnel ; le barman, le *doorman* et les serveurs se ressemblent tous un peu.

Une boîte dans l'est sur la rue Sainte-Catherine appartenait à deux frères grecs généreux et avenants. Tous les soirs, c'était plein de Gaspésiens. Un soir, j'y ai retrouvé un de mes cousins que je n'avais pas vu depuis quelques années parce qu'il était en prison pour vol de banque.

Je l'ai invité dans la loge des artistes au sous-sol afin de pouvoir parler en paix. Il ressemblait à un ancien gangster de cinéma. Pendant qu'il me parlait, il passait son temps à fixer le gros coffre-fort dans le coin près de ma loge.

En remontant dans le bar, j'aperçois deux hommes assez costauds et entre les deux, un Monsieur plus petit aux cheveux blancs, Michel Pausa, qui était à mes débuts en charge des portiers de la Casa Loma. Mon cousin s'arrête au bar pendant que le serveur me guide vers un client qui veut me rencontrer.

Le client n'a pas l'air de bonne humeur.

– Bonsoir Monsieur, qu'est-ce que je peux faire pour vous ?

– Rien, c'est moi qui a affaire à toi, t'as traité ma sœur de grosse vache.

– Je ne connais pas votre sœur.

– Ma sœur était la gérante de La Porte Saint-Denis quand la police a vidé la place.

– Ah oui, avant de partir je lui ai demandé un verre et elle a refusé, même si elle avait fait de l'argent grâce à moi. Mais je n'ai jamais dit ça à ta sœur, bon faut que j'aille faire ma *job*.

– Reste assis pis regarde sous la table.

Il tient un revolver de gros calibre dans sa main droite, pointé dans ma direction. Je lui suggère calmement de descendre dans ma loge pour qu'on parle.

– OK, mais cherche pas à me fourrer, passe devant moi pis oublie pas que j'ai toujours mon *gun*.

Nous marchons tous les deux en zigzaguant à travers les tables des gens qui me parlent au passage. J'approche du bar où sont appuyés Michel Pausa et ses gardes du corps. Il me sourit pendant que moi je lui fais des signes avec mes yeux en signalant le gars derrière moi. Immédiatement son visage a changé, il avait compris le message.

Avant de me rendre vers l'escalier qui mène à la loge, je me range rapidement du côté des gardes du corps et de Michel Pausa. Une seconde et tout était réglé lorsqu'un des gardes du corps a foncé rapidement vers l'homme et l'autre lui a arraché l'arme des mains. M. Pausa me dit en souriant :

– Paolo va te changer pour ton spectacle, sans ça tu vas être en retard. Je suis venu t'entendre chanter pour savoir si, depuis le temps, ton charme marche encore.

Je descends rapidement au sous-sol où m'attendaient les musiciens qui se demandaient ce qui se passait.

– J'ai pas le temps de vous raconter, je vous le dirai tout à l'heure.

Mon cousin m'attendait pour aller manger à la pizzeria après mon spectacle. Sur la banquette voisine, quatre jeunes grandes gueules parlent fort. Comme d'habitude parce que je suis assis avec un autre homme, l'un d'eux me traite de pédé. Mon cousin me dit :

– Paolo, reste assis. Laisse-moi m'occuper de ça.

Il se lève bien calmement et s'approche de la table. Il regarde celui qui parlait plus fort que les trois autres, il prend son assiette de spaghettis encore fumants et lui verse sur la tête. Le portier du club qui était assis pas loin et qui avait tout vu et entendu lance à mon cousin :

– Retourne avec Paolo, ça c'est ma *job*. Sortez ou je vais vous sortir tous les quatre ! Vous êtes pas assez nombreux pour me faire peur ! Pis dépêchez-vous avant que je change d'idée.

Deux jours plus tard, j'ai lu dans le journal qu'il y avait eu un vol à main armée dans le fameux cabaret. Deux suspects armés et masqués s'étaient présentés le matin alors que le préposé au ménage était en train de faire son travail. Ils l'ont menacé, ligoté et, ensuite, ils ont volé le contenu du coffre-fort et sont repartis en laissant les armes qui étaient en fait des fusils à eau. Je n'ai jamais revu mon cousin.

Avec Tony, mon nouvel agent, tout allait bien, je ne manquais pas de travail et je n'avais pas besoin de courir après mon salaire. Mais c'était un joueur compulsif. Un jour, je reçois un appel de mon frère, fervent lecteur du *Journal de Montréal*, qui m'annonce que mon ami Tony Mandanice avait été retrouvé dans le coffre de sa voiture, le corps criblé de balles. Je venais de perdre un bon agent.

La vie de couple

Diane :

Les gens nous voient vivre par les journaux et la télévision, et tout semble tellement beau. Et pourtant, c'est autre chose, il y a le temps consacré aux spectacles, les émissions de télé et de radio, les enregistrements de disque, les répétitions, les déplacements et les rendez-vous d'affaires. Et en plus, Paolo est toujours le dernier parti. Il flâne, parle à tout le monde, ce qui fait qu'il arrive toujours très tard à la maison.

De mon côté, j'aime tout ce qui touche à la mode et surtout le dessin de mode. Je dessine depuis plusieurs années des vêtements. Mais pour moi, le bonheur est à la maison avec mes enfants. Je ne veux pas manquer un instant de bonheur auprès des miens et j'espère toujours que Paolo arrivera tôt.

Sans oublier le bateau à la marina qui prend le peu du temps qui reste à Paolo parce qu'il le retape lui-même. Je l'aide du mieux que je peux, je décape les bordées à l'intérieur de la cabine, etc. Sauf qu'un chantier de bateau, ce n'est pas le meilleur terrain de jeux pour des enfants qui trouvent toujours quelque chose de dangereux à faire.

Tout cela fait que je reste souvent seule à la maison pour donner une chance aux enfants et pour répondre au téléphone au cas où il y aurait des propositions d'engagement.

Nous avions décidé que si l'un des deux avait un engagement, l'autre restait avec les enfants. Pour moi, la musique de Paolo était plus importante que mon métier de mannequin, j'ai donc choisi de rester le plus souvent avec les enfants.

Et notre rêve de partir avec les enfants et de vivre sur notre bateau arrivera-t-il un jour ?

Heureusement mon amie, France Bélisle-Belleau, vivait pas loin et nos enfants étaient amis, alors ça m'aidait à passer de longs moments d'ennui.

Les huissiers

Un soir de tempête, dans les Laurentides, nous nous dépêchons de mettre nos instruments dans mon Suburban pour rentrer à Montréal. Quelque temps plus tard, une lettre m'accuse d'avoir égratigné une voiture stationnée derrière notre véhicule. Des témoins avaient vu notre camion reculer et heurter la voiture, le propriétaire exigeait 250 $. Comme c'est Daniel qui avait déplacé le véhicule ce jour-là, je l'appelle pour vérifier :

– J'ai senti un tout petit choc en reculant, mais il neigeait tellement fort que je suis descendu du camion pour vérifier et je n'ai rien remarqué. D'ailleurs, dans la neige on ne peut pas reculer trop vite. Y'a quelque chose qui cloche !

– OK Daniel, je vais payer de toute façon, nous n'avons pas le choix et ça vaut mieux qu'un procès pour délit de fuite.

Diane a envoyé le chèque afin d'avoir un reçu et qu'on en parle plus. Environ un mois plus tard, on reçoit une lettre d'une compagnie d'assurances qui réclamait le remboursement des frais de cette collision. Diane lui a fait parvenir une lettre avec une photocopie du chèque. Un peu plus tard, on reçoit la visite d'un huissier avec un mandat nous réclamant le même montant plus des frais qui totalisaient le double du montant.

Comme je n'étais pas à la maison, Diane raconte :

J'ai beau expliquer au huissier que nous avons payé et que même la compagnie d'assurance est au courant, il ne veut rien entendre. Il ne sortira pas de chez nous tant et aussi longtemps que je ne lui ferai pas un chèque.

– D'accord un instant s'il vous plaît.

Je suis allée dans notre chambre où Paolo cachait son fusil de chasse de calibre 12 et je suis revenue dans la cuisine en pointant le fusil sur ce Monsieur.

– Là je vais téléphoner à mon avocat, tu vas lui parler et tu vas partir d'ici, sans ça, je vais dire que tu as essayé de me violer !

Par chance, Reevin Pearl était à son bureau, le huissier avec son petit compte frauduleux n'est jamais revenu.

La belle région des Laurentides m'a aussi apporté d'autres ennuis. J'ai dû pour un autre engagement faire saisir l'hôtel qui m'avait donné un chèque sans provision et comme le huissier n'acceptait pas de faire son travail, mon avocat avait dû demander l'aide du shérif du comté pour faire la saisie.

J'ai pris les grands moyens. Ma femme n'aimait pas cette idée de faire appel à mes anciennes connaissances. Avec ces gens c'était gratuit, propre et vite fait. Je n'ai jamais su leurs méthodes, l'argent liquide arrivait en taxi et parfois il sentait les boules à mites ou encore la cave humide.

De temps en temps, ils me demandaient des petits services comme aller chanter pour leur mère ou aller chanter l'*Ave Maria* à un mariage, ou encore à un enterrement. Mais chaque fois, ils venaient me chercher et me ramenaient. Pour eux on était quittes. J'ai même été obligé de faire collecter un producteur de disques qui me devait pas mal d'argent depuis cinq ans et n'était jamais rejoignable. Après le départ des collecteurs, il m'a téléphoné pour me traiter de tous les noms.

Il existe un proverbe qui dit : « On attribue aux autres ce qui appartient à soi-même ». Tes chanceux que je ne t'aie pas fait payer les intérêts.

Le compte en banque était à marée basse, l'important c'était de passer à travers.

Le tournant d'une vie

À la mort de Tony, j'ai dû retourner à mes anciens agents, par contre j'avais appris à connaître ma valeur marchande.

Mais ma femme commençait à en avoir par-dessus la tête d'attendre un fantôme plutôt qu'un mari. Alors j'ai décidé de faire quelque chose qui me trottait dans l'esprit depuis longtemps : écrire un livre. J'ai mis en pratique le conseil de Papillon, prendre des feuilles de papier et un crayon, et fouiller dans les souvenirs les plus lointains et les transposer sur une feuille à la fois.

Au début ça n'a pas été facile, quelques journalistes avaient été mis au courant de mon projet et se sont empressés de me dire que vu mon peu d'instruction, je n'y arriverais jamais.

Sauf que me dire que je ne peux pas faire quelque chose devient un défi pour moi. Chaque nuit, en rentrant, je prenais un petit verre de vin et un sandwich et j'écrivais, et j'écrivais.

Notre jolie petite maison de Repentigny nous apportait beaucoup de joie, mais pour l'école c'était autre chose. Notre fils, comme tous les enfants d'artistes, se faisait dire des méchancetés sur ses parents, ce qui le traumatisait.

Un jour, Tino arrive à la maison avec ses vêtements déchirés et tachés de sang, Il était accompagné d'un autre petit garçon qui s'est empressé de nous raconter ce qui s'était passé.

– Veux-tu me montrer qui sont ces petits garçons qui vous ont fait ça ?

Comme de raison c'étaient des gars plus vieux et plus costauds que Tino.

Je suis descendu au sous-sol et j'ai scié en deux une rame de chaloupe. En remontant j'appelle Tino :

– Tino viens ici avec moi !

L'autre petit garçon savait où l'agresseur de Tino vivait. Le père de ce garçon était un gros malcommode qui faisait peur à tout le monde. Mon fils marchait à mes côtés en me regardant d'un air inquiet et se demandant ce qui allait se passer. Au coin de la rue, on s'est arrêtés et en regardant Constantino dans les yeux :

– Mon père à moi m'a fait faire exactement ce que je dois te faire faire aujourd'hui pour que toute ta vie tu n'aies pas à te mettre à genoux devant qui que ce soit. Écoute-moi bien, prends le bâton dans tes mains et quand le gros va venir vers toi, frappe-le dans les jambes et dis-lui ce que tu as à lui dire. Surtout, avertis-le que s'il recommence à te menacer, la prochaine fois ça va faire plus mal.

– Oui mais papa, son père, lui, y paraît qu'il est bien méchant !

– T'inquiète pas j'vais m'en occuper.

À la maison, je frappe dans la porte assez fort avec mon poing. La porte s'est ouverte rapidement et je vois le bonhomme en camisole qui s'écrit :

– Qu'est-ce qui se passe avec vous autres ?

– Dis à ton gars de se montrer la face. Pourquoi y'a donné une volée à mon fils qui est plus petit que lui et qui est arrivé à la maison plein de sang ?

Et voilà, l'autre petit gros en question qui arrive en fanfaron et se sent protégé. Il avance vers nous bien détendu en nous regardant d'un air provocateur

– Vas-y Tino, c'est le temps pis manque-le pas !

Pendant que l'autre continue d'approcher, Tino hésite un peu et il se décide. Vlan dans la jambe, voilà le petit gros qui se met à pleurer. Et qui je vois arriver ? Le bonhomme tout énervé qui vient pour s'en mêler parce qu'on fait bobo à son petit qui, par contre, avait le droit de faire mal aux autres enfants. Je prends le bâton des mains de mon fils et je retourne dans la rue pour ne pas être sur son terrain. Et je crie :

– Viens-t'en, mets un pied dans la rue pis tu vas savoir que tu ne me fais pas peur. Emmène-la ta graisse de jambon !

Il me regarde, hésite un instant. Je crois qu'il m'a reconnu et ils sont entrés tous les deux dans la maison sans dire un mot. Tino me regarde l'air vainqueur, je reprends la petite main de mon fils pour retourner à la maison.

À la maison, le petit raconte à sa mère plein de fierté ce qui s'est passé, tandis que Diane me regarde dans les yeux :

– Paolo je n'aime pas beaucoup ce que tu as fait. Est-ce que tu as pensé qu'il doit retourner à l'école ? Mais tu ne seras peut-être pas là pour le défendre. Bon c'est pas compliqué, on va l'inscrire dans une école privée. Comme ça on ne sera plus inquiets.

Et c'est ce qu'on a fait.

Comme chaque été depuis qu'elle a vendu sa maison de L'Île-Bizard, Mimi vient passer quelques semaines à la maison avec son chien et c'est le pauvre Constantino qui doit céder sa chambre.

La nuit, en revenant de donner des spectacles, j'ai souvent faim. Un soir, je trouve dans le frigo un petit pâté dans une belle assiette en porcelaine, celle que Diane cache pour que les enfants ne la cassent pas. Je me fais un petit régal avec des tomates, une tranche d'oignon, de la moutarde de Dijon et un verre de vin rouge. C'était délicieux.

Je suis réveillé en sursaut par un cri de panique qui vient de la cuisine. Je me lève et j'arrive à la rescousse pour sauver ma belle-mère. En un rien de temps je suis devant Mimi qui lâche un autre cri en me voyant tout nu, pendant que Diane se tord de rire :

– Paolo ! Je gage que tu as bouffé la nourriture du chien de maman ! Bah, du moment que tu ne te mets pas à japper !

Mais ma belle-mère n'a jamais manqué une occasion de me taquiner à propos de cette mésaventure.

Une péritonite pour Didi

Ce matin je remarque que Diane n'est pas dans son assiette, je lui demande ce qui ne va pas :

– Je ne sais pas, mais ça va se passer.

– Pourquoi on n'irait pas voir Jules Trudel chez lui, ça pourrait peut-être te rassurer.

– Je suis seulement un peu fatiguée.

– Fais comme tu veux, mais je n'aime pas te voir comme ça.

– Je vais faire le ménage puis je vais aller me reposer un peu.

Quand vient l'heure de coucher les enfants, elle est allée se coucher elle aussi. Je rentre dans la chambre et je vois bien que son visage est pâle.

– Je vais aller chercher le docteur.

– Non, non, ça va aller.

Je fais donc à ma tête, je prends la voiture et je me rends chez le docteur Trudel. En arrivant chez Jules, je lui raconte tout ce qui s'est passé, le pauvre était sur le point de s'asseoir à table, il était déjà servi.

– Je n'en ai pas pour longtemps, je vais aller voir Madame Noël et je reviens.

De mon côté, je n'ai pas le choix, je dois aller travailler. Ce n'est pas facile d'essayer de faire rire les gens dans ces cas-là. Au retour, j'ouvre la porte et je n'ai qu'à regarder les yeux accusateurs de ma belle-mère pour savoir que ça va mal.

– Qu'est-ce qui se passe ?

Mimi ne répond pas et continue à me regarder sans répondre. Je cours vers la chambre à coucher et je m'aperçois que le lit est vide.

– Mimi tu vas me dire ce qui s'est passé avec ma femme ou je te mets dehors, t'as-tu compris ?

– Ta femme est à l'hôpital pendant que toi tu rentres au milieu de la nuit !

– Mais tu comprends rien de rien, je travaille, c'est ça mon gagne-pain, c'est avec ça que je paye mes dettes. Là tu vas me dire à quel hôpital elle est rendue.

– À Saint-Luc !

Au téléphone, on me dit que c'est inutile d'aller la déranger parce qu'elle vient de sortir de la salle d'opération pour une péritonite aiguë et qu'il en fallait de peu pour que ce soit fatal.

Je dis à Mimi :

– Ta fille a failli mourir, c'est ce qui serait arrivé si je n'avais pas eu l'audace d'aller chez mon ami médecin, alors arrête de me considérer comme un salaud. Salut je vais me coucher.

Je me suis levé tôt pour m'occuper des enfants et je me suis sauvé à l'hôpital.

Diane est déjà assise dans son lit, elle a l'air bien pour une femme qui a failli mourir. Après l'avoir embrassée, elle me demande :

– Sors moi d'ici, je vais devenir folle à force d'entendre la bonne femme à côté qui se plaint sans arrêt.

Et voilà l'infirmière qui arrive, elle regarde Diane :

– Mais qu'est-ce que vous faites assise alors que vous devriez être couchée ?

– Tant qu'à moi vous pouvez faire le lit parce que je sors d'ici, avant de devenir folle j'en peux plus !

– Mme Noël c'est impossible, vous avez des points de suture un peu trop récents pour partir.

– Récents ou pas, je m'en vais chez nous pis j'ai faim. Je veux aller manger du Saint-Hubert BBQ.

– Dans ce cas-là ils vont vous faire signer une décharge, je veux examiner votre plaie, voir si tout est en ordre avant votre départ.

On est allés manger du bon poulet et on est rentrés à la maison comme si rien ne s'était passé. Merci encore une fois au docteur Jules Trudel qui a sauvé la vie de ma femme.

Entrevue avec Monsieur crotte de nez

Diane m'offre de transcrire à la main tout ce que j'avais écrit parce que mon orthographe est difficile à comprendre. Je dois humblement avouer qu'elle avait raison. J'écrivais sans arrêt même les jours de congé, je n'allais presque plus au bateau. Au bout de quelques mois, on a décidé de se trouver un éditeur.

On ne connaissait qu'un seul éditeur, Pierre Péladeau et sa maison d'édition. On s'est présentés au directeur, un Français qui nous regarde de très haut, je sens déjà que notre entrevue ne sera pas un succès, mais il faut plonger puisqu'on y est.

Nous sommes donc assis devant lui pendant qu'il lit le texte et d'un geste tout à fait à l'aise, il se met à se fouiller le nez. Le coude appuyé sur son pupitre, il commence à faire des boules et prend la peine de bien les rouler. En plus, il nous regarde en les envoyant d'un coup de pichenette sur le plancher. Tout à coup, comme s'il venait de se réveiller, il dit avec dédain :

– Je m'excuse, mais votre livre est bon pour la poubelle avec des mots vulgaires de Québécois de faubourg, jamais M. Péladeau n'acceptera d'éditer un torchon pareil.

J'en ai assez entendu.

– Écoute-moi bien, mon h... de Français, je suis peut-être rien qu'un Québécois, mais j'ai appris depuis longtemps à pas me décrotter le nez devant du monde. Donne-moi mes affaires avant que je te sacre mon poing sur la gueule mon maudit mal élevé.

Diane me sort de ma rage :

– Paolo viens-tu ? Y vaut pas le trouble que tu vas te donner.

Dehors, j'ai frappé à plein poing sur la tôle d'une boîte postale rouge. Pauvre Diane qui était toute chavirée de me voir dans cet état. Je me suis calmé, puis ensuite j'ai pleuré tellement je me sentais diminué.

– Viens Paolo, on va aller sur une terrasse pour se détendre un peu, puis je vais t'offrir un bon p'tit cognac Fine Napoléon et on s'en retournera chez-nous.

– En tout cas Diane, quand je vais mourir mon livre va sûrement faire un *best-seller* et tout le monde va savoir ce que j'ai vécu et que la chance ça vient pas tout seul, j'ai pas envie de mourir sans qu'on sache qui je suis. Je vais vivre assez vieux pour faire chier tous ces maudits intellectuels qui se prennent pour le nombril du monde.

J'ai mis mon manuscrit dans une enveloppe et je l'ai oublié.

Ma mère perd une jambe

Paul, le compagnon de ma mère, nous appelle pour nous indiquer que ma mère est à l'hôpital Le Gardeur avec une infection sérieuse à la jambe.

– Tu sais Paolo je pense qu'on serait mieux d'aller voir, j'ai pas un bon *feeling*, me dit Diane.

La jambe est enflée et d'une drôle de couleur. Diane voit que l'infirmière rince le pansement sous l'eau du robinet et non dans de l'eau stérilisée, et le place sur la blessure infectée.

Diane lui enlève le pansement des mains et fait venir un jeune médecin. Il regarde l'infirmière et lui commande d'aller l'attendre dans la salle des infirmières. Quelque minutes plus tard, le docteur Jules Trudel est arrivé pour nous annoncer que c'était la gangrène et il n'y avait que l'amputation ou c'était la mort à court terme.

Paul a signé l'autorisation d'opérer et la journée même, elle a été amputée.

Ma mère ne s'est jamais habituée à sa prothèse. Elle ne pouvait plus faire la mangeaille ni tenir sa maison impeccable. Heureusement Lucile et son mari Pierre venaient les aider à tenir maison et faire les commissions. Plus tard quand ma mère a pris un peu de mieux, je l'ai envoyée passer des fins de semaine à l'Hôtel Bonaventure, ce qui la rendait heureuse parce qu'il y avait un cuisinier asiatique qui lui préparait ses mets préférés, avec les arbres chinois comme elle appelait le brocoli.

Un journaliste avait pris une photo d'elle en chaise roulante, les cheveux en bataille sur ses épaules. Elle avait l'air d'une clocharde du centre-ville de Montréal. Le journal a eu droit à un appel corsé.

Rencontre avec Max Permingeat, l'éditeur

Quelque temps plus tard, à la marina, on me demande de venir prendre un appel.

– Je suis Max Permingeat des Éditions de Mortagne.

– Qu'est-ce que tu me veux ?

– Je veux vous voir avec votre manuscrit pour vous parler affaires.

– Qui t'as dit que ça doit être bon ce que j'ai écrit ?

– J'ai ici dans mon bureau un nommé Jacques Matti qui m'a dit que si vous aviez écrit votre histoire, ça ne peut pas ne pas être bon.

– OK, mais je vous avertis j'étais en train de peindre mon bateau, j'ai pas envie de me changer. C'est l'heure de l'apéritif, je bois du St. James et ma femme du champagne, c'est-tu correct ?

– Oui, venez il y a tout ce que vous désirez, c'est moi le patron et tout comme votre femme, j'aime le champagne. À 17 h, on vous attend.

L'invitation au lancement
du tome 2.

Au Salon du livre de Montréal.

Une visite au
Pêcheur d'Étoiles
en hiver.
Crédit photo : John Taylor

Notre maison
à Otterburn Parc,
sur la rue Comtois.

La mère de Paolo, en chaise roulante, après avoir perdu sa jambe.

Le bateau avant les réparations.

Le bateau après les réparations.

Les enfants qui sautent à l'eau
dans la baie de Chambly.

C'est la fête à Montmagny. De droite à gauche :
l'expert en architecture navale, l'avocat,
sa secrétaire et Paolo.

Le Travellift, responsable de l'accident du bateau.

Le bateau en mauvaise posture après sa chute.

On sort le bateau de l'eau.

Paolo qui parle avec son fils.

Tino qui joue avec ses G.I. Joe sur le bateau.

Paolo et son fils

Paolo et Vanessa

Paolo et Vanessa en compagnie de Sonia, le premier bébé de sa fille aînée Johanne.

Tino sur le pont du bateau.

Paolo, Diane et Vanessa
Crédit photo : Daniel Poulin

Diane, Paolo, Tino et Vanessa.
Crédit photo : Daniel Poulin

Je cours au bateau annoncer la nouvelle à Didi. Je suis trop surexcité pour conduire et on est partis pour Boucherville sur le boulevard de Mortagne, où est située la maison d'édition. En arrivant, Diane m'avertit :

– Si on parle d'affaires, tu dis rien. Laisse-moi aller pour qu'on ne se fasse pas baiser encore une fois.

Nous voilà dans le grand bureau, ils ont mis des serviettes sur les beaux fauteuils en velours, mais il y avait une petite table chic sur laquelle il y avait une bouteille de vrai champagne et une bouteille toute neuve de mon rhum favori. On était cinq personnes dans le bureau, pour ne pas dire salon.

D'abord le patron, un homme d'une bonne carrure, nous souhaite la bienvenue et nous invite à nous asseoir sur le sofa.

Assis devant moi il y avait Jacques Matti, le journaliste, producteur et animateur d'une émission de télé très populaire, et Hélène Fontayne qui l'accompagne en tout temps.

Max, le patron, fait le service du champagne dans des verres de cristal, toute une différence avec l'accueil de chez Péladeau.

Max me demande de voir le manuscrit qui est dans une enveloppe brune sur mes genoux. Je la lui tends et pendant que nous discutons avec nos voisins d'en face (de bateau), il lit sur des papiers multicolores une histoire qui l'est tout autant et qui commence par une scène restée gravée dans ma mémoire depuis l'âge de cinq ans. Max me regarde :

– Si c'est la vérité, c'est épouvantable.

– Je peux vous dire que j'ai une mémoire précise de ce que j'ai écrit et que cette chose m'a poursuivi toute ma vie. À travers mes histoires et mes défaites, si vous avez des doutes ou des restrictions, vous n'avez qu'à me remettre mes papiers et je repars immédiatement.

– Bien non, bien au contraire je suis surpris et enchanté à la fois, avant que vous quittiez cette chaise je veux vous parler d'affaires sérieusement.

– Il va falloir parler avec ma femme, c'est elle le grand argentier, moi je n'ai aucun talent dans ce domaine.

C'est le cœur allégé d'une blessure que nous sommes repartis en espérant que ça ne serait pas en vain et que tout fonctionnerait comme on l'espérait. Mais écrire, ce n'est pas de tout repos quand ce n'est pas ton métier et que tu n'as qu'une quatrième année.

Alors c'était beau à voir les fautes qu'il y avait là-dedans. Max nous a dit que de toute façon ça passerait entre les mains de plusieurs correcteurs. Le premier est venu sur mon bateau pendant l'été pour me parler. Il avait la tête d'un véritable intello avec une petite barbe frisée, une pipe crochue et naturellement des lunettes rondes et des yeux qui semblaient fatigués par la lecture. Il parlait très calmement comme s'il venait de se lever :

– M. Noël, j'ai lu et aimé ce que vous avez écrit avec beaucoup d'intérêt. Je dois vous avouer que même si votre façon d'écrire n'est pas courante, elle n'en est pas moins intéressante. Je pense que vous avez entre vos mains un succès littéraire populaire.

Il en met trop le bonhomme, je ne le crois pas, mais ça me fait plaisir quand même et ça m'encourage à continuer, parce que je n'étais pas arrivé à la finale. Je n'avais plus eu le courage de continuer mon histoire après la scène chez Péladeau.

Le boxeur

À Repentigny, pendant ce temps, on avait entrepris de grandes rénovations de l'autoroute 40. La circulation était détournée et passait jour et nuit devant la maison, les poids lourds freinaient en rétrogradant et repartaient avec force. Et à toute heure du jour, des gens se permettaient de venir chez nous, comme s'ils avaient été invités.

Il fallait vendre la maison. En attendant, j'avais un contrat dans une boîte de nuit à Charlemagne. Le patron était un ancien boxeur poids lourd qui avait gagné cette boîte au jeu.

Je suis reparti après le spectacle avec un beau chèque de paye qui a rebondi. Je l'ai appelé pour lui dire que la salle était pleine de monde et donc qu'il avait fait de l'argent.

– Oui, ta salle était pleine mais moi ça faisait deux semaines que j'arrivais en dessous, ce qui fait que j'ai pas d'argent pour te payer.

– Écoute t'es vraiment pas correct. Et tu savais avant de m'engager que tu ne me payerais pas. T'es vraiment malhonnête et tu vas me payer, prends-en ma parole !

– OK Noël ! Viens essayer de me collecter, j'vas te faire partir la tête des épaules rien que d'une claque, pis j'vas te mettre en morceaux.

Diane qui écoute la discussion est en train de préparer le souper. Je passe à côté d'elle en fureur pour aller chercher mon petit *gun*, un 32, je le charge de balles. Je mets mon manteau et comme je veux passer la porte, Diane instinctivement s'était empressée de passer devant moi avec la poêle de fonte dans les airs, le steak tombe par terre et le beurre chaud lui coule sur le bras.

– Laisse-moi passer !

– Si tu essaies de passer la porte, je t'assomme avec la poêle brulante ! M'as-tu compris ! Tu vas pas faire comme ton père et aller en prison pour une connerie. Inquiète-toi pas, l'argent, c'est rien comparé à ta liberté !

Heureusement qu'elle était là. Elle a pris le revolver et elle l'a caché, je me suis calmé.

Une tournée avec Maurice Richard

Comme j'accepte tout, un agent m'a demandé de remplacer Joël Denis à la dernière minute dans une salle du Manoir Richelieu à Charlevoix. Le même agent me rappelle pour me demander si j'accepterais de faire une tournée qui s'appelle *Hockey Music* pendant un mois dans les arénas au Québec et aussi dans les Maritimes, accompagné par les anciens joueurs du Canadien, y compris Maurice Richard comme arbitre.

Je raconte ça à Diane qui me dit :

– Ça veut dire que tu vas travailler avec Maurice Richard, le vrai ?

– Bien le vrai, y en a pas un autre !

– Pis tu vas être payé ! Mon père aurait payé cher pour être à ta place !

Je n'y connaissais rien en hockey, ma seule passion c'était les bateaux. En acceptant cette tournée, j'ai appris beaucoup de choses sur ces grands sportifs que sont les joueurs de hockey.

Tout au long de la tournée, je chantais deux chansons au milieu de la patinoire. Je n'étais pas le seul chanteur, il y en avait deux autres qui faisaient aussi leur petit tour de chant, soit Martin Stevens et Michel Stax. Après c'était la rencontre des équipes locales qui affrontaient les anciens du Canadien. Ça se passait toujours assez bien, même si les équipes locales se prenaient trop au sérieux.

Pendant ce temps, moi qui ne sais même pas patiner, je restais derrière le banc des joueurs avec un petit sac de provisions qui contenait de la gomme et quelques petits remontants comme du gin et de la vodka, sans oublier les oranges coupées en quatre pour les pauvres vieux retraités du hockey.

Bien sûr que tout se faisait en mouvement rapide à l'abri des regards de l'entraîneur qui, lui, se prenait très au sérieux. L'arbitre, Maurice Richard, attendait toujours après la partie pour prendre son petit gin, parce qu'à cette époque les Molson l'avaient mis de côté, alors il refusait totalement de boire leur bière. Il avait la tête dure tout comme le reste de ses muscles.

Les premiers jours quand on est partis, j'étais assis dans mon siège sans rien dire et je regardais tomber la neige. Pendant que l'autobus traversait le parc vers l'Abitibi, j'avais du chagrin de partir pour un mois sans pouvoir revenir chez moi. Après, quand j'ai connu tout le monde, je me sentais comme dans une grande famille. La plupart des joueurs jouaient aux cartes mais moi je grattais ma guitare et mon meilleur spectateur était Maurice qui m'écoutait pendant qu'il prenait son petit gin et qu'il fumait son gros cigare. Il me demandait de lui chanter des chansons que sa mère aimait. Bien sûr c'était celles de Tino Rossi, alors j'y allais des chansons de mes débuts, celle qu'il aimait le plus c'était *Marinella*. De temps en temps, un joueur de cartes s'arrêtait pour me demander une chanson. Ça me rendait heureux parce qu'avant tout, j'aime chanter comme eux aimaient jouer au hockey.

On était en route vers l'Île-du-Prince-Édouard et il faisait une méchante tempête de neige. Le chauffeur conduisait au ralenti, on n'y voyait rien ou presque. J'étais allé aux toilettes, en sortant je vois Maurice debout au milieu de l'allée qui me regarde avec un petit quelque chose qui annonce un mauvais coup. Comme j'avançais vers lui, il venait vers moi et me dit : « Lucille, ma femme, t'a vu à la télé et tu parles de ton livre où tu racontes tes histoires où tu te bats dans la rue Hochelaga ! » C'est là qu'il met son cigare dans sa bouche et me prend les avant-bras dans ses grosses pattes et me lève de terre sans bouger, comme s'il levait un morceau de gâteau ou une pointe de tarte, je sens mes pieds dans le vide.

– Alors M. Noël est un dangereux batailleur de rue ?

Maurice me dépose, prend une bonne bouffée de son cigare et m'invite à m'asseoir avec lui, pendant que le conducteur nous demande de ne pas circuler à cause des mouvements brusques de l'autobus. Comme dit Maurice :

– On va avoir un soir de congé, alors on fête ça, je t'ai acheté un p'tit flasque de rhum en remerciement pour tes petits concerts privés.

J'ai dû le boire bien doucement, c'était une sorte de rhum anglais qu'on donne aux marins en mer, mais qui tombe rapidement sur le coco. On a fini par arriver à un hôtel qui ressemblait à ceux dans les films d'horreur. On n'avait pas le choix, on ne pouvait plus avancer. Mais quand le propriétaire a reconnu Maurice Richard, c'est tout juste s'il ne s'est pas mis à genoux devant lui, tellement il l'admirait. Je suis resté avec Maurice quand le propriétaire l'a invité à aller voir la plus belle chambre qu'il avait réservée pour lui, car c'était la chambre royale. Il y avait un grand lit ancien en bois vernis. et juste au-dessus, il y avait un grand portrait de la reine Elisabeth parce qu'elle avait dormi dans cette chambre lors d'une visite au Canada. Le bonhomme regarde Maurice en espérant voir chez lui une admiration devant tant de soumission à l'Angleterre, Maurice a dit :

– Vous savez Monsieur, je ne voudrais pas vous insulter mais je ne dors pas avec n'importe qui, alors donnez-moi une chambre comme celles de mes amis et comme ici vous ne servez que de la bière Molson, je vais prendre un coke si ça vous dérange pas.

On a vidé la bouteille de rhum et on a dormi comme des matelots. Le lendemain, on a tous pris l'avion pour les Îles-de-la-Madeleine, c'était la dernière étape mais non la moindre. Je suis presque gêné de décrire la suite de cette petite aventure. En arrivant à l'aréna, l'organisateur est venu voir le directeur de la tournée pour lui dire que les gens n'étaient pas intéressés à voir la partie de hockey. Tout ce qu'ils voulaient voir, c'était Maurice faire deux montées à travers les deux équipes et ils voulaient entendre Paolo Noël chanter avec sa guitare des chansons de marin et de Tino Rossi. Alors Maurice et moi, on a fait plaisir au public des Îles chacun notre tour et je suis allé me coucher parce que le lendemain je reprenais l'avion pour Québec où j'avais des répétitions pour mon spectacle au Grand Théâtre. La tournée s'est terminée bizarrement à l'aréna de Repentigny, j'étais fier de présenter Maurice à mes parents ; on a pris des photos avec lui et mon fils Constantino et il s'est prêté gracieusement à toutes ces demandes sans un signe d'impatience. Je ne l'ai pas revu mais je garde le plus beau souvenir de ce grand personnage qu'a été Maurice Richard.

Enfin la mise en page du livre

Quand j'ai pu enfin emporter les dernières pages du livre écrites à la main, car Diane n'aimait pas non plus travailler avec une machine à écrire, l'éditeur nous a emmenés dans un grand restaurant français. On était heureux de se faire gâter un peu.

Après la correction, on a fait une lecture à haute voix, j'écoute les lecteurs qui se relaient sans jamais arrêter. Quand j'écris un texte, que ce soit de 10, 20 ou 200 pages, je n'oublie pas un mot. Un certain moment, dans mon livre, ma grand-mère que j'aimais tendrement était décédée et j'en avais eu un grand chagrin, j'ai donc arrêté la lectrice pour lui dire,

– Heil, heil, heil, Madame y manque quelque chose.

D'un air un peu insulté comme si elle en était la cause :

– Non c'est exactement ce qui est écrit, je connais mon métier, je ne suis pas une débutante alors que vous, vous êtes à votre premier volume.

– Non Madame, il manque des pages, c'est un moment très émouvant de ma vie lorsque ma grand-mère est morte et vous ne sortirez pas mon livre sans avoir retrouvé mes pages, j'ai le brouillon à la maison. On arrête tout, on reprendra une autre fois. Alors Madame insultez-vous pas c'est mon livre, on se comprend ?

Max est arrivé pour essayer de comprendre le malentendu.

– Il manque au moins cinq pages et il faut savoir où elles sont allées.

Pour nous calmer un peu, le patron nous invite à souper. Le lendemain il n'y avait pas de temps à perdre le Salon du livre de Montréal approchait, il ne fallait pas le manquer. Max nous appelle pour nous dire qu'il avait fait des recherches à propos des pages manquantes qui avaient été corrigées par le premier correcteur, celui qui m'avait fait de beaux compliments.

Max nous annonce qu'il lui a demandé ce qu'il avait fait de ces pages.

– Il nous demande de l'argent pour nous les rendre.

– Max, t'es pas sérieux tu m'as donné moins que ça en avance, attends on va régler ça à ma façon.

Max me lance :

– Je vais payer parce qu'on n'a pas de temps à perdre.

– Max tu penses que je vais te laisser donner de l'argent de mon livre à ce dérangé-là. Y en est pas question, je te le dis j'ai des relations et des contacts professionnels dans la collecte.

Je téléphone à un collecteur, je lui raconte qu'on a un gros problème.

– Passe-moi ton éditeur, j'ai besoin de renseignements, pis toi mon Paolo tu vas les avoir, ça sera pas long.

Je passe l'appareil à Max et je l'entends donner l'adresse de notre maître chanteur. Max se met à rire, puis il raccroche.

– Puis qu'est-ce qu'il t'a dit ?

– Il m'a dit que ce ne serait pas long, je lui ai demandé combien ça coûtait, il m'a répondu « rien, seulement on est deux et on aimerait ça être invités au lancement du livre pour aller voir le grand monde. »

À 17 h tapant, le collecteur est arrivé avec son compagnon, les feuilles roulées dans les mains.

Max était heureux et on a pris encore du champagne, je lui demande alors si je pouvais avoir une bière bien froide. Ma femme adore le champagne, mais pas moi.

– Je n'en ai pas mais je vais envoyer quelqu'un en chercher.

Naturellement on est encore allés manger.

Sa compagne du temps, Rose-Marie, travaillait aussi aux Éditions, la première fois qu'on nous a invités, elle a dit avec son accent français :

– Alors les enfants on va manger à la cantine ?

La cantine c'était sa façon de parler de La Saulaie, un superbe restaurant de cuisine française, qui avait été reconnu par le passé, comme le plus beau restaurant du Canada.

Le livre est sorti vers la fin de la semaine. Alors que je chantais avec mes musiciens dans un centre commercial, rue Sherbrooke, je vois Max venir vers nous. À la fin de mon spectacle, pendant que les musiciens étaient en train de ranger leurs instruments. Max marchait d'un pas pressé avec un sourire fendu jusqu'aux oreilles, je me demandais pourquoi il avait une main à l'intérieur de son manteau.

– Suis-moi.

Il m'emmène à l'écart :

– Paolo, tu as fait un malheur, je t'ai emporté une bouteille de champagne pour que vous puissiez fêter ce bel événement !

– Un malheur ! C'est quoi un malheur ?

– Ça veut dire que sans le savoir, tu as fait un *best-seller*, tu as de quoi être fier : 5 000 exemplaires en trois jours. C'est formidable, ça nous a obligés à faire travailler l'imprimerie toute la fin de semaine à temps double pour ne pas manquer de livres sur le marché dès lundi.

– Je ne sais vraiment pas quoi te dire, mais je suis content parce que je commence à être fatigué de faire ce genre de spectacles dans des centres commerciaux pour arriver à garder mes musiciens.

– Alors arrange-toi pour être libre parce qu'il va te falloir faire des entrevues autant à la radio qu'à la télé. D'ailleurs j'ai déjà engagé Marcel Brouillard pour s'occuper de la promotion. Je regrette de ne pas pouvoir vous inviter ce soir pour fêter cette victoire ensemble, mais ce n'est que partie remise. Je t'embrasse et fais la bise à Diane.

Il est reparti et je l'ai regardé s'éloigner sans bouger lorsqu'un musicien me crie :

– Allo Paolo ! C'est-tu un *godfather* qui vient de te parler ? Parce que si c'est un bandit, c'est un bandit de luxe.

– Non, non c'est l'éditeur de mon livre qui vient de m'annoncer une bonne nouvelle.

Je me dis que pour mes musiciens, ce sera une mauvaise nouvelle parce qu'enfin on va pouvoir se payer du temps libre.

Je suis revenu à la maison tout excité et heureux d'avoir une bonne nouvelle à annoncer à Diane.

Marcel Brouillard était un expert en promotion, ça n'arrêtait pas du matin tôt jusqu'au soir, je racontais, expliquais ce que j'avais écrit. Ça a fonctionné et d'ailleurs je m'y attendais, lorsqu'à l'émission de Matti on a reçu des appels de protestation des sœurs de mon père, celles qui étaient supposées être mes tantes et que je n'avais jamais vues. Elles se morfondaient en larmes en parlant de leur frère, un exemple de bonne conduite.

Alors je ne me suis pas gêné pour me défendre à ma façon et pas poliment, je n'avais vraiment pas envie d'être poli avec elles.

Le jour du lancement, le nombre impressionnant d'artistes et de journalistes qui étaient présents m'a surpris. J'étais sur un nuage, mais Brouillard semblait complètement oublier ma femme en m'entourant de jeunes femmes que je n'avais jamais vues de ma vie. Il avait tassé Diane dans un coin en la négligeant totalement, la pauvre Didi avait l'air d'une orpheline abandonnée dans un coin. Je n'ai pas été poli encore une fois.

Durant cette rencontre avec les artistes et les journalistes, le champagne coulait à flots pour les invités, mais pour Diane et moi, ça été une soirée plutôt sobre. Heureusement que, une fois libérés, Max nous a emmenés dans un autre restaurant très spécial et il a invité mon frère, ma sœur et leurs conjoints, et nos enfants qui suivaient tout le temps ou presque.

Nous parlions de vendre la maison, c'était bien beau ça mais où aller pour avoir un peu de paix et de tranquillité. On pensait au bord du fleuve, il y avait Saint-Sulpice où vivait Claude Blanchard, qui n'était pas beaucoup plus loin pour aller travailler à Montréal et le beau petit quai pourrait bien nous servir. Alors on se baladait en suivant le fleuve, on aurait bien aimé trouver la propriété de nos rêves, mais tout ce qui aurait fait notre bonheur n'était pas à vendre et tout ce qui l'était, n'était pas dans nos goûts ou nos prix.

– Et si on retournait dans les alentours de notre première maison à Saint-Hilaire ?

Nous voilà en train de longer la rivière Richelieu par le Chemin des Patriotes qui ne manque pas de charme, de très jolies maisons ancestrales et de villages historiques. Nous avons fini par oublier le but premier de notre balade tellement on discutait de la riche histoire de cette région si spéciale pour les Canadiens-français. À tel point qu'il a fallu s'arrêter sur un petit quai pour replacer nos esprits et repartir pour chercher une maison. On s'arrête, on frappe à des portes les gens nous reconnaissent et la plupart nous invitent bien gentiment à visiter leur demeure même si elle n'est pas à vendre. Nous sommes enchantés de pouvoir visiter autant de belles maisons mais quelque peu au-dessus de nos moyens. Tant pis, on a toujours le droit de rêver.

Il nous reste la montagne de Saint-Hilaire. Pas de chance, on n'a rien trouvé. En revenant sur nos pas, nous découvrons une petite rue dont l'entrée nous avait échappé à l'aller.

– On n'a rien à perdre à la visiter.

Cette rue descend vers la rivière et, en plus, elle est sans issue. Merveilleux, ce serait l'endroit idéal pour avoir la paix si seulement on arrivait à trouver quelque chose. Tout à coup nous remarquons une pancarte à vendre sur un terrain vacant, il y a une adresse qui donne sur la rue Comtois à Otterburn Park.

– Bon c'est où ça, Otterburn Park ?

En route pour essayer de trouver le proprio de ce terrain bien placé à travers les pommiers d'un côté et derrière une érablière. En arrivant en haut de la rue, on se rend compte que c'est la rue Comtois et que sans le savoir, nous étions à Otterburn Park. Nous sommes alors revenus sur nos pas pour chercher l'adresse du proprio. Tu parles si on est dans la lune, c'est la maison juste en face du terrain et la dame est là devant nous en train de jouer dans ses fleurs. En mettant les pieds dans l'entrée, elle se retourne :

– Bonjour quelle belle visite, M. et Mme Noël ! Que me vaut ce plaisir ?

– On aimerait savoir les conditions d'achat pour votre terrain ?

– Justement c'est mon mari qui est entrepreneur général, qui vend le terrain avec un contrat de construction. Je vais vous donner l'adresse de son bureau si ça vous intéresse, il aura des modèles à vous montrer.

Les discussions pour notre projet n'ont pas été trop longues et on est retournés à Repentigny la tête pleine de belles choses.

On a rapidement trouvé un agent qui a pris en main la vente de notre maison.

J'ai commencé à transporter des grosses planches de chêne que j'avais achetées dans une faillite de manufacture de meubles et qu'on avait entreposées dans notre sous-sol pour rénover notre bateau qui était presque tout en chêne. Avec ce beau bois, je suis arrivé à faire un magnifique plancher dans le centre du bateau qui était autrefois la cale à poisson.

Notre embarcation commençait à devenir doucement un bateau de plaisance. Chaque fois qu'on ouvrait la porte de la descente, on sentait cette bonne odeur de bois franc. Après nous avons installé un grand lit juste au centre de la cabine du milieu, en attendant de construire ce qui deviendra plus tard le salon, la chambre à coucher et la salle de bain.

En travaillant dans le bateau j'oubliais tous les problèmes, la maison qui ne se vendait pas, l'autre qui ne se construisait pas, c'est là que nous avons décidé de mettre le bateau à l'eau et de l'emmener à la marina de Belœil pour y demeurer toute la belle saison. De cette façon, nous serions plus près pour surveiller la construction de ce qui sera notre nouvelle demeure et pousser un peu pour en finir avant l'automne.

Puis on a vendu la maison, un problème de moins.

Notre arrivée à la marina de Belœil avec notre 60 pieds n'a pas fait l'unanimité. Pour certains, le bateau était trop gros, il prenait trop de place sur les pontons et en plus ce n'était pas un yacht, c'était un bateau de pêche et il n'avait pas d'affaire dans leur club. Le commodore a répondu aux contestataires :

– M. Noël est le bienvenu dans notre marina, on a besoin d'argent pour faire des rénovations et c'est lui qui paye le plus cher pour sa cotisation, alors foutez-lui la paix ou allez ailleurs avec vos 30 pieds.

À la grande surprise de mes voisins, je suis parvenu à accoster le *Pêcheur d'Étoiles* en moins de deux, même si la place qui m'était octroyée était très restreinte.

Pour le moment, on est bien installé devant le majestueux mont Saint-Hilaire à regarder les promeneurs de petits bateaux sur le Richelieu. Nous sommes comme des millionnaires en vacances, assis sur le pont de notre bateau sur nos jolies chaises capitaine en toile de toutes les couleurs qu'on a achetées dans une faillite. De temps en temps, on largue les amarres pour aller faire une promenade par des beaux dimanches ensoleillés. Quelquefois, on jette l'ancre devant les petites îles qui longent les rives du Richelieu, en attendant de réaliser notre rêve de s'ancrer devant une île où il y a des palmiers entourés d'eau limpide aux couleurs pastel.

La venue des grands voiliers à Québec

En fin de compte après tous ces efforts, on a fini par vendre plus de 65 000 exemplaires de mon livre. Pas besoin de vous dire comment Diane et moi étions heureux de vivre beaucoup plus confortablement avec les droits d'auteur. Dans les bibliothèques, il y avait une liste d'attente très impressionnante de gens qui attendaient leur tour pour lire mon histoire. Une chose me frustrait, comme pour bien d'autres auteurs, soit le fait que tous ces lecteurs, sans le savoir, nous privaient de nos droits de redevance. Yves Beauchemin, auteur du *Matou*, a été le porte-parole de cette bataille et ce n'est qu'en 1986 que naîtra la Commission du droit de prêt public laquelle viendra remédier à la situation.

Le jeune et talentueux avocat, Dic Drouin, champion de la course à voile, vint un jour nous visiter.

– Eh salut, prends-toi une chaise et viens t'asseoir pour prendre un p'tit rhum.

Avec un grand sourire, il déclare :

– Vous êtes vraiment du monde de bateau, il faut que je vous dise pourquoi je suis venu ici, c'est quelque chose qui concerne aussi les bateaux. C'est un projet nommé Québec-Saint-Malo.

– Oui, on en entend parler de cette fête pour célébrer les 450 ans de la venue de Jacques Cartier.

– Si on réussit notre affaire il va y avoir un rassemblement de tous les plus grands voiliers du monde qui vont venir dans le Vieux-Québec. C'est pourquoi j'ai pensé à toi Paolo, pour que tu aies le temps d'écrire des chants de marin pour cette grande fête.

– Tu veux dire que tous les grands voiliers de tous les pays vont venir à Québec ! Ça va être formidable, en tous cas je vous souhaite bonne chance.

Bouchon et ses écureuils

Au cours de l'été, deux producteurs de disque veulent discuter d'un projet avec moi. Je leur donne rendez-vous à bord de mon bateau. Ce même jour, deux amis aimeraient bien faire une petite balade en bateau sur la rivière. Tout est parfait, c'est le seul moment où je peux réunir le plaisir et les affaires.

Il fait un temps magnifique, la journée s'annonce ensoleillée et chaude, tout le monde est à bord, on largue les amarres et c'est parti pour la balade.

– Diane prendra la grande roue et gouvernera, alors Messieurs enlevez vos cravates et vos vestons et laissez-vous bercer par le *Pêcheur d'Étoiles*.

Une heure plus tard, mes invités étaient détendus et prêts à discuter de production de disques.

Ils veulent que je fasse un disque de Noël avec un personnage que j'ai créé au théâtre de Latulipe et qui s'appelait Bouchon, un espèce de clochard sympathique, habillé en guenilles, qui prenait la vie du bon côté. Ce personnage chanterait des airs de Noël avec les *Chipmunks*, l'autre disque serait des chansons pour les femmes qui ferait compétition à Julio Iglesias. Je dois réfléchir.

Et nous voilà rendus aux écluses de Saint-Ourse, on accoste le bateau pour prendre un petit lunch en regardant entrer et sortir les bateaux. Quelques heures plus tard, je fais démarrer le moteur, détache les amarres et prends la roue. Tout va bien lorsque Diane arrive toute énervée :

– Paolo je ne trouve pas Tino, il n'est nulle part dans le bateau. Il faut retourner immédiatement aux écluses, le p'tit démon est descendu sur le quai sans permission.

Il était là sur le quai, il nous attendait l'air bien détendu, nous n'avons rien dit, contents qu'il soit là plutôt que dans l'eau et nous sommes repartis vers notre port d'attache.

Les deux producteurs sont assis derrière moi sur le banc dans la timonerie et je vois arriver mes deux amis :

– Nous, on sait pas ce que vous voulez avec Paolo, ça ne nous regarde pas, mais on tient à vous avertir. Essayez pas de le fourrer parce que nous autres, on aime beaucoup Diane et Paolo pis s'il leur arrivait quelque chose vous le regretteriez.

– Bien non, jamais un instant, on n'a pensé faire ça à Paolo ! Ce qu'on lui offre est tout à son avantage !

– OK, c'est parfait comme ça.

Se retournant vers moi, mon imposant ami me dit :

– T'as entendu ce que je viens de leur dire ? Si ça se passe autrement, appelle-nous.

À la marina, les gars sont repartis et le plus jeune des deux producteurs est resté pour finaliser l'affaire de l'enregistrement.

La semaine suivante, j'ai signé le contrat pour *Bouchon et ses écureuils* que je devais enregistrer la même semaine, suivi de publicités télé avec mon costume de clochard. Pour la première fois de ma vie, je recevais une avance de 5 000 $, je n'ai jamais eu autant d'argent pour un disque de toute ma carrière.

L'enregistrement se passe dans le grand studio à CFTM, je suis assis sur le dossier d'un banc de parc et je mime la voix qui n'était plus la mienne, car les producteurs l'avaient modifiée en baissant d'une tonalité. Ça donnait l'effet de la voix de l'ours dans *Pépino et Capucine*. Je dois donc faire semblant que les petits écureuils se promènent sur mes épaules, tout ça c'est de la technique de cinéma. Pendant que je faisais consciencieusement mon travail, Diane entre dans le studio.

En entrant dans le studio, je vois bien Paolo qui est sur le banc avec un seul cameraman et une régisseure. C'est le début des femmes régisseurs, j'aperçois quelque chose, est-ce ma vue qui me joue des tours ? Plus je m'approche et plus j'en suis certaine, j'entre dans le poste de contrôle

– Demandez au caméraman de zoomer sur le fond de culotte de Paolo.

– Quoi ? Yé bien assis, qu'est-ce qui va pas ?

La caméra zoome sur le fond de pantalon de Paolo, tout le monde éclate de rire, le réalisateur demande à la régisseure :

– Dis-moi pas que tu ne l'avais pas vu ?

– J'étais tellement mal à l'aise que je ne savais pas comment le dire ou à qui le dire !

– Oui, mais c'est parce qu'ici nos écrans sont petits mais imagine-toi dans les maisons quand ils vont voir les couilles de Paolo balancer entre ses jambes.

Pendant ce temps, je ne savais pas que les producteurs avaient vendu mon contrat à une autre maison de production, ce qui voulait dire que malgré les avertissements de mes amis, je ne ferai jamais le disque de chansons romantiques pour laquelle j'avais accepté de faire *Bouchon et ses écureuils*. On n'a jamais revu ces deux gars dans le monde du spectacle, ils n'ont pas dû faire de bonnes affaires !

La baie de Chambly avec le *Pêcheur d'Étoiles*

Nous sommes en été, le soleil à profusion donne le goût de se balader sur l'eau. C'est un dimanche et j'en profite pour inviter mon éditeur et sa famille, pour parler tout en s'amusant. Ils sont arrivés avec une glacière pleine de champagne et des hors-d'œuvre pour nourrir une armée affamée. Alors j'en ai profité pour inviter un tas de petits malcommodes qui étaient les amis de mon fils Constantino, une journée mémorable. Les jeunes s'en donnaient à cœur joie en montant sur le toit de la timonerie et plongeaient dans l'eau claire et propre de cette baie de Chambly sous le regard de son Fort historique.

Nous « les vieux », tout en se faisant chauffer la peau au soleil, nous parlions d'affaires sans trop nous presser. Max nous demande quand nous pensons terminer le deuxième tome, nous sommes flattés, mais ce ne sera pas pour cette année, on n'est pas encore des écrivains. On a fini par se jeter à l'eau, nous aussi, mais on s'est épuisés pas mal plus vite que les petits jeunes qui en ont profité pour vider tout ce qui restait sur la table.

On a relevé l'ancre vers 4 h 30 pour revenir doucement au port, Max nous a invités à La Capitainerie pour le souper. Encore là, nous étions fiers devant les membres de la marina qui étaient eux aussi en train de manger. Ça me faisait un petit velours quand ils voyaient les bouteilles de champagne et de vin venir à notre table sans parler du homard et de tous les petits plats qu'on dégustait avec appétit.

La sortie du bateau

Cette année, la saison de navigation sera raccourcie. Je ne peux plus sortir l'ancre de l'eau, nous n'avons pas de treuil, c'est trop d'efforts pour mon dos, les accostages en demandent autant. Le bateau doit être mis en cale sèche à la marina de Pointe-aux-Trembles.

On s'en console car il fait bon vivre dans notre maison d'Otterburn Park, c'est le temps des pommes et là où elle est située, nous pouvons dire qu'on est vraiment tombés dans les pommes, il y en a partout autour de nous. Et cette maison a été bâtie selon nos goûts : plus de tapis, mais de la marqueterie, un foyer dans le salon, des portes françaises, un vrai deuxième étage avec trois chambres avec une salle de bain et une autre en bas. Les portes étaient en pin avec des poignées en porcelaine blanche et les enfants ont pris possession du sous-sol pour en faire leur terrain de jeux. Les enfants se sont faits des amis qu'ils côtoient encore aujourd'hui.

Il faisait bon s'asseoir devant le foyer pour rêver et se détendre, j'en avais grandement besoin car avec mon mal de dos, j'avais de la difficulté à travailler.

Autant nous avons été heureux de passer l'été accosté dans cette marina, autant nous sommes heureux de faire démarrer le moteur du bateau et de repartir vers Pointe-aux-Trembles par une de ces belles journées de septembre. Sentir l'eau couler sous la coque de notre embarcation qui doucement fend l'eau de la rivière Richelieu en faisant une vague qui miroite à mesure que nous avançons en direction des écluses de Saint-Ourse. La prochaine étape sera Sorel, là où on s'engage pour remonter le fleuve. Au lieu de passer par le grand chenal des bateaux commerciaux, j'enfile dans le petit chenal devant Lanoraie que les goélettes de l'Île-aux-Coudres empruntaient en direction du port de Montréal pour y décharger leurs cargaisons de *pitoune*. C'est très agréable de naviguer à travers ces petites îles et ça me permet de passer devant la maison de ma mère sur la rive, à Repentigny. Comme il n'y a pas encore de téléphone cellulaire, il faut ralentir et faire sonner notre corne de brume pour avertir ma mère.

Quand on passe la pointe de Repentigny, on voit déjà apparaître celle du bout de l'île de Montréal. Nous approchons de notre destination et on peut voir les petits voiliers qui sont ancrés devant la marina de Jean Beaudoin. Je ralentis pour étirer ce dernier moment de navigation de cette année. Je prends mon temps afin de bien m'aligner vers la passerelle qui est au bout du quai où je dois amarrer le bateau. Tout va bien, Diane est à l'avant, prête à lancer la première amarre, et nous accostons sans problème.

C'est la dernière soirée, il faut en profiter, nous invitons pour un petit cocktail Claude et son épouse dont le bateau *Fleurs d'Océan* est accosté sur l'autre passerelle, ainsi que Michel, son fils, qui a lui aussi un voilier le *Kurun*. On ne peut pas veiller bien tard, demain matin nous sommes les premiers sur la liste pour la sortie de l'eau.

Après un petit souper à la lampe à l'huile, toute la famille s'est endormie comme des Jonas dans le ventre de cette grosse baleine qu'est le *Pêcheur d'Étoiles*.

Le lendemain, Diane est aux commandes.

– Les enfants on s'habille, on se dépêche ! Votre petit déjeuner ce matin, on n'a pas le temps de faire des crêpes, ça va être des céréales. Papa va faire partir le moteur pour le faire chauffer pendant que je fais le café.

Comme le reste de l'équipage, j'obéis aux ordres et je m'habille rapidement et je me rends dans la chambre des moteurs, à l'arrière du bateau. Comme c'est le début de l'automne, le moteur est déjà refroidi, c'est tout un exercice pour le faire démarrer. Au moment où je lève le levier, je n'ai que trois secondes pour faire démarrer ce monstre avant que les quatre grosses batteries 8D qui donnent 32 volts se vident. Lorsque c'était un bateau de pêche, un petit moteur à gazoline servait au démarrage mais on n'a pas les moyens de s'en payer un.

Je m'assois sur mon petit banc à traire les vaches devant mon gros bébé jaune et je lève partiellement le levier, ça tourne au ralenti. Et on y va pour un petit coup d'éther et on entend cette machine qui tourne et tourne et youp, ça marche, et ça claque tellement fort que j'ai toujours l'impression que le moteur va exploser, et bien non. Youpi c'est parti, on dirait un orchestre symphonique qui joue le *Bolero* de Ravel et j'entends une voix qui se mêle à cette symphonie :

– Paolo ! Qu'est-ce que tu attends pour venir prendre ton café ?

– Oui, mon commandant, j'arrive !

Je monte dans la timonerie avec mon café, que je n'ai pas eu le temps de boire en paix, parce que déjà c'est le temps d'emmener le bateau de l'autre côté de la passerelle pour le placer devant le portique de transbordement qui m'attend. Il faut maintenant bien aligner le bateau dans les courroies qui servent à lever le bateau hors de l'eau. On n'a pas le droit à l'erreur car de plus, le courant est de la partie, il est dangereux et rapide. Pour le moment, tout va bien, je suis déjà dans les grosses ceintures qui commencent à monter le bateau hors de l'eau avant de l'avancer vers la terre.

Soudain j'entends crier mon nom, alors je sors de la timonerie et je vois Diane sur la passerelle qui me fait des signes en s'approchant :

– Paolo ne reste pas sur le bateau ! J'entends des sons de craquement dans les câbles il me semble que je n'ai jamais entendu ça ! Débarque j'ai un mauvais *feeling*.

Puisqu'elle semble inquiète, je vais lui faire plaisir et je saute sur la passerelle pour aller la rejoindre. On regarde avancer le *Pêcheur d'Étoiles* qui semble bien confortable dans les ceintures qui le tiennent en l'air avec la force des câbles d'acier, il faut qu'elles le soulèvent de huit pieds et demi pour pouvoir l'amener sur la terre ferme car ce bateau a un très gros tirant d'eau.

Voici que le portique de transbordement avance lentement vers la terre ferme, en sécurité, tout semble bien aller. On arrête de se poser des questions quand arrive à côté de nous un couple d'amis qui doivent partir avec leur voilier le *Marie L'eau* dans les mers du Sud. On les écoute avec plaisir et on voudrait bien être à leur place, mais pour nous c'est un peu trop tôt.

Au moment où on allait leur souhaiter un bon voyage, on entend un bruit sourd et comme Diane et moi avions détourné le regard du bateau, c'est notre amie qui crie :

– Ah non, votre bateau !

Notre bateau venait de tomber ! La partie reste suspendue au-dessus de la terre ferme et la partie arrière repose dans l'eau, celle-ci passant par-dessus le bastingage et coulant dangereusement dans la chambre des moteurs. Le câble arrière du portique s'est rompu, tout à coup les câbles qui tenaient l'avant du bateau ne supportent plus le poids et ils cassent à leur tour et l'avant du bateau tombe à terre.

Une catastrophe, personne ne bouge, je me mets à crier :

– Allez chercher une pompe de cale pour empêcher l'eau de noyer le moteur. Arrêtez de regarder, pis grouillez-vous le cul.

Diane a les larmes aux yeux en voyant notre rêve s'écrouler, tous nos efforts depuis 14 ans !

– Non, c'est pas vrai Paolo, dis-moi que je fais un cauchemar !

Nos amis sont partis à bord de leur voilier chercher leur appareil photo pour prendre des photos afin d'avoir des preuves de l'accident. Déjà les gens des alentours viennent voir le spectacle.

– Le bateau de Paolo Noël vient de tomber.

Maintenant nous allons devoir entamer encore une bataille de poursuites contre les compagnies d'assurances, les avocats et peut-être même Jean Beaudoin, le propriétaire de cette machine qui a fait défaut. Diane a appelé notre avocat, Reevin Pearl, pour lui demander quoi faire :

– Là, tu vas prendre des photos de tous les gens sur place, même des policiers et de leurs badges bien lisibles, note aussi l'heure, on sait jamais comment ces choses-là peuvent tourner. Dis surtout à Paolo de ne pas se fâcher ni faire de menaces.

Les policiers sont venus assez rapidement et nos amis ont pris des photos, tel que demandé par l'avocat.

Le lendemain, le spectacle continue quand on voit arriver une grue géante de 200 tonnes. C'était le seul moyen de dégager notre bateau de sa fâcheuse position. C'est la première fois que je voyais un bateau de cette taille monter dans les airs pour être déposé sur son ber. On devra attendre les experts des compagnies d'assurance pour évaluer les dommages.

Le premier arrivé a été le courtier qui assurait aussi notre maison et nos voitures. J'avais eu avec lui quelques désaccords à propos d'un vol dans notre maison pendant que nous étions en vacances dans le Sud et une autre fois pour mon camion Suburban. Il m'avait carrément dit que j'étais un bandit, alors je ne m'attendais pas à grand-chose avec lui et mes pressentiments se sont révélés justes. Ses premières paroles m'ont averti qu'on aurait des problèmes avec lui et la compagnie d'assurances qu'il représentait :

– Tu t'imagines pas qu'on va te payer un bateau neuf en échange de c'te cochonnerie-là !

Il parlait de notre bateau. J'ai dû respirer profondément pour ne pas lui mettre mon poing dans la figure. Je me suis rapproché de son visage pour lui répondre en souriant et les dents serrées :

– Écoute-moi bin, mon pourri ! Mon bateau tu vas le payer, crois-moi, pour commencer tu vas avoir affaire avec mon avocat et si ça marche pas j'ai d'autres moyens pour te faire payer la note.

Là il se retourne vers les spectateurs en criant :

– Il vient de me menacer !

Alors là je me suis servi de mon talent d'acteur, je me suis mis à rire aux éclats devant tous ces gens qui nous regardaient, je leur ai dit que c'était un malade mental qui disait n'importe quoi pour attirer l'attention sur lui. Alors tout le monde a ri et il est reparti tout insulté en marchant comme un soldat battant en retraite, tout en marmonnant.

Même Jean Beaudoin se cachait pour ne pas nous parler.

– Diane, je n'en reviens pas de la façon qu'on nous traite. Quand je pense à toutes les années que je fais affaires ici et à tout l'argent que j'ai déboursé. J'étais un client de cette marina avant même que Beaudoin en soit le patron, je lui ai fait avoir beaucoup de publicité gratuite. J'ai été propriétaire de six voiliers depuis 32 ans.

Notre avocat nous a conseillés de ne parler à personne, y compris aux inspecteurs de compagnie d'assurance qui évaluent les dommages avec des instruments coupants, en les enfonçant dans le bois de la coque pour conclure que le bateau était trop vieux. Notre avocat avait beau me consoler et me dire de ne faire aucune remarque, je n'ai pas pu me retenir alors que l'un d'eux frappait le bateau avec une petite masse comme pour essayer de le défoncer et nous prouver que le bateau ne valait rien. Je suis allé me chercher une vraie masse dans la chambre des moteurs et je lui ai dit :

– Donne un autre coup sur mon bateau et je te fends la tête en deux, ce bateau est ma propriété et rien ne te donne le droit de briser mon bien.

Il me regarde avec défi et se prépare en relevant sa masse pour frapper à nouveau, mais je présume que d'après mon regard il a vu que j'étais sérieux, il a reculé. Quand Reevin, mon avocat, est arrivé tout a changé, ils ont vu un homme qui connaît la loi et sait se faire respecter. Il les a tous invités à descendre du bateau et à ne plus y toucher, ce bateau étant une propriété privée, qu'ils n'avaient pas le droit d'agir comme ils l'avaient fait et qu'ils devraient s'expliquer devant un juge.

Le livre et tout ce que ça représente pour nous

À cause du travail de promotion de mon ouvrage qui me tient occupé, j'ai dû annuler des contrats de spectacle et la plupart des gens qui m'avaient engagé étaient aussi contents qu'il en soit ainsi parce que ça n'allait pas très bien dans le domaine du spectacle,

Par contre, un propriétaire nous a menacés de poursuite pour bris de contrat. J'ai alors rappelé les musiciens, ça faisait leur affaire de faire ce dernier contrat dans cette cabane à sucre de la région de Sherbrooke. Ce n'était pas un gros contrat, deux jours seulement le samedi et le dimanche, logés et nourris, c'étais parfait. J'étais quand même heureux de travailler avec mes gars une dernière fois. Le premier soir, c'était bondé, mais une cabane à sucre ce n'est pas une boîte de nuit, l'ambiance et la clientèle ne sont pas les mêmes. La grande vedette ce n'est pas le chanteur ni les musiciens, c'est la bière qu'ils consomment depuis le matin, j'avais beau essayer de les gagner, il n'y avait rien à faire. Ça parlait, riait comme si on n'était pas là, alors j'ai dit aux musiciens :

– Je vais chanter comme si c'était pour de la danse.

Ils ont tous dansé toute la soirée.

Le lendemain matin, on est allés déjeuner. Ça valait la peine, tous ceux qui fréquentent des érablières savent que la nourriture est bonne et abondante. C'était la femme du propriétaire, une petite commère avec de l'énergie à revendre, aussi en forme que la veille qui nous servait. Elle me semblait gentille jusqu'au moment où elle me fit une remarque agressive et sarcastique :

– Vous savez que j'ai lu votre livre. Ça devait être beau vous voir vous battre, un homme de votre genre !

– Et c'est ce que vous pensez ? Eh bien, ramenez-moi mon livre et je vais vous remettre votre argent si vous pensez que ce sont des mensonges que j'ai écrits dans mon livre. Dans le métier que vous faites, vous ne devriez pas vous fier aux apparences, ça pourrait vous jouer de vilains tours.

– Non, non, d'ailleurs je n'ai pas fini de le lire.

– D'accord Madame.

Le deuxième soir, les clients étaient venus pour voir le spectacle et ça été une soirée plus agréable. Une fois le spectacle terminé, je suis allé faire un tour au bar pour me prendre un petit cinzano. Un motard d'une bonne carrure est arrivé à coté de moi pour me saluer :

– Laisse-moi le plaisir de t'offrir ton *drink* et j'ai quelque chose d'important à te dire. Viens on va s'asseoir à une table, je ne veux pas que le barman m'entende. Écoute bien ce que je vais te dire à propos du patron, c'est un crosseur de la plus belle espèce. Tous les artistes qui sont venus ici ont eu des problèmes à se faire payer, tous sans exception. J'ai vu la petite Renée Martel pleurer parce qu'il ne voulait pas lui donner sa paye.

– Merci pour le *drink* et merci pour l'avertissement, un homme averti en vaut deux.

– De toute façon j'va traîner au bar pour jeter un coup d'œil au cas où t'aurais des problèmes, bonne chance.

Les musiciens avaient rangé leurs instruments, on avait libéré la place, je demande à mon batteur Rony :

– Va chercher, sans que ça paraisse, le bâton de baseball dans ma voiture et viens te placer dans la porte du bureau du patron qui est juste à côté de l'entrée en cas de besoin. Je vais attendre que tu sois en place avant d'entrer dans ce bureau.

Le patron a une de ces poses qui en dit beaucoup, il est partiellement assis sur le devant du bureau, une jambe pliée et l'autre droite à terre, devant un petit secrétaire. Il me regarde en souriant, comme s'il avait une bonne nouvelle à m'annoncer, il est habillé comme les grands admirateurs d'Elvis, le veston quadrillé, la chemise rose avec la cravate nouée avec un gros nœud Windsor, l'air bien décontracté et les cheveux gonflés et des favoris qui descendent jusqu'aux mâchoires.

Je lui rends son sourire en le regardant dans les yeux comme un innocent. Il me tend une enveloppe avec sa main droite, je la prends de la main gauche, je la tâte :

– Il n'y a pas assez d'argent pour le salaire que tu me dois.

– Bin c'est tout ce que tu vas avoir pis t'en auras pas plus.

Je laisse tomber l'enveloppe par terre, comme il se penche pour la ramasser, je lui tourne le dos en espérant que ma vieille méthode marche encore, je serre mon poing droit où je concentre tout mon énergie et je me tourne vers lui rapidement pour le frappèr au menton. J'y ai mis tellement de pression qu'il est passé par-dessus le meuble pour tomber de l'autre côté sur la chaise la tête par en bas et les pattes en l'air. Je ne perds pas une seconde et je traverse de l'autre côté pour l'attraper par la cravate en la serrant avec ma main droite tout en tenant le nœud avec ma main gauche et je tire sur la cravate de toutes mes forces pour l'étouffer un peu.

– Si tu me payes pas, je t'étrangle.

Et voilà que sa femme arrive en criant :

– Lâche-le, tu vas l'étouffer.

En criant, les dents serrées je lui réponds :

– J'veux qu'il me donne mon argent, pis je vais le lâcher.

Pendant que je discute, je l'ai lâché, mais je ne le laisse pas se lever tant que sa femme ne reviendra pas avec l'argent. Il s'est mis à pleurer, j'espère que je suis le dernier qu'il a essayé de fourrer, j'ai pris l'argent que j'ai donné à Rony.

– Compte l'argent, prends-en pas plus, prends juste ce qu'il nous doit.

En quittant le bureau, je demande à sa femme :

– Pensez-vous toujours que j'ai conté des menteries dans mon livre ?

Mon pianiste vient me dire qu'il y a une voiture de police devant la cabane à sucre. Le motard est venu me rassurer en disant qu'il faisait sa tournée tous les soirs et qu'il repartait. Je lui ai ensuite demandé où était le portier.

– Je lui ai dit d'aller jaser avec le policier, pour qu'il ne voit pas ce qui pouvait se passer. C'est un *chum* de toute façon.

On est partis avec l'argent gagné durement.

Quand est venu le moment de conduire ma voiture, je me suis rendu compte que ma petite performance de boxeur ne m'avait pas fait de bien. Une fois l'adrénaline descendue, mon mal de dos est revenu comme avant mon opération. Mon batteur me propose de conduire pendant le voyage de retour, je m'assois sur le siège du passager et j'essaie de me détendre, mais je sens un certain mal dans le bas du dos et ça m'inquiète. En arrivant à la maison, j'ai du mal à descendre de la voiture. Rony doit m'aider à monter les marches de la maison et à enlever mon manteau tellement je suis mal en point. On s'est assis dans la salle à manger pour parler parce que c'était le dernier spectacle que l'on faisait ensemble.

Finalement, je suis monté me coucher avec difficulté en espérant que la nuit m'aiderait ; le lendemain en me réveillant, tout semblait s'être replacé et quand je suis descendu prendre mon café avec Didi, j'avais retrouvé mon équilibre. Il y a de ces moments où je réalise à quel point je suis chanceux d'avoir une famille où je retrouve mon envie de vivre et j'oublie les mauvais côtés de ma vie artistique. Assis confortablement dans mon fauteuil, le café à la main je raconte à ma femme ce qui s'était passé la veille. Encore une fois, elle n'est pas très fière de moi parce que je n'ai pas réfléchi à ce qui aurait pu arriver à ma colonne vertébrale.

Imaginez-moi dans un Salon du livre

Novembre, le temps du Salon du livre de Montréal, celui-là je l'attendais avec un peu d'inquiétude. Je me posais beaucoup de questions : que peut faire un chanteur à travers tous ces écrivains de carrière avec un livre comme le mien, écrit avec des mots simples, pour raconter une vie pas comme les autres ? Diane me dit :

– Paolo, on n'est pas obligés, si ça te dérange à ce point !

Mais Max lui y tenait mordicus :

– T'occupe pas des intellos qui vont peut-être te regarder de travers, je suis sûr que ton public, lui, va être là pour te rassurer.

J'étais inquiet, puis arriva le moment de traverser la grande salle du Salon avec des centaines de stands où des auteurs attendaient leurs lecteurs et là, du monde il y en avait. Il fallait se frayer un passage à travers tous ces gens pour arriver au stand des Éditions de Mortagne. Max nous avertit de rester derrière lui, sans ça on va se perdre dans cette foule. Tout ce qu'on voit c'est le dos de Max qui semble prendre un certain plaisir à naviguer à travers les allées, zigzaguant pour éviter les attroupements. Nous voilà enfin arrivés, nous nous frayons un passage parmi une foule agglutinée devant le stand, Max se retourne vers nous en souriant :

– Paolo, t'avais peur de t'ennuyer ! Le voilà ton public !

Quand je passe derrière le comptoir, tout le monde applaudit, j'avais envie de pleurer de joie. J'ai dû signer pendant au moins une heure sans arrêt, avant de commencer à ralentir, les employés ouvraient des caisses de livres qui disparaissaient comme s'il s'agissait de la distribution des pains. Au moment où je pensais pouvoir aller aux toilettes, voilà Jacques Languirand qui arrive avec sa sympathique tête de vieux philosophe et qui se met à crier :

– Approchez Mesdames et Messieurs, venez vous procurer, pendant qu'il en reste, un livre écrit par un homme qui a vécu une vie peu ordinaire et qui, en plus, chante bien. Si vous l'applaudissez, il va vous chanter une de ses plus belles créations *Le Petit Voilier*.

Tout le monde se met à applaudir. Là je ne sais pas si j'ai le droit mais si un philosophe comme Languirand me le demande, je plonge. Aux premières lignes, les gens m'écoutent sans parler et sans même bouger mais dès que j'entame le refrain « Vogue vogue tout le long de la rivière », ils se sont mis à chanter en chœur. C'était de toute beauté mais je crois que mes voisins immédiats n'appréciaient pas cette compétition illégale. Pendant que je finissais ma petite chanson, Languirand s'était trouvé une baguette pour battre la mesure, comme l'aurait fait un directeur de chorale. C'était terriblement agréable d'être délinquant à travers tous ces intellos qui marchaient à la baguette comme au collège.

Ça n'a pas manqué, on a reçu une réprimande de la part de la direction du Salon, mais le tour était joué et un journaliste photographe avait capté la scène. Il avait écrit : « Languirand et Noël ont trouvé le moyen de désobéir à la bienséance du salon et c'était très agréable. »

On a eu du monde tous les jours, on a vendu des caisses et des caisses de livres, j'ai eu le plaisir de parler avec des gens de tous les âges.

Une des choses qui m'a vraiment fait plaisir, c'est que des gens qui avaient acheté mon livre en cadeau de Noël pour leur mère, grand-mère, père ou grand-père revenaient le lendemain pour me dire qu'ils avaient ouvert le livre par curiosité et qu'ils n'avaient pas pu arrêter et l'avaient lu d'un trait. Ça me faisait plaisir mais ça m'a fait penser à Diane quand elle prépare un repas qui lui prend des heures et qu'on le déguste en quelques minutes. Tout ce travail de plusieurs mois, lu si vite, mais il faut dire que certains lisent très rapidement.

N'allez pas croire que c'est toujours aussi agréable d'affronter le public. Par exemple, j'ai été invité à un autre Salon, celui de Trois-Rivières. Je suis donc occupé à dédicacer mes livres et à répondre aux questions des lecteurs qui sont toujours curieux de savoir ce que contient mon livre avant de l'acheter. Comme je suis beaucoup plus bavard qu'écrivain, j'y prends un certain plaisir.

Je suis assis derrière une table où sont empilés les bouquins devant moi, il y a beaucoup de monde en particulier des femmes. Tout à coup, j'entends crier l'une d'entre elles, derrière cette foule, tout le monde se retourne pour voir qui gueule à tue-tête ainsi.

Je me lève et lui demande ce qu'elle veut :

– T'es juste un maudit misogyne, j'té entendu dire à la télévision que les femmes étaient plus sexy en portant des jeans que des robes. C'est facile à dire ça quand on est macho, mais c'est pas le cas pour les femmes qui ont des vaginites en portant des jeans. Et elle poursuit sur le même ton encore quelques minutes, à tel point que d'autres femmes parmi l'assistance s'en prennent à elle verbalement, mais non moins vigoureusement.

Deux beaux gros gardiens sont venus faire le ménage, ils l'ont gentiment soulevée de terre et reconduite à la porte du Salon. Je dois vous avouer qu'elle a quand même réussi à briser le plaisir de ma journée, mais c'est à Trois-Rivières que j'ai battu le record de vente dans les librairies. Max a pris soin de nous et nous a gâtés. Il nous a fait rencontrer de grands auteurs et des éditeurs français. Ça fait du bien de connaître autre chose que des producteurs de disque et agents de spectacle.

Mais des éditeurs il y en a de toutes les sortes. Un jour, Max nous dit qu'il y a un éditeur international important qui voulait nous rencontrer pour acheter les droits de traduction de notre livre.

– Ça y est, on va être millionnaires, on va faire réparer le bateau par des experts et on va partir plus vite qu'on l'aurait cru !

La rencontre avait lieu au Castillon, la grande salle à manger de l'hôtel Bonaventure. Pour Max c'était habituel, mais Diane et moi étions très impressionnés par les fleurs, les chandelles, la nappe blanche et des demoiselles qui jouaient du violon pendant que nous savourions des petites entrées arrosées au champagne. Nous étions au paradis de la dégustation, devant moi il y avait Guy Hoffman et son épouse, Max et Rose-Marie étaient à ma gauche, le fameux éditeur de l'autre côté, face à Diane qui est directement à ma droite, la compagne de ce Monsieur, une jolie dame blonde est au bout de la table entre Diane et lui. Au moment du dessert, le Monsieur qui n'a pas lâché Diane des yeux de toute la soirée ouvre la bouche :

– M. Noël, je veux vous dire quelque chose.

Bon ça y est, on va parler affaires.

– Ce soir, je vais vous faire cocu.

D'abord je suppose que c'est une farce :

– Pourriez-vous me répéter votre proposition pour que je puisse comprendre ce que vous attendez de moi ?

– Je vais être direct, je vais vous faire cocu pas plus tard que ce soir.

Je me lève :

– Si tu mets un doigt sur ma femme, j'te l'arrache et pis j'te le plante dans le cul. As-tu compris ? Ma femme n'est pas à vendre, pas à louer, pis moi non plus.

Je me retourne vers Max :

– Je te remercie pour le repas, je m'en vais avant d'étrangler ton gars.

Le lendemain, Max me téléphone pour me raconter la suite, il riait de bon cœur en me racontant qu'il avait fallu lui traduire mes paroles, car il n'avait rien compris de mon jargon québécois. Voilà pourquoi mes livres sont restés au Québec, dans ce pays où il y a plus d'arbres que de lecteurs.

Max nous donne donc rendez-vous chez lui pour nous parler de la production du deuxième livre . Et nous voilà partis dans une nouvelle aventure que nous espérons être aussi bonne que la première.

Deuxième opération

Plus les jours passaient et plus j'avais mal au dos. Nous avons pris rendez-vous avec un nouveau neurochirurgien que notre ami Jules Trudel nous a recommandé, le docteur Guimond. Avant l'opération, j'ai passé entre les mains d'un docteur en physiothérapie, le Dr Vadeboncœur, avec qui j'ai eu des traitements et des étirements pendant quelques semaines.

Diane m'y reconduisait tous les jours, j'étais obligé de me coucher dans la voiture, elle me laissait juste devant la porte. Je sentais toujours une douleur quelle que soit ma position.

Même quand on allait manger au resto avec notre éditeur, tout le monde était bien assis à déguster ces plats savoureux, à part moi qui devais rester debout.

Avant l'opération, il me fallait subir une myélographie. J'ai eu peur, car une erreur du technicien pouvait me laisser paralysé. Finalement je suis entré à l'hôpital un jeudi et je suis ressorti le mercredi suivant.

Diane raconte.

Après l'opération, qui avait été retardée à cause d'une urgence, le médecin est venu me voir dans la chambre où j'attendais mon mari. Il s'est assis par terre le dos appuyé au mur car il n'y avait qu'un seul fauteuil. Le docteur Guimond m'a expliqué qu'un fragment du disque était bien caché et que le médecin ne l'avait pas vu lors de la première opération et que ce fragment était en train de sectionner le nerf sciatique.

Donc le médecin m'a rassurée en me disant qu'il était certain de sa réussite mais que Paolo resterait avec un certain handicap. Le docteur Vadeboncœur, le physiothérapeute, m'a donné un petit cours sur la structure de la colonne vertébrale et m'a montré à replacer les vertèbres en cas de besoin. Ça marche, je l'ai fait souvent, mais avec le temps je pense qu'il fait plus attention.

Pendant que Paolo est encore dans le cirage et qu'il n'est pas tout à fait conscient de ce qui se passe autour de lui, sa sœur Lucile m'annonce d'une voix tremblante que leur mère est très malade à l'hôpital Le Gardeur.

– Je vais téléphoner au docteur Trudel.

Le docteur Trudel m'a rappelée rapidement.

– Nous allons faire venir sa mère sur le même étage que lui, il y a justement une chambre qui s'est libérée. Tu dois garder ça secret, sa mère est entre la vie et la mort. Nous allons essayer de la garder en vie aussi longtemps qu'il faudra, car s'il fallait qu'elle meure pendant que Paolo est en train de récupérer, ça pourrait lui occasionner un choc post-opératoire.

Le lendemain de l'opération, l'infirmier est entré dans la chambre de Paolo et, à sa grande surprise, il l'a trouvé assis dans la chaise à côté du lit.

– Ah ! Vous n'avez pas été opéré ?

– Bin oui, pis j'ai faim.

– C'est bien la première fois que je vois ça !

Depuis que nous avons commencé à écrire ce livre, il y a des moments de notre vie où Paolo aimerait mieux passer tout droit sans en parler car ça fait trop mal, alors je garde la plume.

Paolo étant en voie de guérison, je dois donc lui annoncer la nouvelle. Pour lui qui a souffert de ne pas avoir sa mère tout petit, c'était une chance d'être à ses côtés pour les dernière heures de sa vie. Alors tous les jours jusqu'à son congé, il allait passer des heures auprès de sa mère qui était dans un semi-coma, il lui prenait la main et lui disait combien il l'aimait.

Quelques jours après sa sortie, nous sommes venus visiter sa mère. Je la regardais et je souffrais pour elle, je ne pouvais plus supporter de la voir se battre pour trouver sa respiration, je l'écris et ça me fait mal, juste d'y penser, elle souffrait et personne n'intervenait. Je suis allée voir l'infirmière.

– Mais vous n'avez rien pour la soulager ? Elle souffre.

– Il fallait le demander.

Ils sont venus immédiatement avec une piqure de morphine et elle s'est endormie. Le lendemain matin, on nous a annoncé qu'elle n'en avait pas pour longtemps.

Ce jour-là, Paul, qui devait partir de Repentigny pour se rendre à l'hôpital Saint-Luc, roulait probablement plus vite que la loi le permet, il s'est fait arrêter par un policier. De notre côté, en arrivant sur le pont Jacques-Cartier, nous avons été bloqués par un accident. Le temps nous a paru tellement long. Nous sommes enfin arrivés pour constater que Lucienne venait tout juste de mourir, alors que personne de la famille n'avait été à ses côtés pour ses derniers moments.

– Regarde ta mère comme elle sourit, on dirait qu'elle vient de voir un ange.

Le lendemain, elle prenait la vedette dans tous les journaux à potins. Elle a même volé la vedette à Georges Brassens, décédé le même jour, sur la page couverture du *Journal de Montréal*.

Lucienne voulait son service dans la vieille église de Repentigny, celle où elle allait prier. Elle voulait également qu'André Bertrand chante l'*Ave Maria*, car elle savait bien que Paolo n'aurait pas pu. L'église était remplie, il y avait le maire, le chef de police, des gens de l'Union des artistes et j'en oublie. Il y avait aussi de nombreuses personnes à l'extérieur. À un certain moment, les gens l'ont applaudie, elle avait enfin atteint son rêve : être la vedette.

Le deuxième Salon du livre de Montréal

Diane et moi avons travaillé très fort pour écrire le deuxième livre. Nous avons eu des conseils d'écrivains qui nous ont enseigné des méthodes d'écriture. Enfin le livre est sur le marché, un mois et demi avant le Salon du livre de Montréal. Max Permingeat, l'éditeur des Éditions de Mortagne, en est très heureux mais moi je suis inquiet. Diane a confiance, ce qui fait qu'encore une fois je me présente au Salon du livre sans être convaincu de ma réussite. Ce n'est que le deuxième bouquin que j'écris et on m'a dit qu'il faut en avoir rédigé trois pour être reconnu comme un auteur. Donc j'ai encore des croûtes à manger avant de me péter les bretelles.

Pour le moment, je suis assis derrière le comptoir dans le stand des Éditions de Mortagne, d'où je vois venir la foule de gens qui ressemble à une rivière qui coule doucement pour se répandre à travers les stands, qui eux, ressemblent à des petites îles où chaque auteur serait un pêcheur qui tend sa ligne pour attraper le plus beau poisson. Pour le moment, je me fais des images en essayant de me détendre et voilà ça y est : devant moi il y a des gens qui me sortent de mes pensées. J'entends des noms que j'écris à côté du mien sur la première page et je retrouve ma bonne humeur et c'est parti.

Mon éditeur a l'air heureux, les livres partent à un rythme régulier. Je suis sur une autre planète et tout à coup, j'entends une voix qui me ramène vite sur terre car elle me traite de « Calisse de bourgeois ». Les gens, qui attendaient avec leur livre dans les mains, se sentent menacés et se tassent sur le côté. Je vois apparaître une dizaine de personnes qui suivent un bonhomme à la barbe noire, les cheveux en bataille et qui ressemble comme deux gouttes d'eau à Fidel Castro au moment de sa révolution. Il s'agissait des membres du Parti communiste du Canada qui venaient faire une démonstration « antibourgeoisie ». Je n'ai absolument rien d'un bourgeois, je ne le prends pas et comme ils continuent à s'en prendre à moi, je saute par-dessus le comptoir pour aller leur piquer une petite jasette. Tout le monde regarde la scène en silence.

Mon fils Constantino arrive derrière notre spécimen, l'attrape avec une prise d'art martial et le paralyse complètement :

– Si tu ne t'excuses pas, je te casse le cou, dans pas grand temps tu vas manquer d'oxygène si tu dis pas : Monsieur Noël, je m'excuse. Papa, c'est pas la peine de te salir en le frappant, il n'en vaut pas la peine.

Apparaissent plusieurs policiers qui escortent tous ces révolutionnaires enragés vers l'ascenseur. Mon fils les a suivis et en revenant au stand me dit :

– Je pense que ça été la fête du barbu, en ouvrant la porte de l'ascenseur, ils l'ont poussé assez fort que j'ai entendu son corps frapper contre la paroi.

La première journée a été gâtée par cette histoire, mais avec Max ça finit toujours bien, il nous a reçus dans une suite royale.

Notre fils, dont nous sommes fiers, a expliqué à tous ceux qui étaient présents qu'il a étudié les arts martiaux avec un grand maître qui revenait de la Californie. Enfin on était contents de ne pas avoir gaspillé notre argent parce qu'on trouvait que ces cours coûtaient pas mal cher.

Le salon a été réussi sur toute la ligne. On a eu du monde tous les jours. J'étais tanné d'écrire mon nom sur la première page de mon livre. À la fin du dernier jour, je discute avec Diane, Max et nos enfants. Sans savoir exactement pourquoi, je dis à une jeune fille qui ramasse les livres tout à côté de la caisse ouverte :

– Les filles, faites attention aux voleurs, ils viennent habituellement faire leurs mauvais coups à l'heure de la fermeture quand la caisse est pleine.

Et comme dans un film, je vois arriver un jeune homme qui saute sur le comptoir, prend la caisse et s'enfuit à toute vitesse à travers la foule des gens qui vont vers la sortie. Mon fils, qui a vu la scène, me lance :

– Papa, on est capables, on va le pogner !

Et nous voilà partis à la course, je cours devant Tino et je dois bousculer les gens qui sont sur notre chemin pendant que le voleur, lui, court comme un chevreuil apeuré. Je commence à manquer de souffle, en espérant que c'est la même chose pour lui, mais je continue. C'est un vrai défi et je suis le plus mauvais perdant qui existe. La foule me semble de plus en plus compacte, ce qui m'empêche de voir devant moi. Le voleur, qui a pris un peu d'avance sur nous, a fait un petit détour pour passer derrière des gens qui discutent assis en forme de demi-lune. Je l'aperçois juste au moment où il arrive au centre. Je vois une ouverture et si je veux l'attraper avant qu'il passe cette maudite entrée, il me reste à sauter comme un acrobate par dessus la tête des conférenciers. Tout ça en quelques secondes et je tombe à bras raccourcis sur le voleur que je jette par terre. Je le tiens par la gorge avec ma main gauche tout en lui donnant des coups avec mon poing droit et il y a des mains qui essayent de m'empêcher de frapper.

Pendant ce temps, Tino lui s'époumone :

– Non ! laissez mon père tranquille, il a attrapé le voleur !

Pas question de laisser s'enfuir le bonhomme. La police est arrivée rapidement car j'étais tombé sans le savoir dans le kiosque de l'Assemblée Nationale. Les policiers ont arrêté le gars en question qui en vrai professionnel avait passé l'argent à son complice sans que je m'en rende compte. Le complice sera aussi arrêté par la suite

Tino était aux anges devant ses copains qui étaient venus le rejoindre. Toute l'équipe de Max nous attendait, Tino et moi avons eu droit aux bravos. Après la course, il n'était pas essoufflé mais moi si, ça doit être ça vieillir, on a la volonté mais plus le pouvoir.

Un nouveau projet

Guy Lepage, qui est aussi un vieil ami, m'a parlé d'un projet : louer le théâtre Arlequin et monter quelque chose de bien avec ma famille, soit Diane, Constantino et Vanessa. Il nous fallait un bon orchestre et de bons arrangements musicaux.

Max Permingeat est prêt à embarquer dans le coup. Je suis intéressé, mais il faut écrire un spectacle et je ne sais pas si j'ai le talent pour le faire. Quelque semaines plus tard, avec l'aide de Diane, j'ai trouvé une idée, à force d'y penser jour et nuit. Toutes les idées assemblées, il restait à trouver un chef d'orchestre qui voudrait bien embarquer dans l'aventure. Ma femme propose de voir si Daniel Hétu est disponible. Il l'est mais il doit payer une amende à la Guilde des musiciens, amende qu'il refuse de payer, jugeant qu'il n'est coupable de rien. Je lui propose :

– Si tu voulais accompagner notre spectacle, je paierais ton amende, ton salaire et celui de quatre autres musiciens de ton choix.

– Bon d'accord c'est bien pour vous autres que je le fais. Quand est-ce qu'on commence ?

– Vendredi passé !

– Bon j'arrive, vous avez toujours le piano ?

Un mois plus tard, on était prêts à affronter le public de l'Arlequin pour trois soirs. Le numéro avec la petite Vanessa était charmant, elle était habillée en poupée mécanique qui sortait d'une boîte à surprise pour chanter et danser avec Bouchon, le clochard sympathique. Au milieu de mon tour de chant apparaissait Diane, toute en beauté dans une robe blanche romantique à deux jupes, qui venait faire un duo avec moi pour interpréter une nouvelle chanson fraîchement écrite pour la circonstance qui s'intitulait *Tant que nous aurons l'amour*. Plus tard, Constantino, qui a grandi un peu trop vite, chantait avec moi *Le Petit Voilier* que j'avais interprété jadis durant l'émission *Le music-hall des jeunes talents Catelli* avec mon bébé Tino dans les bras. Cette fois, il m'a pris dans ses bras pour changer un peu le rôle, ce qui a fait bien rire la salle. À la finale, si j'en jugeais par les applaudissements, les gens étaient heureux de leur soirée. Le lendemain, les critiques étaient bonnes, en voici une que j'ai retenue celle d'André Robert :

« J'étais curieux d'aller voir ce personnage qu'est Paolo Noël, même si je n'étais pas un de ses fans, j'avoue avoir été charmé, de voir une jolie famille qui semblait s'amuser en chantant de jolies chansons que je ne connaissais pas, sans oublier les chansons qui ont popularisé l'artiste. Le tout accompagné de petits pas de danse et de monologues pendant lesquels j'ai ri à en avoir des crampes dans le ventre, je suis sorti du théâtre heureux et pas déçu du tout. Bravo la famille Noël. »

Mais une seule mauvaise critique a suffi à démolir tous le travail et la recherche pour arriver à monter un spectacle qui pourrait plaire à ma clientèle. Cette journaliste a étalé sa critique en première page :

« Je suis allée voir mon chanteur de charme préféré, malheureusement le charme n'y était plus et j'ai été choquée par son langage et ses histoires un peu trop en bas de la ceinture, on se serait cru dans une vulgaire boîte de nuit. Alors que j'étais dans un endroit aussi respectable que le théâtre Arlequin, adieu donc les chansons de Tino Rossi, adieu Paolo Noël, avis aux intéressés. »

Nous venions, mon éditeur et moi, de dépenser de l'argent pour rien. Je n'en avais pourtant pas à jeter. La semaine suivante pourtant, lors d'un spectacle de charité à la Place Desjardins auquel participaient bénévolement plusieurs artistes, la journaliste en question s'est présentée avec son mari. Le silence est total, Diane a sa tête des mauvais jours. Diane raconte :

Cette personne, en crachant son venin avec sa plume, nous a fait perdre tout l'argent que nous avions investi dans le spectacle. Et là, j'ai lancé :

– Regardez tout le monde voilà la plus grande mal fourrée du Québec ! Ne lui parlez pas et ne la touchez pas car vous pourriez attraper une maladie contagieuse. C'est la plus grande salope de toute la colonie de journalistes. Regardez comment elle marche, elle doit avoir de la merde collée au cul.

Heureusement que mes parents n'étaient pas là !

Son mari a voulu s'approcher de moi, en lâche comme de raison, et Paolo l'a averti de rester à sa place. Finalement, Guy Cloutier est arrivé et leur a dit de sortir, car ils n'étaient pas les amis des artistes et personne ne voulait leur donner d'entrevue.

Heureusement que... !

Depuis l'accident de notre bateau, on avait l'impression, nous aussi, d'être à moitié démolis. Tout allait mal, c'était la récession du début des années 1980, alors que les taux d'intérêts augmentaient de façon anormale et que presque tous les contrats que j'avais signés pour présenter mon tour de chant dans les centres commerciaux étaient annulés. Je me retrouvais donc devant rien. Le ministère du Revenu avait entrepris une croisade contre les artistes qui sont toujours une proie facile, surtout lors des récessions.

Les inspecteurs se sont présentés à la maison plusieurs matins avec leurs serviettes sous le bras. D'abord, il y avait eu les jeunes qui venaient bien poliment s'asseoir à la table de la salle à manger pour passer au peigne fin les papiers des années précédentes, en entreprenant des calculs à n'en plus finir. Diane discutait des erreurs de comptabilité et son charme faisait infailliblement effet sur ces jeunes hommes, qui finissaient toujours par donner des conseils à ma femme, pour éviter d'avoir des problèmes dans l'avenir. Le tout se terminait avec une tasse de café en parlant de la vie de bateau.

La fin de semaine, histoire de changer le mal de place, nous sommes allés à notre bateau. Au retour, nous retrouvons la maison sens dessus dessous, parce que notre fils et ses copains, pour être à la mode du temps, avaient organisé un *open house* comme dans les films des années 1980. Les amis des amis se sont invités, se sont soûlés et se sont défoulés. Notre fils ressemblait au chien qu'on dispute, mais il a eu le courage de nous faire face. Tout ce que nous avions payé et amassé à la sueur de notre front était cassé : les chaises, le beau lustre d'Italie de Didi dont il ne restait qu'un globe, la porte du réfrigérateur était enfoncée, il y avait des trous dans les murs et des coups de couteau dans nos belles portes en pin, les moustiquaires étaient déchirées.

Le lendemain matin, les dégâts étaient encore plus visibles. Je m'aperçois qu'il y a même des trous dans les plafonds et des trous dans les chambres d'en haut. Je ne peux plus me contenir, je suis allé réveiller mon fils et j'ai pris la hache de pompier que j'avais reçue de l'association des pompiers de Montréal. Tino me regarde à moitié endormi :

– Toi et tes copains d'école n'avez pas l'air d'aimer notre maison, alors je vais te montrer comment c'est plus facile de démolir que de bâtir une maison.

Je prends la hache et je fends la table en deux seuls coups, j'ai achevé les chaises dont il restait encore quelques morceaux. Je n'ai pas touché aux murs parce que la maison était déjà en vente dans mon esprit.

Diane était plus triste et désemparée, que fâchée, car elle aimait sa maison, mais elle n'aimait pas me voir dans cet état.

– Paolo, tu ne trouves pas que c'est assez ? Tant que personne n'a été blessé, pour le reste ce n'est que du matériel, on va s'arranger.

Ce même matin, le ministère du Revenu n'étant pas satisfait des résultats de ses enquêteurs, envoya le vrai inspecteur, Il sort de sa voiture avec sa serviette sous le bras. J'étais pas d'humeur, c'était vraiment pas la bonne journée.

J'ouvre la porte, je me plante dans le milieu de la salle à manger. Il jette un regard, il voit bien qu'il n'y a ni table ni chaises, avec sa face de bouledogue il me lance :

– J'ai besoin d'une table et d'une chaise pour faire mon travail.

– Tous les soirs pour gagner ma vie je chante pendant deux heures debout, alors si tu veux avoir mon argent, écris debout.

– C'est mon droit, je vais appeler la police.

– Appelle la police si tu veux, ils sont comme moi, ils aiment pas les gars d'impôt, eux autres aussi.

Diane me voit faire et décide d'appeler notre avocat, Reevin lui dit :

– Diane, dis à ton mari de se calmer parce que là ça va être vraiment des gros troubles. La prochaine fois, on va les inviter à mon bureau, on va discuter intelligemment pis ils vont vous laisser tranquilles.

L'inspecteur est reparti et on est restés sans nouvelles pendant un certain temps.

Heureusement que nous vivions dans un décor enchanteur, quand il y faisait tempête et que j'avais la chance de ne pas travailler, je m'amusais à faire des feux de bois dans le foyer. Les enfants en profitaient pour faire griller des guimauves et quand le bois se changeait en braise, on faisait cuire de la viande. Quand les jeunes avaient mangé, ils allaient regarder la télé dans le sous-sol pendant que nous soupions tranquilles, en regardant le feu que j'avais réactivé.

Quand l'ennui du bateau nous prenait, on se rendait à Pointe-aux-Trembles. La pauvre Diane devait pelleter la neige, vu l'état de mon dos. Une fois à l'intérieur, il ne nous restait plus qu'à allumer la jolie petite fournaise française, je parle de la Godin. En attendant que la chaleur arrive, on ressemblait à deux pingouins dans nos habits de motoneige une pièce, avec un capuchon garni de fourrure de chat sauvage, chaussés de grosses bottes feutrées. Il fallait voir la buée nous sortir par la bouche en se traitant mutuellement de fou. Quand il faisait assez chaud pour enlever le haut du costume, on le laissait rabattre sur nos hanches tout en sirotant notre petit rhum, additionné d'eau chaude que nous avions fait chauffer sur la fournaise. Alors, doucement l'intérieur réchauffé, l'esprit tranquillisé, nous partions loin de ce pays de neige en évoquant nos rêves, avec l'espoir de les atteindre un jour, malgré tout.

Nous allions jusqu'à nous endormir dans notre lit comme des aventuriers du pôle Nord, bien enveloppés dans un tas de couvertures, la tuque par-dessus les oreilles. Je devais me lever de temps en temps pour mettre du charbon dans la fournaise qui était rouge de bord en bord. On était bien jusqu'au matin et, après un bon café chaud, on retournait à la maison en ayant repris espoir en nos rêves.

Le bureau de notre avocat n'avait pas chômé. Après quelques mois de recherche, il avait trouvé en Colombie-Britannique un ingénieur en construction navale qui se spécialisait dans les bateaux de bois. Naturellement, il fallait payer à l'avance tous les frais de ce Monsieur, ses déplacements par avion, les hôtels, les repas et les à-côtés.

Notre ami avocat, qui avait une confiance absolue dans la cause, a avancé le montant exigé.

Mais il nous manquait le constat de l'accident fait par la police de Pointe-aux-Trembles qui semblait perdu quelque part dans ses bureaux. À ce sujet, j'ai ma petite idée mais je ne peux pas l'exprimer ici, je peux seulement dire que « plus ça change, plus c'est pareil ».

Le temps avance, le printemps et le soleil sont de retour quand l'ingénieur maritime s'amène pour commencer son travail. Surpris, je m'attendais à le voir avec toute une panoplie d'instruments pour faire ses expertises, Il n'avait qu'un appareil photo et une tablette pour prendre des notes ainsi qu'un petit instrument qui ressemblait à une loupe à travers laquelle il regardait pour voir des choses qui ne se distinguaient pas à l'œil nu. J'étais persuadé qu'on se faisait carrément baiser par un maître arnaqueur. Il parlait anglais avec un accent britannique et c'est Diane qui discutait avec lui. Pendant ce temps, je continuais à préparer l'étoupe pour colmater les endroits les plus blessés, pour empêcher l'eau de pénétrer durant le voyage vers le chantier maritime des frères Lachance à Montmagny qui avaient accepté de le réparer.

L'ingénieur a fait son rapport à Reevin et moi j'ai commencé mon travail d'étoupage.

Un après-midi, un gros bonhomme s'approche et me demande ce que je fais. Je lui explique et lui demande ce qu'il fait dans la vie. Après quelques hésitations, il m'avoue qu'il est un policier sous couverture en devoir par ici, pour surveiller les vendeurs de drogue à l'occasion d'un gros spectacle de rockeurs qui se donne dans le coin.

– Vous seriez pas par hasard attaché au poste de Pointe-aux-Trembles ?

– Eh bien oui !

J'en profite pour lui parler de ce qui s'est passé avec le rapport de notre accident. D'un ton décidé il dit :

– Paolo, casse-toi pas la tête, je connais leur truc et ça me fait chier qu'ils te fassent ça après que tu as accepté de nous aider pour la collecte de charité. Demain je vais aller fouiller dans les dossiers, je suis sûr que c'est le *boss* qui transfère ton dossier en dessous de la pile qui est sur son bureau. Dors tranquille, c'est mon fils qui va venir te le porter. Bon là, il faut que j'aille faire ma ronde. Je m'excuse mais dans la police il y en a de toutes les sortes, comme dans les chanteurs. Ça c'est pas pour toi, mais on sait par les rapports de la RCMP que t'aime les femmes, le rhum mais pas la drogue, pis t'es vraiment une exception. Prends ma parole tu vas l'avoir ton rapport.

Le lendemain, un petit gros, exactement l'image de son père, arrive tout essoufflé, pour me remettre une enveloppe qui contenait le rapport tant attendu. Je me dépêche de l'ouvrir afin de vérifier si tout est exact, mais il y a deux papiers, le rapport et l'autre un mot du détective qui m'indique que mon avocat a envoyé les photos de l'accident prises par mes amis du *Marie L'eau*. On voit très bien la photo du policier en train de faire le rapport et on voit son numéro sur l'épaule de son uniforme.

Par une belle journée de printemps, nous sommes dérangés par le bruit que fait l'échelle quand il y a quelqu'un qui y monte. J'aperçois une tête que je ne replace pas immédiatement mais dès qu'il monte sur le pont je le reconnais. En fait, il s'agit d'une grande vedette des revues policières de la fin des années 1950 et 1960, celui qui a eu le titre pas très glorieux d'ennemi public numéro 1, recherché partout dans le monde. Je le reconnais à ses yeux bleus perçants qui avaient causé sa perte. Il avait été reconnu par un voisin de bateau alors qu'il était sur son voilier dans la très chic marina de Fort Lauderdale en Floride, Bayamar.

C'est Georges Lemay, accompagné de son garde du corps, qui me dit :

– Paolo, j'ai quelque chose d'intéressant à t'offrir.

– Qu'est-ce que tu veux dire par là ?

– Je te fais un offre de 200 000 $ pour ton bateau, tu en restes le propriétaire, mais il faut que tu l'emmènes en République Dominicaine où tu seras reçu comme un roi par le Président qui est un ami à moi. Tu n'as rien à craindre, tout est légal.

Il s'arrête de parler et s'approche pour nous montrer des photos qui ont été prises à notre insu, on y voit Vanessa, Diane et moi sur le bateau, dans différentes positions. Le visage de Diane change instantanément de couleur.

Elle regarde les photos d'un air inquiet. Elle le regarde en plein dans les yeux et lui lance :

– Monsieur, mon mari ne fera pas affaire avec vous, j'en ai déjà trop entendu, alors faites-moi le plaisir de descendre de notre bateau.

Il la regarde tout en gardant son même sourire et lui tend les photos qu'il tient dans ses mains. Elle recule :

– Je ne veux rien de vous à part une chose, descendez avant que je me fâche et qu'on ne vous revoit plus jamais !

Son compagnon lui dit :

– Georges, laisse ces gens-là tranquilles, ils ne sont pas intéressés. Alors laisse tomber et puis on s'en va.

Diane s'est empressée de téléphoner à Reevin, il n'en revenait pas :

– C'est l'homme le plus dangereux et le fraudeur le plus habile qui existe au Québec. J'ai des amis qui se sont fait voler une partie de leurs économies par lui. Les enfants, écoutez-moi bien : à partir de maintenant, ne laissez jamais votre bateau sans surveillance ou qu'il soit. Vous pourriez sans le savoir être porteur de colis dangereux qui pourraient vous causer de graves ennuis, même jusqu'à vous faire saisir votre bateau. En parlant de bateau, notre ingénieur nous a donné son rapport et je suis sûr que les résultats sont positifs. Je pense bien qu'il va falloir s'acheter une bouteille de champagne pour fêter notre victoire.

La mise à l'eau du bateau

Après toutes les expertises du bateau faites par les deux côtés, car il y a aussi les assurances de la marina qui ne veulent pas payer les réparations, il est temps de quitter cette place où on se sent observés. Heureusement que mon neveu, Christian, vient nous aider. Il travaille courageusement du matin au soir sans parler ni répondre à tous les emmerdeurs qui tournent autour sans arrêt.

On se pose des questions : est-ce que le bateau peut prendre les vibrations du moteur ? On se casse la tête pour trouver un remorqueur, mais qui a un bateau assez puissant pour faire ce travail ? Un jour, arrive un de nos amis qui, connaissant notre problème, vient nous offrir ses services gratuitement avec son gros yacht de 40 pieds. Il n'aime pas, lui non plus, le patron de la place. On l'appelait tous M. Magoo, comme le petit bonhomme de la télé. Un bon vivant qui aimait bien rire et prendre un petit verre :

– En fin de semaine je suis libre, ça vous va ?

– Je suis prêt, mille mercis.

Diane avertit elle-même Beaudoin, nous n'avons pas le choix, c'est lui qui doit mettre le bateau à l'eau, même s'il craint pour sa machine qui a été rénovée depuis l'accident, sinon il faut faire venir une grue mécanique qui coûte une fortune.

Avant de partir, nous devons quand même payer les frais encourus pour l'entreposage. Diane lui offre sa carte de crédit qu'il refuse, elle va donc à la banque chercher le montant total, mais en billets de un dollar. J'éclate de rire :

– Comme ça, il va le gagner son argent, le salaud !

Le jour du grand départ, il y a comme d'habitude des spectateurs qui viennent voir si le bateau de Paolo Noël va couler. Mais j'ai pris la précaution de louer des pompes de cale à gazoline et nos amis nous ont prêté des bidons de surplus pour ne pas manquer de gazoline. Je dois avouer qu'on était loin d'être sûr de pouvoir réussir, mais j'ai dû rester à bord cette fois-ci pour être prêt à toute éventualité. Les pompes étaient déjà en marche avant de toucher l'eau. C'est le fils de Beaudoin, Petit-Pierre, qui amène le bateau avec la vedette de la marina jusqu'au quai extérieur. Nous avons laissé le bateau tremper ses fesses dans l'eau pendant tout une nuit et le lendemain matin, l'eau avait presque cessé de rentrer, mais j'ai dû me lever souvent pour voir si les pompes étaient correctes.

Notre ami, M. Magoo, était au rendez-vous, Tino lui lança un gros câble qui était amarré à une grosse bitte de bois de chêne qui traversait le pont avant et était solidifiée au fond de l'étrave du bateau. Cette même bitte était traversée par une grosse barre en acier qui servait à retenir les câbles d'ancrage, beau temps mauvais temps ; elle est là depuis la construction du bateau.

Diane, qui aime être devant le bateau pour voir son étrave fendre l'eau, va se placer à l'avant. Constantino dit à sa mère :

– Maman ne reste pas là j'ai un mauvais *feeling*.

Et Tino arrive en courant et instinctivement prend sa mère par le bras pour être sûr qu'elle va réagir rapidement.

– Maman vite !

À peine était-elle décollée de là que CRACK !

Cette grosse bitte, qui avait l'air si solide et qui avait vu bien des tempêtes en mer, casse d'un coup sec pour aller s'écraser et rester coincé contre le franc-bord, avec toute la puissance et la pression des 60 tonnes du remorqueur qui continue d'avancer. Diane demeure figée pendant quelques secondes et réalisant ce qui aurait pu se passer, prend son fils dans ses bras, merci Tino, merci Mon Dieu.

Quand j'y pense, Diane aurait pu avoir les jambes broyées et serait morte au bout de son sang, j'en ai des frissons en écrivant et en revivant cette scène.

Pendant ce temps, mon ami avait mis toute la pression pour arriver à faire décoller le *Pêcheur d'Étoiles*. Je suis ensuite allé voir s'il y avait du danger et pour nous sécuriser, mon fils et moi avons rajouté une amarre en l'attachant autour de la timonerie, car le mât n'était pas installé, et l'avons fixée au câble principal. Nous recevons un appel de Magoo qui demande :

– *Pêcheurs d'Étoiles, Pêcheur d'Étoiles, Pêcheur d'Étoiles*, est-ce que tout va bien ? Je vois bouger beaucoup sur votre bateau, à vous.

– Magoo, Magoo, Magoo, tout est revenu dans l'ordre, merci on se reparlera plus tard, ici *Pêcheur d'Étoiles* qui reste à l'écoute.

Tout est bien qui finit bien, le voyage nous faisait malgré tout beaucoup de bien, tout en se laissant remorquer par un beau ciel bleu vers Cap-de-la-Madeleine.

Il est temps de relaxer un peu et comme on n'a pas vraiment besoin de gouverner, juste surveiller, on peut aller dehors respirer l'air chaud qui nous caresse le visage et prendre un petit remontant bien mérité. Je m'assois dans l'une de nos grosses chaises en bois, tout en jetant un coup d'œil de temps en temps. Diane et moi discutons de la rénovation et de la remise en ordre du bateau pendant que nous avançons à une vitesse remarquable due au fait que le vent et le courant vont dans la même direction. Ah ! et nous voilà déjà à l'entrée du lac Saint-Pierre que j'ai déjà traversé avec tous mes bateaux précédents.

Je sens mon énergie de navigateur revenir, une idée me vient alors et me pousse à descendre dans la chambre des moteurs pour voir ce qui se passe. Je m'aperçois que l'arbre d'hélice tourne dans le vide par la pression de l'eau qui coule sous la coque. Je m'assois sur le petit banc à vache et regarde le moteur en pensant au montant que sa remise en ordre nous a coûté, disons que c'était le même prix que notre première maison au bord du Richelieu. Je lui dis comme s'il pouvait m'entendre :

– Écoute mon gros, si tu veux me faire plaisir, je te demande de démarrer sans me donner trop de misère.

Je dévisse le couvercle de l'entrée d'air, je lui donne quelques giclées d'éther dans le gosier et pèse sur le piton du démarreur. Je lève ensuite la compression des trois premiers cylindres, je ne suis pas vraiment sûr que ça va marcher, il n'a pas tourné depuis 12 mois et les pistons ont eu froid tout un hiver. Surprise ! J'entends claquer le moteur à m'en percer les tympans et j'embarque les trois autres pistons. Je me mets à crier comme un malade, tellement que Diane et Tino s'empressent de venir voir ce qui se passe. Je vois deux têtes qui me demandent ce qui arrive :

– Paolo, t'es sûr de ce que tu fais ?

– Pas vraiment mais je pense que ça va aller.

– Alors on fait quoi maintenant ?

Je monte dans la timonerie pour vérifier si tout est en ordre pendant que le moteur va se réchauffer, je jette un œil sur le cadran qui indique que la pression de l'huile du moteur est excellente. Ça n'a pas traîné, j'ai embrayé le moteur au ralenti et j'ai pris mon récepteur de radio-téléphone en main :

– Magoo, Magoo, Magoo, êtes-vous à l'écoute ?

– *Pêcheur d'Étoiles* ici Magoo, à toi.

– Ici *Pêcheur d'Étoiles*, mon moteur est en marche et la rentrée de l'eau se contrôle, largue l'amarre, nous allons poursuivre par nos propres moyens !

– OK, mais on te suit.

Pourquoi Cap-de-la-Madeleine plutôt que la marina ? Premièrement, c'est gratuit et deuxièmement, c'est situé juste à côté du chenal qui mène à Québec. Tout se passa bien jusqu'à l'accostage des deux bateaux. Alors que nous étions invités à bord de notre escorte, nous avons unanimement décidé que c'était la fête du moteur. Bien que nous puissions nous rendre à Montmagny par nos propres moyens, notre hôte a insisté pour nous suivre jusqu'à Québec au cas où on aurait des problèmes.

Il fait encore très beau et ça aussi c'est une bonne raison pour prendre le *Happy Hour* dans le bateau de Magoo. Je pense qu'il y avait plus de bière et d'alcool dans son bateau que de diesel pour faire tourner son moteur.

Dans toute cette aventure, je suis persuadé que le mauvais sort s'acharnait sur mon épouse puisqu'en quittant le bateau, un geste tout à fait naturel pour elle, qui est habituée de sauter en bas du bateau d'une hauteur respectable, elle s'est cassé la cheville. Cette fois-ci, elle n'avait qu'à enjamber pour aller sur le quai de béton, mais elle a glissé et son pied s'est coincé entre deux pierres. Comme je marchais devant, c'est Tino qui m'a crié :

– Papa viens vite, maman s'est blessée !

Elle était assise sur le quai se tenant la jambe, le visage marquée par la douleur sans se plaindre comme d'habitude, son pied enfle à vue d'œil :

– Va voir Magoo, dis-lui que ta mère est blessée et qu'il demande à sa blonde, qui est infirmière, de venir examiner sa blessure.

Diane s'était bel et bien fracturé la cheville et il fallait l'aider à se rendre au bateau où il y avait de la glace et une trousse de premiers soins. Faute d'antidouleur, Diane aimait mieux prendre un petit quelque chose comme un rhum avec des glaçons, pour se calmer.

L'amie de Magoo nous explique :

– J'ai une amie qui vient me chercher, je suis de garde ce soir à l'hôpital Le Gardeur à Repentigny et elle va t'y emmener pour te faire soigner.

– Ha ! Pis Paolo, peut-être que ton frère Claude pourrait nous ramener au bateau.

– Bonne idée, je suis sûr que mon frère veut avoir de nos nouvelles de toute façon.

Par hasard, notre bonne samaritaine avait des béquilles dans son auto.

Après avoir passé par les habituelles formalités d'admission et attendu un bon moment dans la salle d'attente de l'urgence, on entend « DIANE BOLDUC ». Quelques secondes plus tard, la même voix répète encore une fois le nom de famille de Diane. On dirait que la personne qui prononce son nom mord dans le « B » et dans le « DUC ». On lui demande de se présenter au poste numéro untel, mais Diane ne répond pas et on entend l'appel de nouveau. Finalement cette personne se présente devant ma femme

– C'est bien vous Madame BOL-DUC, ça fait trois fois qu'on vous appelle.

– Je ne m'appelle pas Madame Bolduc, c'est ma mère et ma grand-mère, moi je m'appelle Madame Noël.

– ET BIEN VOUS SAUREZ QUE DÉSORMAIS, VOUS ÊTES OBLIGÉE DE PAR LA LOI DE PORTER VOTRE NOM DE FILLE.

– Je ne suis pas mariée à mon père et encore moins à mon grand-père et ça fait aussi longtemps que je vis avec mon mari que j'ai vécu avec mon père, je n'ai rien contre mon père mais la loi de Dieu dit que L'OISEAU DOIT QUITTER SES PARENTS ET FAIRE SON NID AVEC SON ÉPOUX OU ÉPOUSE. Mes enfants portent le nom de leur père et je ne suis pas la bonne, mais leur mère et l'épouse de leur père, et je suis fière de mon époux et de porter son nom. Si tu hais ton mari, c'est de tes affaires, mais il y a des femmes qui, comme moi, aiment porter le nom de leur époux.

Diane se lève et se retourne vers tous les spectateurs qui la regardaient :

– Vous êtes tous des mangeurs de merde si vous acceptez de vous faire contrôler sans avoir aucun droit de parole. Je m'en vais et je vais aller me faire soigner ailleurs.

Nous sommes repartis et les gens nous regardaient comme s'ils voulaient nous applaudir, il y en a qui on dit : « Bravo Diane ».

(À un certain moment, Diane qui m'accompagne à TVA arrive face à face avec l'une des instigatrices de cette loi, dans la salle de maquillage. Diane qui n'a pas la langue dans sa poche, quand c'est le temps de défendre ses opinions, va parler à cette dame en finissant par lui dire : « Et pis toi, c'est pas ton nom de fille ça, Payette, c'est le nom de ton mari, c'est correct pour toi mais pas pour les autres[13]. »)

---

13. Ce que Diane ne savait pas c'est que Madame Payette portait le nom de Ouimet à l'Assemblée Nationale.

Nous sommes repartis vers le bateau. Nous sommes arrivés assez tôt pour parler du plan de navigation pour le lendemain, tout en se réconfortant avec une petite bouteille de champagne spécialement pour Didi que Magoo nous a offert comme petit calmant pour la jambe blessée. On s'est réveillés bien reposés, mais la cheville de Diane n'était toujours pas réparée, mais elle disait que la douleur avait beaucoup diminué. Elle devait rester assise la patte en l'air, appuyée sur le petit banc à vache du moteur. Heureusement que l'équipage de l'autre bateau pouvait nous aider à enlever les amarres. J'étais pas mal fier de voir mon fils courir d'avant en arrière, comme un vrai matelot, pour répondre aux ordres de manœuvres. Encore une fois, nous avons navigué sous un ciel magnifique et la balade n'a pas été très longue. Comparés à un voilier, notre chalutier et l'embarcation de notre escorte étaient tous les deux des bateaux qui avançaient assez rapidement.

En rentrant au Yacht Club de Québec vers 13 h, j'ai laissé Magoo faire ses manœuvres d'accostage pour qu'il puisse prendre mes amarres par la suite. Le capitaine Louis Houde de la garde-côtière du fleuve Saint-Laurent, Monique son épouse et deux autres Messieurs sont venus nous saluer. Je les ai invités à bord.

– Paolo, je te présente de vrais capitaines de goélette de l'Île-aux-Coudres, à leur retraite.

Je leur ai expliqué que nous amenions notre bateau au chantier maritime des Lachance à Montmagny. Louis, toujours fidèle à son poste, regarde sa montre pour nous dire que la marée est à la baisse et nous demande si nous avions déjà fait le trajet par le chenal du sud.

– Non, mais on n'a pas le choix puisque c'est le seul chantier qui accepte de nous réparer.

Louis me demande :

– As-tu enregistré ton bateau à la marina ?

– Non, on n'a pas eu le temps.

– Bon ! OK ! On n'a pas de temps à perdre. As-tu de la bière ? Les autres capitaines sont d'accord. Donne tes ordres Paolo !

– Larguez les amarres les gars, on part ! YOUPI ! On sauve un paiement en plus !

On est partis pour Montmagny afin d'arriver au chantier durant la marée haute ou étale, sinon on devra passer la nuit au large pour attendre la prochaine marée et le fleuve dans le coin n'est pas toujours commode.

– Nous, on connaît le chenal par cœur c'est notre *job*, pis la femme de Louis, qui avait débarqué à Québec, va venir nous chercher et ce ne sera pas la première fois.

Quand on navigue sur le fleuve, rendu à Québec c'est autre chose, il y a de bonnes marées et passé la ville de Québec, la navigation devient plus sérieuse et il y a des bouées que je n'avais jamais vues. Finalement je pense que le petit Jésus nous protège encore une autre fois.

Alors de capitaine de bateau, je suis retombé à matelot pendant que les capitaines prenaient place dans la timonerie. Je faisais le service du bar et j'en profitais pour regarder le magnifique paysage qui défilait sous nos yeux. Je donnais des verres de calmant sous forme de vin mousseux à Didi qui a fini par oublier son pied. On est entrés à Montmagny à la brunante presque à la noirceur.

– Encore là, il faut vérifier la distance et les heures de navigation, histoire de ne pas avoir l'air fou.

Vous n'avez pas d'idée comment j'étais content de ne pas entrer seul dans cette baie que je n'avais jamais vue. Il fallait trouver la petite passerelle de la marina qui était presque invisible à cette heure et trouver assez d'espace pour pouvoir accoster le bateau en sécurité. Il était temps car mes joyeux lurons avaient commencé à chanter des chansons de marin à haute voix. La journée s'est terminée en mangeant de la pizza dans un resto de Montmagny. Monique, l'épouse du capitaine Houde, était au rendez-vous pour ramener à bon port ces marins à qui nous devions d'être arrivés en sécurité. Nous nous sommes empressés de rentrer au bercail.

Le lendemain matin à mon réveil, je vois le mur de la cabine pencher dangereusement et Diane est collée sur moi. Le bateau, bien droit hier soir, est ce matin incliné dangereusement à bâbord. J'arrive à monter l'escalier de huit marches vers le pont où m'apparaît une scène de naufrage. Le pont est tellement penché que je ne peux même pas m'aventurer sans passer par-dessus bord. À notre arrivée dans la baie hier soir, la marée était encore assez haute et les capitaines ont choisi le seul endroit qui restait pour accoster, soit de l'autre côté de la passerelle et du côté de la terre alors, avec notre sept pieds et demi de tirant d'eau, le bateau est couché sur le côté, car la marée a baissé pendant la nuit.

– Qu'est-ce qui se passe Paolo ?

Tino veut voir le décor, alors tout ce qui nous reste à faire c'est d'aller prendre un café et un petit déjeuner. Après une petite marche, on arrive au bureau des Lachance pour se renseigner des procédures de la sortie de notre bateau. On trouve des gens joyeux qui nous offrent un bon café :

– T'as bien dormi ? T'as-tu manqué d'enlignement en te levant ?

– Vous trouvez ça drôle mais c'est penché en maudit !

Les frères Lachance nous ont rassurés : aussitôt la marée remontée, ils déplaceraient le bateau à un meilleur endroit.

Je demande s'il est possible de reconduire Diane à l'hôpital.

– OK Paolo, reste au bateau avec Tino pour surveiller, et je vais aller avec eux à l'hôpital.

– Non non, je vais y aller, c'est pas toujours commode d'être populaire mais des fois ça aide à faire ouvrir des portes fermées.

En entrant dans la salle d'attente, tout le mode était heureux de nous voir en personne. On a fait de beaux sourires à tout le monde.

À l'enregistrement, la dame lui demande ce qui lui est arrivé, Diane lui raconte tout ce qui s'était passé et l'infirmière lui dit tout gentiment :

– Non non, ici on va vous appeler par votre nom d'épouse !

De retour au bateau, il avait déjà été déplacé dans un lieu d'où on avait une vue magnifique du fleuve, et comme toile de fond l'Île-aux-Grues qui semblait être le lit du soleil levant. À la fin du jour, on a pu admirer, assis dans nos chaises de bois, ce décor enchanteur, belle consolation pour nos déboires.

– Maman quand tu marches sur le pont du bateau, ça sonne comme la jambe de bois du capitaine Ahab du film *Moby Dick* qui marchait sur le pont de son bateau en chassant sa baleine blanche.

Deux jours plus tard, on entend quelqu'un frapper sur la coque du bateau :

– Allo allo les Noël, le grand jour est arrivé, partez le moteur !

Le moteur a démarré comme un bon garçon et je cède la place au pilote qui connaît sûrement mieux que moi la manœuvre dans cette petite baie à travers les gros cailloux submergés par la marée haute. On les regarde faire leur travail, nous prenons des photos en espérant profondément qu'elles ne serviront que pour de bons souvenirs. On voit l'eau descendre avec la marée pendant que le bateau embarque comme un petit jouet sur les traîneaux puis on le voit monter sur les rails tirés par un treuil qui enroule son câble d'acier d'une épaisseur respectable. Pouce par pouce, en craquant lui aussi comme ceux de chez Beaudoin. Même si c'est la même musique, notre *Pêcheur d'Étoiles* est arrivé à monter la côte avec succès.

On est heureux mais il y a un autre problème : maintenant que le bateau est en cale sèche, il est vraiment trop haut pour que Diane puisse y accéder par une échelle de 20 pieds, avec une jambe dans le plâtre et nous n'avons pas de voiture pour retourner à Montréal. Diane me dit calmement :

– Paolo t'as oublié que mon frère est probablement à son camp d'été à Saint-Denis de Kamouraska !

– Je ne pense pas qu'il y a un téléphone dans son *bunker*.

– Oui mais je vais téléphoner à maman. Elle doit être dans son chalet et puis ça lui donne une bonne raison pour aller espionner chez mon frère et c'est juste une bonne petite marche pour elle. Oh ! Paolo, vite va chez les Lachance avant qu'ils partent pour la nuit.

Les employés allaient fermer les portes. Faire un appel à ma belle-mère ça ne peut pas être court ; en plus, elle doit marcher sur une petite route de campagne qui longe le bord du fleuve, plutôt un chemin en terre, plein de trous et de bosses, pour s'y rendre et revenir avec le beau-frère.

Les pauvres gars patientaient pendant que Didi attendait à côté de l'appareil et, moi, je suis allé chercher un reste de rhum dans la timonerie. Disons que ça calmera les frères Lachance et moi-même.

Le beau-frère Jean-Louis est venu nous reconduire à Saint-Hilaire. Nous nous sommes couchés, heureux de savoir que le bateau était enfin en sécurité.

L'Amour et le Pardon

Un jour, nous recevons une invitation à souper chez un ami qui possède un restaurant. J'ai demandé à Cécile, l'amie du proprio, si nous pouvions amener une jeune voisine qui était souvent seule. Elle avait un petit défaut, elle était attirée par les hommes mariés accompagnés de leur épouse. Plus la soirée avançait, plus elle flirtait de gauche à droite et j'étais moi aussi dans sa mire. Les autres femmes la laissaient s'amuser à faire des yeux doux à leur compagnon, ce qui n'a pas été le cas avec Diane qui l'a attrapée par le bras quand elle s'est mise à me demander de lui chanter des petites chansons.

Diane raconte.

– Écoute bien ce que je vais te dire, celui que tu essayes de charmer c'est mon mari, attends pas que je me fâche !

– Méfie-toi de moi, je suis une fille entraînée, j'ai appris à me défendre !

Je devais faire confiance à Paolo même si je savais que ce n'était pas la première fois qu'une fille l'accostait de cette façon. Je ne pouvais pas toujours être avec lui, et je ne pouvais pas toujours faire garder les enfants, surtout que même Lucile qui adorait Tino ne voulait plus le garder tant il était hyperactif.

Quelques jours après ce fameux souper, j'entends mon mari composer un numéro et je reconnais ce numéro par le son que les appareils faisaient à cette époque, il parle tout bas. Il part en me disant qu'il avait rendez-vous à la banque. Paolo raconte à sa façon :

« En sortant de la banque, je vois venir vers moi la Miss Barbie en question. Elle me dit en montant le ton qu'elle veut me parler. Tout le monde qui entre et sort de la banque la voit et l'entend. Je me sens pris au piège, je me demande comment faire pour m'en débarrasser. J'ai pas envie de discuter avec elle devant les gens et je lui dis de me suivre avec sa voiture. Je me dépêche de démarrer pour la rencontrer dans le stationnement derrière la marina de Belœil. Elle est sortie de sa voiture pour venir me rejoindre sur le siège avant du passager. Elle commence à parler immédiatement :

– Ta femme est pas gentille avec moi.

J'ai beau essayer de lui expliquer qu'entre elle et moi ça n'ira jamais plus loin, que j'aime ma femme et que je lui ai déjà fait assez de peine, elle me dit que je suis un menteur.

– Je sais que tu es en amour avec moi !

Et voilà que j'entends le son bien spécial de la voiture de Diane derrière la mienne, là j'ai pensé :

« Bon ça va être ta fête, tu vas rencontrer ton Waterloo. »

C'est là que t'as ouvert la porte, Diane.

J'avais des doutes en la voyant assise dans la voiture, alors je lui lance :

– T'as pas compris non ! Laisse mon mari tranquille !

Je la prends par la crinière.

– Toutes tes belles gentillesses à mon mari, pis tes petits rendez-vous le soir. Il empeste ton parfum quand il rentre à la maison, tu penses que je te vois pas venir ! Je la fais sortir de la voiture, elle se défend, mais je la traîne quand même dans la boue et elle essaie de se relever. Elle n'a pas eu le temps de se redresser, je lui ai donné un bon coup de poing au visage, ce qui lui a fait des yeux au beurre noir.

Paolo sort et tente de m'arrêter, mais il a droit au même traitement. Son sourire m'exaspère encore plus :

– Penses-tu que je suis juste une femme de ménage moi, pis que tu peux aller baiser qui tu veux, quand tu veux !

Il fallait que je lui fasse comprendre de cette façon.

De retour chez moi, je me suis étendue sur mon lit. Je ne sais plus combien de temps je suis restée là, jusqu'à ce que

Tino vienne me consoler en me disant que cette femme avait fait des avances à tout le monde, même à lui.

Après cet incident, je suis resté assis dans la voiture pour réfléchir à ce que je venais de faire. Je me traitais de salaud et soudain j'ai eu terriblement peur que Diane fasse un geste irréparable. Je suis reparti en vitesse pour aller vérifier si elle était repartie à la maison. Quel soulagement en arrivant en voyant sa voiture sur le côté de la maison. Je la vois, allongée sur le lit, avec Tino, appuyé sur son épaule comme s'il sommeillait, je me suis empressé d'aller de l'autre côté du lit sans dire un mot. J'avais tellement honte de ma conduite devant mon fils et mon épouse. On s'est endormis ensemble. Il s'est écoulé quelques jours avant qu'on puisse se parler vraiment. Le temps a fait son travail. En écrivant ces lignes, plus de 30 ans plus tard, j'ai encore le cœur gros, mais je remercie le destin de m'avoir donné une autre chance.

Souvenirs de Shippagan

Quelque temps plus tard, parce que mes accompagnateurs habituels étaient déjà pris. je prends contact avec de nouveaux compagnons d'armes. Je leur donne rendez-vous à la maison le plus tôt possible. Il faut d'abord faire connaissance pour arriver à accorder nos caractères et nos instruments de musique si on veut faire un spectacle qui aura un peu d'allure. En les voyant arriver, je sais qu'ils ne sont pas le genre de musiciens dont j'avais besoin, parce que j'ai devant moi des rockeurs. Il va falloir s'adapter et ils ne savent même pas ce qu'est une tarentelle et les tangos pas trop fort. Quant aux chansons de Tino Rossi, ils me demandent si c'est une sorte de pizza. Je leur explique que ce sont les chansons qui ont fait rêver leur grand-mère et qui m'ont fait connaître au début de ma carrière.

Enfin, après quelques répétitions et beaucoup de fumée, on a fini par s'entendre. Parmi tout ça, il y a un grand changement, Diane et moi avons décidé qu'à partir de maintenant, elle ne restera plus seule à m'attendre à la maison et qu'elle me suivra partout. Je n'ai malheureusement pas toujours été fidèle, mais je le regrette aujourd'hui en l'écrivant.

Je commençais ma tournée au festival des pêcheurs de Shippagan au Nouveau-Brunswick. On est partis un peu en retard à cause des musiciens qui n'arrivaient pas, ça commençait mal. La *van* était pleine avec les instruments et les cinq passagers. On a trouvé le voyage très long de Saint-Hilaire à Shippagan, entourés de boucane de cigarettes et de marijuana, nous qui ne fumons pas. Le jour, on roulait les fenêtres ouvertes, mais quand la noirceur est arrivée avec la fraîche, il a bien fallu fermer. Alors j'ai pensé trouver un motel, ce qui a été impossible, tout était complet. Vanessa, Diane et moi, on en a eu assez, alors j'ai arrêté la voiture sur le bord du chemin, j'ai ouvert la grande portière double et j'ai dit aux musiciens :

– Vous arrêtez de fumer où je vous mets dehors avec vos instruments, si vous êtes pas assez intelligents pour vous apercevoir qu'il y a un enfant dans la voiture et que vous êtes en train de la droguer malgré elle avec votre boucane. Qu'est-ce que vous décidez ? Ici, vous êtes en pleine nature, vous pourrez fumer tout ce que vous voudrez, ça dérange pas les bibittes ni les arbres, mais nous on est écœurés, décidez-vous, j'attendrai pas éternellement votre décision.

Ils me regardaient sans bouger.

– Parfait !

Je me dirige donc vers la porte arrière de la *van* pour l'ouvrir et sortir les instruments. C'est à ce moment qu'ils sont revenus sur la planète.

– OK Paolo, on peut-tu aller manger quelque part, ça va nous ranimer, pis on fumera pu dans la voiture. C'est-tu correct ?

– Parfait !

On est repartis, pas de restaurant ni de motel libre, mais pour nous consoler, une petite roulotte qui vend des hamburgers et des frites. On avait tellement faim qu'on avait l'impression de manger des filets mignons. Diane me dit :

– Au point où on en est, aussi bien se rendre à destination où on a des réservations.

Mais comme on est arrivés très tard, ils avaient loué nos motels en croyant que nous arriverions le jour du spectacle. Ce n'est qu'au matin, après que les autres clients soient partis, qu'on a pu se reposer un peu afin de pouvoir faire notre spectacle. Celui-ci a été le moins réussi de toute ma carrière. Je me suis rendu compte que les braves gens étaient venus pour écouter des chansons de Tino Rossi, alors j'ai dû prendre ma guitare et dire à mes accompagnateurs d'improviser et de me suivre, ainsi j'ai pu atteindre ce public et ne pas le décevoir complètement.

J'ai quand même gardé un bon souvenir de ces gens qui vivent de la mer et Diane, qui est une gourmande de fruits de mer, a été gâtée comme jamais. La patronne du motel et du restaurant avait un crabier. Il y avait du crabe des neiges en abondance, alors quand elle a su que Diane adorait ça, elle lui en a servi, trois fois par jour, à tous les repas, autant qu'elle en voulait. C'était un vrai plaisir de la voir enlever cette viande délicate de sa carcasse de bibitte de mer.

Nous avons visité une maison de retraités, qui abritait de vieux marins pêcheurs. Elle était située sur le bord de mer et jouissait d'une vue magnifique. Là, j'ai pu parler avec des hommes, des vrais, à chaque poignée de main que je donnais, j'étais surpris de m'apercevoir que mes mains étaient des jouets d'enfant, comparées à celles de ces vieux marins. Malgré leur âge avancé, ils affichaient tous une joie de vivre avec des yeux pétillants et on sentait que le dernier rendez-vous n'était pas pour demain.

On est repartis le cœur léger, malgré les contradictions de mon métier. J'ai le plaisir, après tant d'années, de rendre hommage à ces gens merveilleux.

Au retour de Shippagan, au début de la tournée de la Gaspésie, on s'est arrêtés dans un petit casse-croûte sur le bord de la route pour manger un peu et se détendre.

– Paolo, comment ça va ? Tu ne me reconnais pas ?

– Oui et non, rappelle-moi ton nom.

– José. J'étais *waiter* au Café du Nord !

– Bien oui, là je te reconnais ! Qu'est-ce que tu fais de bon ? Es-tu toujours dans la *business* des clubs ?

– Non, je fais rien pour le moment, c'est pas facile de se trouver des *jobs* quand tu sors de prison.

– Ah ! Qu'est-ce que t'as fait de pas correct ?

Mais là, je m'aperçois que j'ai parlé trop vite. Ce qu'il a fait, c'est pas de mes affaires, alors je m'excuse, j'ai peur de l'avoir offensé. Mais il se met à rire aux éclats.

– Paolo, tu sais bien que non, mais tu peux pas savoir comme je suis content de te revoir.

Il me sert une bonne accolade dans ses bras de déménageur, puis c'est le tour de Didi et de la petite Vanessa qui ne le connaît pas, mais c'est le genre de personne qui attire l'amitié avec sa tête de latin bronzé, né en Argentine. Je l'invite à s'asseoir à la table avec nous.

On discute de choses et d'autres en se rappelant de bons souvenirs, quand Diane, qui nous écoute parler, a une excellente idée :

– Dis-moi, José, je vous écoute parler et je viens de penser à quelque chose, qu'est-ce que t'en penses si tu venais avec nous en tournée comme portier pour collecter les entrées ? C'est-tu une bonne idée ? Et en plus, on va te payer !

Il est ravi et Diane aussi, ça va la libérer de ce travail et lui donner le temps de s'occuper de la petite Vanessa qui est obligée de l'attendre tous les soirs, assise sur une chaise.

Il est très content et moi je vais me sentir plus en sécurité, parce que quand il y a de l'argent, il y a des voleurs. Nous voilà partis pour la Gaspésie, mais celle des petits villages perdus qui aiment aussi entendre des chanteurs populaires qu'ils n'ont jamais vus, sauf à la télévision, et qui sont souvent plus accueillants que les gens des grandes villes. Pour trouver le village dont je veux vous parler, on a traversé une voie ferrée et une petite montagne. À notre arrivée il y avait déjà des gens à la porte qui attendaient d'avoir une place. Alors je dis aux musiciens :

– Installez vos instruments et commencez à jouer le plus vite possible pour les occuper.

J'ai un mauvais *feeling*, j'avertis José :

– Reste attentif, il se passe quelque chose.

Tout est prêt pour commencer lorsque je vois arriver cinq ou six petits motards amateurs qui ont vu trop de films américains. Une voiture se stationne devant la porte, les motards se sont stationnés derrière lui. Ça doit être le *boss* alors je lui dis :

– T'as pas le droit de stationner ici, c'est défendu par la sécurité.

Il sort de sa voiture comme un vrai baveux. Il est assez grand et maigre avec les cheveux sur le dos :

– Hail le nez ! Icitte c'est moi qui mène.

Je ne réponds pas.

– Hail la tapette, c'est à toi que je parle !

Là, je sens que ça va aller mal.

– L'argent qui rentre dans la salle, c'est à nous autres !

Dieu merci, José arrive en souriant comme d'habitude. Le *boss* ajoute :

– Hail baquet ! Essaye pas de nous faire peur avec tes gros bras.

Il avait à peine fini sa phrase que José l'a pris de la main droite par les testicules, de la gauche il l'a saisi à la gorge et soulevé au bout de ses bras comme un pantin en guenilles, pour l'envoyer tête première dans son pare-brise. Ce grand foin-foin est resté la tête prise dans la voiture pendant que son corps restait étendu sur le capot bien K.-O. Un deuxième s'est approché pour venir au secours dudit *boss*, José a pris ce nouveau combattant et lui offert le même service. Et comme il était plus léger, c'est en chute libre qu'il a abouti sur la moto et c'est alors que tous les vaillants et braves motards ont disparu. Je savourais le spectacle quand José s'est tourné vers moi :

– Paolo va faire ta séance, tu vas arriver en retard.

– J'espère que mon spectacle va être aussi bon !

Je suis parti en riant parce que ça doit être le *fun* d'être bâti de la sorte.

Avant d'entrer j'écoute la musique endiablée de mes musiciens pendant que le public a l'air très heureux de ce hors-d'œuvre musical, et je pense que ce soir je vais être obligé de changer ma façon de faire si je ne veux pas manquer mon coup, les musiciens sont en train de me voler la vedette. Ça veut dire des histoires plus salées et plus de rythme dans mes chansons. Ce n'est pas un problème, j'ai sorti mes chansons *country* en indiquant aux musiciens, les changements apportés au fur et à mesure. Les gars avaient l'air satisfaits de ce nouveau rythme.

Diane qui était venue voir la fin du spectacle était enchantée de ce changement qui me rajeunissait à ses yeux.

Quand le spectacle a été terminé, le patron voulait nous garder dans son motel, mais après ce qui s'était passé à la porte, il était préférable d'aller dormir ailleurs si on ne voulait pas se faire réveiller en pleine nuit par des motards armés.

À la fin de la tournée, José est reparti, on l'a revu quelques années plus tard quand on s'est arrêtés pour faire le plein dans une station-service dont il était devenu le patron. Il n'avait pas changé, il était toujours aussi souriant et aimable.

J'ai gardé mes musiciens pendant un certain temps, ils sont devenus depuis des musiciens reconnus et respectés, et j'ai même eu l'occasion de travailler avec eux séparément dans des émissions de télévision. Quant à la Gaspésie d'où viennent la plupart des membres de ma famille maternelle, je n'y ai pas remis les pieds pendant presque 20 ans.

En arrivant à la maison, c'est toujours la même chose, on est heureux de sentir la montagne qui nous renvoie son odeur de fleurs et de pommes. En ouvrant la porte, qui donne sur la salle à manger, elle semble bizarre, sans chaises ni table et je regrette un peu mon geste imbécile. Après le départ des musiciens, on se couche dans notre grand lit en cuivre. Moi je suis déjà au lit prêt à m'envoler dans mes rêves quand Diane, qui a écouté notre répondeur avant de monter, m'annonce :

– Paolo, on a un message des frères Lachance, ils veulent absolument nous voir pour discuter des réparations du bateau, le plus vite possible parce qu'ils ont du temps à nous offrir vu que leur nouveau contrat d'un bateau de pêche est remis à plus tard. Alors profitons de notre nuit le plus possible, demain nous retournons à Montmagny.

Le lendemain matin, c'est le café et la jasette, Constantino qui nous écoutait parler nous dit :

– Dites-moi pas que je vais rester tout seul encore ! Je commence à être tanné d'être seul.

– T'as seulement qu'à te préparer et t'en venir avec nous, on demande pas mieux.

Montmagny aller-retour, il faut le faire, mais on est arrivés au bateau pour signer un contrat avec le chantier.

Avant tout, il fallait consulter notre avocat pour qu'il n'y ait pas de malentendus entre nous. Diane s'empresse de communiquer avec lui et je la vois devenir écarlate et éclater de rire. Cela m'inquiète, ma femme n'est pas le genre à s'énerver pour rien. Elle me crie :

– Paolo ! Reevin vient de me dire que les assurances ont accepté nos conditions ! On a gagné sans procès, il vient nous rejoindre et nous recommande d'acheter une bouteille de champagne pour fêter notre victoire !

Les frères Lachance, qui nous écoutaient, étaient aussi contents que nous, puisque cet argent allait permettre de faire fonctionner le chantier et donner du travail aux ouvriers. Le patron a fait venir de la bière pour les employés, pendant que lui et ses associés prenaient leurs petits De Kuyper. De notre côté, la fête allait bon train, nous étions assis à l'intérieur autour de la table, à parler et rire en dégustant le champagne comme de vrais amis *In vinas veritas*. Reevin nous a promis qu'aussi longtemps que durerait sa carrière d'avocat, il nous protègerait. Il est reparti avec le sourire du vainqueur et nous, on s'est endormis sans se faire prier, le cœur confiant et heureux de repartir le lendemain pour la maison.

Déception et rêve brisé

Un avant-midi, on reçoit un appel du chantier maritime Lachance, ils veulent nous parler à propos de l'argent qu'on doit déposer en acompte, pour pouvoir commencer les travaux. Ils nous apprennent que le bateau doit, en plus, être assuré pour une valeur de 300 000 $ en cas de feu ou pour d'éventuels accidents de travail. J'étais renversé en entendant cette nouvelle, qu'ils s'étaient bien gardés de nous dire avant qu'on accepte de leur donner le contrat.

– Laissez-moi en parler avec l'avocat avant de vous donner une réponse.

Diane téléphone immédiatement à Reevin qui lui dit de ne pas s'en faire, qu'il va communiquer avec eux tout de suite et qu'il va nous revenir par la suite. Pour elle, ça ne sent pas bon tout ça et moi je commence à m'énerver.

– Reevin n'est pas un débutant, à mon avis ça devrait se régler assez vite avec lui, on va se calmer et attendre de ses nouvelles.

– Allo Reevin ! Oui, oui, dis-moi que c'est une blague !

Un long silence et elle raccroche :

– Paolo, assis-toi comme il le faut pour ne pas tomber par terre.

– Bin voyons !

– Les assureurs de la Marina Beaudoin ont changé de position. On s'en va en procès, un procès qui peut traîner longtemps et encore pire, on ne peut pas toucher la coque du bateau, aussi longtemps que le verdict ne sera pas rendu parce que l'assurance a le droit d'expertise sur celle-ci pour sa défense.

Diane est en larmes devant le mur qui se dresse devant nous. Les enfants qui nous regardent se demandent ce qui se passe. Je prends Didi dans mes bras pour essayer de la consoler mais, moi aussi, je pleure de rage. C'est notre rêve qui s'enfonce dans la vase sans qu'on puisse rien y faire. On a l'impression de faire un cauchemar tout éveillé. Ce n'est pas le cas, ce n'est que la triste réalité. Il n'y a que ceux qui ont vu un jour leur rêve s'effondrer pour comprendre ces sentiments.

À suivre.